유치원 디지털 놀이백과

놀이로 만나는 에듀테크

김은경, 김세영, 김련우, 이현아, 전진아

놀이로 만나는 에듀테크
유치원 디지털 놀이백과

1판 1쇄 발행_ 2024년 11월 30일
1판 3쇄 발행_ 2026년 01월 15일

지은이 김은경, 김세영, 김련우, 이현아, 전진아
발행인 임종훈
디자인 인투
출력/인쇄 정우 P&P
주소 서울시 마포구 방울내로 11길 37 프리마빌딩 3층
주문/문의전화 02-6378-0010 **팩스** 02-6378-0011
홈페이지 http://www.wellbook.net

발행처 도서출판 웰북 **정가** 22,000원
ISBN 979-11-86296-93-6 03370

※ 이 책은 저작권법에 따라 보호받는 저작물이므로 무단전재와 무단 복제를 금지하며,
　이 책 내용의 전부 또는 일부를 이용하려면 반드시 저작권자와 도서출판 웰북의 서면동의를 받아야 합니다.

※ 이 책은 충청남도교육청 '2024 미래를 이끄는 교원 책 출판지원사업'으로 기획 출간하였습니다.

* 잘못된 책은 바꾸어 드립니다.

프롤로그

만든 사람들 유아 에듀테크 연구회(김은경, 김세영, 김련우, 이현아, 전진아)

충청남도교육청 학교 밖 교사전문적학습공동체 '유아에듀테크연구회'입니다. 유아들의 놀이에 에듀테크를 입혀 더 재미있고 의미있는 수업을 만들기 위해 노력하고 있습니다.

선생님과 유아들이 함께 자라나는 수업을 고민합니다. 유아들의 놀이 지원에 에듀테크를 활용하여 더욱 재미있고 의미있는 수업을 만들기 위해 노력하고 있습니다. 뜻이 맞는 선생님들과 함께 배움을 나누고 격려하며 유아 디지털 놀이에 대한 이해를 넓혀가고 있습니다.

천안미라초등학교병설유치원 김은경

자유로움 속에서 배우는 질서와 소통을 중요하게 여기며, 아이들 스스로 성장하는 힘을 믿습니다. 유치원에서의 첫 경험이 인생 전 단계에 끼치는 영향이 매우 크다고 생각합니다. 앞으로도 아이들과 소통하며 인공지능에 대해 같이 배우며 성장하는 교사가 되어 보려고 합니다.

한울초등학교병설유치원 김세영

교사가 행복해야 유아들이 행복하다고 믿으며 교실 속 일상의 행복을 찾아가고 있습니다. 디지털놀이를 알게 된 후 우리 교실 수업에 하나 하나 적용해보는 재미를 느끼고 있습니다. 동료 선생님들과 함께하는 즐거움 덕분에 디지털 수업연구가 더 즐거워 졌습니다.

아산초등학교병설유치원 김련우

유치원 놀이 속에서 유아들이 디지털 도구를 자유롭게 놀이에 활용하기를 바라며 보드게임을 통한 언플러그드 놀이와 단순한 디지털 활용 놀이부터 시작해 보았습니다. 디지털 놀이로 유아들이 놀이가 더욱 더 풍성해 질 수 있도록 오늘도 열심히 노력하고 있습니다.

도산초등학교병설유치원 **이현아**

유치원에서 유아들이 놀이를 통해 세상을 탐험하며 성장하는 모습을 보면 보람을 느낍니다. 그중 AI놀이 활동은 아이들의 호기심과 창의력을 키우는 좋은 기회라고 생각하며, 유아들이 상상력을 펼치고 문제를 스스로 해결할 수 있도록 꾸준히 돕고자 합니다.

천안일봉유치원 **전진아**

변화하는 시대 속 유아교육의 새로운 패러다임

유아 교사에게 '디지털', '인공지능', '미디어', '컴퓨터'와 같은 단어는 여전히 낯설고 부담스럽게 느껴질 수 있습니다. 그 이유는 아마도 오랜 시간 동안 컴퓨터 사용이나 과도한 미디어 노출이 유아들에게 미칠 수 있는 부정적인 영향에 대해 끊임없이 경계해 왔기 때문일 것입니다. 한 때, 유아 교실에 유아용 컴퓨터를 설치하고, 컴퓨터 영역을 따로 마련해 유아들이 직접 컴퓨터를 사용할 수 있도록 했던 시기가 있었습니다. 그 시절에는 유아들이 컴퓨터를 활용해 한글 타자로 문장을 출력하는 활동도 활발하게 이루어졌습니다. 하지만 이러한 활동은 오래 지속되지 못했고, 교실에서 미디어 활용은 점차 줄어들기 시작했습니다.

특히, 동영상을 보여주는 활동도 점점 제한되었고, 동화책을 읽어줄 때는 동영상이 아닌 교사가 직접 실물 책을 들고 읽어주는 방식이 더 좋다는 의견이 많았습니다. 동영상으로 제작된 동화를 보여주는 것을 자제해야 한다는 분위기가 형성되었고, 미디어를 적극적으로 사용하는 교사들은 때로는 자신이 잘못된 행동을 하고 있는 것처럼 느껴지기도 했습니다. 이러한 상황에서 미디어 도구나 디지털 기기를 교육 현장에 도입하는 것은 부담스러운 일로 여겨졌고, 교사들 사이에서 디지털 교육에 대한 선입견이 깊이 자리잡게 되었습니다.

그러나 최근 몇 년 사이, 세상은 빠르게 변화하였습니다. 초·중·고에서는 이미 컴퓨터 과학, 코딩, 인공지능 교육이 적극적으로 이루어지고 있습니다. 2022 개정 교육과정에서는 '디지털 사회와 인공지능'이라는 주제를 통해 학생들이 디지털 소양을 기르고, 새로운 기술을 이해할 수 있도록 돕는 교육을 강화하고 있습니다. 마인크래프트, 로블록스와 같은 게임을 활용한 수업이 활발하게 이루어지고 있으며, 이를 통해 학생들은 디지털 도구를 놀이처럼 즐기면서도 자연스럽게 학습할 수 있는 환경을 경험하고 있습니다. 이러한 변화된 수업 풍경을 보면서 교육의 흐름이 얼마나 빠르게 변화하고 있는지 실감할 수 있습니다.

유아교육 현장 역시 이러한 변화에서 예외가 아닙니다. 유아들은 디지털네이티브로서, 태어날 때부터 스마트폰, 태블릿PC 같은 디지털 기기를 자연스럽게 접하며 자라고 있습니다. 이들은 디지털 기술에 대한 거부감이 거의 없으며, 기기 사용을 오히려 재미있는 놀이로 받아들입니다. 교사 입장에서는 이러한 디지털 환경 속에서 자라나는 유아들에게 디지털 교육이 더 이상 선택이 아닌 필수적인 교육 요소가 되어야 한다는 사실을 점점 더 절실하게 깨닫게 됩니다.

불안과 도전의 시작

충청남도교육청은 2021년부터 미래형유치원 인공지능교육 시범유치원 사업을 운영하고 있습니다. 천안, 홍성, 예산, 금산, 논산 각자의 유치원에서 사업 담당자였던 우리들은 유아 인공지능교육놀이실행자료 개발팀에 참여하게 되었고, 충남형 유치원 인공지능교육 우수사례를 개발하고 현장에서 활용할 수 있도록 놀이실행자료를 개발하였습니다.

자료개발팀 첫 회의 날, '인공지능이 뭔지도 잘 모르는 우리가 이걸 할 수 있다고?' 각자의 무거운 마음을 안은 채 모였습니다. 디지털 기술과 인공지능이 유아들에게 어떤 의미를 가질 수 있을지, 그리고 어떻게 이를 놀이와 결합시킬 수 있을지에 대한 명확한 방향 없이 시작된 이 여정은 그저 막막하기만 할 뿐이었습니다. 우리는 서로에게 배우고 의지하며 다양한 시도를 해보기로 했습니다.

디지털 놀이를 향한 첫 발 디디기

각종 디지털 도구와 유아 코딩 로봇, 언플러그드 보드게임 등 아직 무엇이 무엇인지 잘 모르지만, 우리는 일단 전원을 켜기로 했습니다. 디지털네이티브, 알파세대. 우리가 가르치고 있는 유아들이 자라는 환경은 교사인 우리가 경험한 환경과는 확연히 다릅니다. 유아들은 태어날 때부터 디지털 기술이 일상화된 환경에서 자라며, 스마트폰과 태블릿PC 같은 개인용 디지털 기기를 어린 시절부터 사용합니다. 예상보다 유아들은 기기에 대한 거부감 없이 재미있게 받아들였고, 신기하게도 전원만 켜주면 스스로 익히는 모습을 보며 유아들이 우리보다 더 낫다는 생각이 들었습니다. 하지만 처음 기계나 로봇을 접했을 때는 흥미로워하다가 시간이 지남에 따라 재미가 줄어들고 놀이의 확장성이나 활용도가 떨어진다는 문제가 생겼습니다. 로봇만 활용하는 단순한 활동보다는, 다양한 인공지능 교육을 통해 유아의 사고력을 기르고 디지털 활용 능력을 키우는 놀이 활동에 조금 더 집중해야겠다는 생각이 들었습니다.

디지털 시민성교육, 언플러그드 놀이의 필요성을 깨닫다

언플러그드 놀이는 컴퓨터 없이도 컴퓨터 과학의 개념과 원리를 경험할 수 있는 활동입니다. 언플러그드 놀이와 플러그드 놀이를 함께하면 더 재미있게 컴퓨터의 원리를 알 수 있습니다. 디지털 기계를 단순히 사용하는 것을 넘어, 유아들에게 컴퓨팅 사고력, 논리적 사고, 수학적 지능, 문제 해결 능력을 기를 수 있는 다양한 놀이가 필요하다는 사실을 알게 되었습니다. 그 중에서도 언플러그드 놀이는 기계 없이도 이러한 능력들을 자연스럽게 발전시킬 수 있는 효과적인 방법으로, 유아들의 발달 수준에 적합한 활동이 많습니다. 동시에, 디지털 환경에서 자란 유아들에게는 기술을 적절히 활용하는 것뿐만 아니라 올바른 디지털 시민 의식을 갖추는 것이 중요합니다. 이는 윤리 교육을 통해 가르쳐야 할 부분이며, 디지털 도구를 사용하더라도 책임감 있고 안전하게 활용할 수 있는 태도를 기르는 것이 필수적입니다. 결국, 유아들이 디지털 세상에서 책임감 있고 현명한 시민으로 성장할 수 있도록 도와주는 것이 우리가 지향해야 할 목표임을 깨닫게 되었습니다.

디지털 놀이의 무한 가능성, 더 많은 사례가 필요해

디지털 놀이에 관한 여러 연수를 듣고, 책을 읽으며, 관련 논문을 찾아보았습니다. 그러나 생각보다 유아 디지털 놀이 지원에 대한 자료와 사례가 많지 않다는 것을 느꼈습니다. 유아들의 놀이는 매우 다채로우며, 어떤 놀이도 동일한 방식으로 진행되지 않을 것입니다. 놀이 상황에 따라 다양하게 활용되는 디지털 도구와 놀이 모습을 많이 봤으면 좋겠다는 아쉬움이 들었습니다. 우리는 경력이 많고 적음의 차이에 상관없이 같은 고민과 같은 마음으로 디지털 놀이 지원을 바라보고 있었습니다. 유아에게 유의미한 교육이 이루어질 수 있는 디지털 놀이를 지원하고 더 많은 사례를 기록하고 공유해야겠다고 생각했습니다.

'유치원 디지털 놀이 백과' 들어가기

이 책은 과거의 우리들처럼 유아 디지털 놀이 지원을 고민하는 교사를 위해 만들어졌습니다. 1장에서는 디지털 학급 경영 부분을 다루었습니다. 디지털 교실 환경을 어떻게 구성해야 하는지 디지털 환경 구성 사례를 살펴보고 쉽게 구성할 수 있도록 안내하였습니다. 디지털 놀이지원을 위한 계획과 디지털 도구와 익숙해 질 수 있는 간단한 팁을 정리하였습니다. 디지털을 활용하고 있는 교실의 하루 일과를 살펴보고 가정과의 연계, 교사의 전문적학습공동체 운영 사례를 소개하고 있습니다. 2장에서는 개정누리과정 5개 영역에 맞춰 놀이 사례를 제시하였습니다. 유아교사들은 유아에게 중요한 것은 놀이임을 잘 알고 있습니다. 놀이만이 중심이 되는 것이 아닌 유아가 중심이 되는 디지털 놀이를 실행해보고자 시도했던 수많은 사례를 작성해 보았습니다. 각 영역의 내용들을 구현할 수 있었던 놀이가 어떤 것이 있었는지 살펴보고 정리하였습니다. 3장에서는 인공지능을 쉽게 이해할 수 있는 놀이로 언플러그드 놀이와 디지털 윤리 수업 사례를 담았습니다. 유아들에게 적합한 수업 방법을 찾기 위해 노력했던 교사들의 실천 사례입니다. 현장 교사들의 눈으로 고민하며 실행해 보았던 다양한 사례가 이 책을 읽고 계신 선생님들의 막막함을 풀어드릴 수 있었으면 좋겠습니다.

"저는 문과 나온 유아교사입니다. 컴퓨터 하나도 모르는 저도 가능할까요?"
"그럼요! 선생님. 저희도 처음엔 두려웠어요. 그런데 해보니 별거 아니던데요?"
좀 더 쉽게, 좀 더 다양하게, 좀 더 유익하게!
이 책은 디지털 초보에서 무럭무럭 자라난 유아교사들의 디지털 생존기입니다.

추천사

우리 충청남도교육청 소속 선생님들께서 유치원 교사들을 위한 에듀테크 도서를 출판하셨다고 하니 너무나 반갑습니다.

디지털 시대, 유아들에게 인공지능 교육이 과연 필요할까? 하는 의문을 품는 분들도 계실 겁니다. 하지만 디지털 환경에 익숙하게 자란 아이들은 미래 사회의 주역으로서 디지털 리터러시를 갖추는 것이 필수적입니다.

이 책은 유아들에게 맞춤형 디지털 교육을 하려는 유치원 교사들에게 더없이 귀한 길잡이가 될 것입니다. 특히, 디지털 기기에 익숙하지 않거나 새로운 교육 방식에 어려움을 느끼는 교사들에게 실질적인 도움을 줄 수 있도록 구성되었습니다.

이 책의 가장 큰 장점은 다음과 같습니다.

실용적인 내용: 디지털 교실 환경 구축부터 로봇 없이 진행할 수 있는 디지털 놀이까지, 유치원 현장에서 바로 활용할 수 있는 다양한 방법을 제시합니다.

쉬운 설명: 복잡한 이론보다는 쉽고 간단한 설명으로 단계별 가이드를 제공하여 누구나 따라 할 수 있도록 돕습니다.

다양한 주제: 주제별 놀이를 통해 디지털 교육을 더욱 풍성하게 만들 수 있는 아이디어를 얻을 수 있습니다.

업무 효율 향상: 에듀테크를 활용하여 교사의 업무 부담을 줄이고, 더욱 효과적인 교육 환경을 조성할 수 있도록 지원합니다.

이 책을 통해 유치원 교사들은 디지털 교육에 대한 자신감을 얻고, 유아들에게 더욱 창의적이고 즐거운 학습 경험을 제공할 수 있을 것입니다. 충청남도교육청 소속 선생님들의 열정과 노력에 깊은 감사를 드리며, 이 책이 유아 교육 발전에 크게 기여하기를 기대합니다.

충청남도교육청 (유아교육복지과) 장학관 **양은주**

급변하는 디지털 시대, 유아교육은 더 이상 예전과 같지 않습니다.

스마트폰을 자유자재로 다루는 유아들과 다양한 디지털 도구를 활용하는 교사들이 늘어나면서 유아교육은 새로운 변화를 맞이하고 있습니다. 저 또한 얼마 전 식당을 방문했을 때 테이블 위에 놓인 키오스크 주문기를 보며 주저하는 지인들 앞에서 당당하게 주문하며 디지털 전환의 필요성을 절실히 느꼈답니다. 이처럼 인공지능은 이제 우리 삶의 모든 영역에 깊숙이 자리 잡았고 유아교육 또한 예외일 수 없습니다.

충청남도교육청 정책기획과에서 공모한 '2024 미래교육을 이끄는 교원 책 출판 지원 사업'에 선정되어 10년 이상의 경험을 쌓아온 유치원 교사들이 직접 집필한 「유치원 디지털 놀이 백과」는 유치원 교사를 위한 디지털 교육 안내서로 최신 교육 트렌드를 반영하여 유아들에게 맞춤형 디지털 교육을 제공하는데 필요한 모든 것을 담고 있습니다. 특히, 유아기 아이들의 발달적 특성을 고려한 디지털 교육방법을 놀이와 접목하여 소개한 점은 매우 혁신적입니다. 에듀테크의 이론적 접근에 그치지 않고 다양한 디지털 도구 활용 방법, 실제 수업사례, 업무능력을 높이기 위한 방법과 학부모와의 소통 방안, 교사들이 현장에서 느끼는 생생한 고민 해결 방법 등 교실에서 실제로 어떻게 구현할 수 있는지에 대한 실질적이고 구체적인 사례들을 제공하여 현장 교사들에게 큰 도움이 될 것입니다. 그리고 디지털 윤리교육 부분을 심도깊게 다루어 안전한 디지털 환경 조성을 위한 구체적인 지침을 제공하여 유아들이 디지털 세상에서 건강하게 성장할 수 있도록 돕습니다.

유치원 교사들의 즐거운 도전으로 탄생한 이 책이 나오기까지 수고하신 김은경 선생님을 비롯한 김련우, 김세영, 이현아, 전진아 선생님의 노고에 큰 박수를 보내며, 디지털 환경에서 자라는 아이들에게 적합한 놀이중심의 에듀테크 활용 방안을 고민하는 교사들에게는 실질적인 지침서로 자리잡게 되기를 기대합니다.

충청남도교육청유아교육원 원장 **김주형**

'유치원에서 인공지능교육을 한다고?' 많은 사람들이 '정말 가능해?' 라고 반응합니다.

인공지능교육이라는 것을 기술을 익히는 것 또는 기기를 능숙하게 다루는 것, 기기를 개발하는 것으로 인식하기 때문입니다. 하지만 유치원에서의 인공지능교육은 디지털 환경을 구성하고, 유아의 놀이 속에서 디지털 기기를 활용하여 새로운 것을 탐색하고, 친구와 알아보고, 놀이를 더 확장시키는 하나의 도구입니다. 디지털네이티브인 유아들에게 이미 인공지능은 친숙한 것입니다.

그럼에도 불구하고 인공지능교육에 선뜻 진입하지 못하고 있는 교사들을 위하여 이 책은 교사들의 인공지능교육을 위한 교과서가 될 것입니다. 유치원 교사가 해야 할 디지털 교실 환경 구성 방법과 사례 그리고 가정연계까지 자세히 안내를 하였고, 교육과정의 5개 영역별 디지털 놀이를 사례 중심으로 제안하고 있습니다. 또한 인공지능의 이해를 위한 언플러그드 놀이와 올바른 디지털 사용을 위한 디지털 윤리 활동도 제안하고 있습니다.

4차 산업혁명 시대라는 말이 나오기가 무섭게 인공지능 분야는 매우 무섭고 빠르게 변화되고 있습니다. 이 책은 미래의 유치원 교육은 어떻게 변화되어야 하는지 고민하고 있는 많은 유치원 교사들에게 디지털 기기를 활용한 교육 방법과 방향을 찾아가는 나침반이 될 것으로 기대합니다.

태안유치원장 **유혜정**

기술과 AI의 발전 속도가 충격적인 현 사회에서 교육 현장은 어떻게 대응해야 할까요?

유아기는 두뇌가 가장 왕성하게 발달하는 시기로, 다양한 경험과 오감을 통해 성장하는 매우 중요한 시기입니다. 이러한 관점에서 본 교재는 유아 교사들의 경험과 노력, 현장을 담고 있는 책입니다.

본 책은 디지털 학급 경영부터 계획, 탐색, 규칙 세우기, 놀이 학습, 생활 및 가정 연계 등 유아 교육 현장에서 에듀테크와 AI를 어떻게 효과적이고, 매력적이며, 윤리적으로 적용해야 하는지에 대한 모든 지식을 담고 있는 흥미롭고 살아 있는 이야기입니다.

교사의 관점에서 교사를 위해 작성된 책입니다.
학교 현장의 실질적인 사례와 경험을 풍부히 담은 책입니다.
유아를 위한, 유아의 관점에서, 교사의 시각으로 쉽고 빠르게 이해할 수 있는 책입니다.

유아 교육 현장과 AI 융합 및 에듀테크 활용에 관심이 있는 모든 분에게 이 책을 자신 있게 추천합니다.

순천향대학교 기초공통교양학부 **차현진**

차례

프롤로그 3

추천사 8

PART 01 에듀테크로 디지털 학급경영 능력 높이기

- 01 디지털 교실 환경 구성하기 19
- 02 디지털 놀이 지원을 위한 계획 세우기 34
- 03 디지털 기기 익숙해지기 "일단 전원을 켜세요." 38
- 04 디지털기기 사용에도 규칙은 있어야 해요 53
- 05 디지털 교실의 하루 일과를 살펴보아요 55
- 06 기본생활습관 68
- 07 유아 디지털 놀이지원 가정연계 72
- 08 교사 전문적학습공동체 운영하기 74

PART 02 주제가 있는 디지털놀이 예술경험

- 01 (명화감상) 고흐의 마을에 가다 88
- 02 구글 아트앤컬처(Google Arts & Culture) 자화상 전시회 ... 93
- 03 소리가 나는 그림 전시회 (뮤지컬캔버스) 1 97
- 04 구글 아트앤컬처(Google Arts & Culture) – 뮤지컬 캔버스 2 ... 100
- 05 크롬 뮤직랩, 내 이름으로 만드는 노래 102
- 06 낙서를 좋아하는 아이, 키스해링 (명화감상) 107
- 07 말하는 대로 그려준다고! (명화감상) 110
- 08 나는야 인공지능 작곡가! 114
- 09 내가 그린 그림으로 만들어요! (3D펜) 118
- 10 디지털 전시관에 다녀왔어요! 121

주제가 있는 디지털놀이 사회관계

- 01 나의 감정을 적절하게 표현할 수 있어요 130
- 02 스스로 사진 찍고 예쁘게 꾸밀 수 있어요 135
- 03 내 꿈을 현실로 구현해 봐요 138
- 04 QR코드로 우리 반 친구의 이름과 얼굴 매칭 게임을 해 봐요 ... 142

05 반려동물 등록증을 활용하여 동물 병원놀이를 해요 · · · · · · · · · · · · · · 145
06 디지털 기기와 함께하는 놀이동산을 꾸며요 · · · · · · · · · · · · · · · · · · · 149
07 출동! 동물 구조대 · 153
08 우리 동네를 소개하는 책을 만들어요 · 157
09 피자가게, 미용실도 키오스크로 주문할 수 있어요 · · · · · · · · · · · · 160
10 우리 동네 디지털 가게로 놀러 오세요 · 162
11 교실 속 세계여행을 떠나요 · 165

주제가 있는 디지털놀이 **신체운동·건강**

01 다 함께 댄스 댄스 · 172
02 VR 동영상으로 산책해요 · 175
03 우리를 튼튼하게 하는 운동 · 179
04 건강이 쑥쑥 식당 · 182
05 구름빵, 키 크는 빵 주세요 · 186
06 우리가 만드는 체조 놀이 · 189
07 안전하게 생활해요 · 193
08 재난대피 홍보영상을 만들어요 · 196

주제가 있는 디지털놀이 **의사소통**

01 무지개 물고기야 날아라 · 204
02 클로바 노트와 함께 하는 편지쓰기 · 207
03 AI로 만든 나만의 동화책 · 210
04 재미있는 한글 놀이 · 212
05 살아있는 동화책 · 215
06 퀴즈앤(QuizN)으로 다른 유치원 친구와 소통해요 · · · · · · · · · · 218
07 헤이 클로바! 나랑 같이 놀자 · 221

주제가 있는 디지털놀이 **자연탐구**

01 5월 31일은 바다의 날 · 230
02 멸종위기동물 보호 캠페인 · 234
03 지구야 아프지 마! · 238
04 미래의 내 자동차 · 241

05 셀프주유소 놀이 244
06 너의 이름이 궁금해 246
07 놀이터에서 만난 동물 친구들 249
08 내가 TV에 나오면 좋겠어요 251
09 분류 대장이 되어요 253
10 물속 레이스와 장애물 탐험 256

PART 03 인공지능을 쉽게 이해하는 놀이 **디지털윤리**

01 로봇은 우리들의 친구일까? 261
02 [공공성] AI 가람아! 바르고 고운말을 알려줄게 263
03 [공공성] 인공지능 로봇에게 따뜻한 말을 전해요 266
04 선한 댓글을 달아요 268
05 [프라이버시 보호] 얼굴 인식, 내 얼굴을 알아보는 카메라 270
06 [프라이버시 보호] 초상권이 있어요! 273
07 [프라이버시 보호] 딥페이크! 내 얼굴을 가져갔어요 275
08 [프라이버시 보호] 쉿! 늑대는 돼지 삼형제의 개인정보를 어떻게 알았을까? 278
09 우리에게도 저작권이 있어요 280
10 [데이터관리-데이터 편향] 인공지능에게 물고기를 알려주세요 282
11 [안전성] 우리반 AI 윤리규칙 만들기 285

인공지능을 쉽게 이해하는 놀이 **언플러그드 놀이**

01 [데이터구조] 비밀암호 맞추기 291
02 [반복] 수상한 신호등 293
03 [반복] 댄스! 댄스! 댄스! 295
04 [패턴인식] 쥬니버스쿨 – 패턴 익히기 297
05 [패턴인식] 어느 가게로 갈까요? 299
06 [패턴인식] 맛있는 과자 목걸이 300
07 [분류] 미션! 낚시 놀이 302
08 [절차적 사고] 인공지능일까? 아닐까? 304
09 [이미지표현] 픽셀아트, 숫자로 그림을 표현해요 306
10 로봇이 되어 방향을 알아봐요 308

마무리하며 311

PART 01

에듀테크로 디지털 학급경영 능력 높이기

디지털 학급경영 01	• 디지털 교실 환경 구성하기
디지털 학급경영 02	• 디지털 놀이 지원을 위한 계획세우기
디지털 학급경영 03	• 디지털 기기 익숙해지기 "일단 전원을 켜세요."
디지털 학급경영 04	• 디지털 기기 사용에도 규칙은 있어야 해요
디지털 학급경영 05	• 해님반 교실의 하루 일과를 살펴 보아요
디지털 학급경영 60	• 기본생활습관
디지털 학급경영 07	• 유아 디지털 놀이 지원 가정 연계
디지털 학급경영 08	• 교사 전문적 학습공동체 운영하기

인공지능, 디지털 전환 시대, 삶의 많은 부분을 디지털 기술에 의지하고 살아가고 있습니다. 사물과 사물이, 사물과 인간이 연결되어 정보를 주고받을 수 있는 신기한 세상입니다. 아침에 일어나서부터 잠이 들 때까지 수많은 기술이 우리를 편리하게 도와주고 있습니다. 이런 세상에 태어나서 앞으로 더 많은 시간을 살아갈 유아들, 우리가 가르칠 이 유아들을 '디지털네이티브' 라고 부릅니다. 디지털 세상에서 태어난 유아들은 디지털 매체들을 자유롭게 활용하고 살아갈 겁니다.

정보가 필요하면 스스로 찾아내고 언제 어디서든 소통할 수 있는 똑똑한 유아들, 그런데 실상은 이러한 세상에 태어났다고 해서 무조건 디지털 기술을 잘 활용하고 살아갈 것인가 생각해 볼 필요가 있습니다. 어떤 아이는 노트북과 태블릿을 만져보지도 못한 아이가 있지만, 어떤 아이는 자유자재로 다뤄볼 기회가 있었을 겁니다. 이렇게 유아의 가정 배경, 경제적 이유, 문화적 배경 등에 따라 격차가 발생합니다.

우리는 이 유아들을 어떻게 가르쳐야 할까요? 유아 교육기관에서의 디지털 기술을 활용한 교육은 유아들의 다양한 놀이 경험에 올바른 디지털 사용 습관을 더해주기 위한 것입니다. 무조건 디지털이나 미디어를 하지 말라고 꼭꼭 숨겨두기보다 제대로 사용할 수 있는 방법을 알려주는 교육이 필요합니다.

디지털 기술에 대한 경험 자체도 중요하지만, 건전한 사용 태도, 개인의 정보를 관리하고 신뢰할 수 있는 내용을 선택할 수 있는 능력을 길러주는 것. 즉 디지털 시민성에 대한 부분도 반드시 포함되어야 할 것입니다.

제일 기본은 유아 중심, 놀이 중심입니다.

유아들의 배움은 놀이에 있습니다. 디지털 기술은 유아들의 놀이를 지원하고 교사의 업무를 도와주는 역할을 합니다. 디지털 기술 자체를 어렵게 가르쳐야 할 이유는 없습니다. 기술은 더 좋은 방향으로 변하고 있고 그 변화의 속도는 점점 더 빨라질 것입니다. 당면한 문제를 해결할 수 있는 창의적인 해결 방법에 디지털 도구를 활용한다는 것을 더하고, 그 활용 방법을 아는 역량을 갖춘 사람으로 키워내는 것이 중요합니다.

용어 정리

디지털(Digital)
디지털은 숫자를 사용하여 정보를 나타내는 기술이나 방법을 의미합니다. 주로 컴퓨터와 관련된 기술에서 사용되며, 아날로그와 대조되는 개념으로 사용됩니다. 디지털 기술은 데이터를 이진수로 표현하고 처리하는 방식을 말하며, 디지털 신호는 0과 1로 표현됩니다.

디지털 네이티브와 알파세대
디지털 네이티브는 태어날 때부터 디지털 환경에서 살아가는 세대를 말합니다. 또 "알파세대"는 한국에서 사용되는 용어로, 일반적으로 1996년에서 2010년 사이에 태어난 세대를 가리킵니다. 이 세대는 디지털 기술이 발달한 환경에서 자란 만큼 기술적으로 숙련되어 있으며, 인터넷과 모바일 기술에 익숙하고, 유동적인 커뮤니케이션 방식을 선호한다는 점에서 특징을 찾을 수 있습니다.

인공지능(AI)과 인공지능교육
인간이 가진 스스로 생각해서 판단하는 능력을 컴퓨터프로그램으로 구현하는 기술을 말합니다. 인공지능교육은 이러한 기술 자체를 가르치는 것과 인공지능을 교육의 도구로 활용하는 것, 두 가지 관점으로 나누어 볼 수 있습니다. 2022개정교육과정에서는 인공지능의 내용을 교과에 융합하여 가르치도록 하고 있습니다.

에듀테크
교육(Education)과 기술(Technology)의 합성으로 이러닝을 넘어 학습자 맞춤형 교육, 교사의 업무 경감 등 교육 효과를 높이기 위해 AI(인공지능), 빅데이터, AR(증강현실), VR(가상현실), 솔루션, 하드웨어 시스템 등 ICT 기술을 접목하여 기존과 다른 학습경험을 제공하는 기술입니다. 에듀테크의 유형에는 교수학습지원자료, 자기주도 학습자료 등의 학습콘텐츠와 영상 및 텍스트를 활용한 소통 도구, 자료 제작 및 영상 제작을 위한 창작 도구, 학급운영 및 평가를 위한 관리 도구 등이 있습니다.

출처: 에듀테크수업활용 가이드북 2023 개정판 (교육자료 TL2023-06 / 교육부, KERIS)

메타버스
메타버스는 현실 세계와 가상 현실이 융합된 새로운 디지털 환경을 의미합니다. 가상 현실(VR), 확장 현실(AR), 인공지능(AI) 등의 기술이 결합된 공간을 가리킵니다. 메타버스는 사용자들이 가상의 세계에서 다양한 활동을 할 수 있게 하며, 현실에서는 어려운 혹은 불가능한 경험을 제공합니다. 가상 공간에서는 사회적 활동, 경제 활동, 교육, 예술 등 다양한 분야에서 활용되고 있습니다.

디지털 학급경영 01 디지털 교실 환경 구성하기

디지털 교실 환경 구성은 어떻게 해야 할까요?

교실환경구성을 할 때 디지털 놀이를 위한 환경구성은 어떻게 해야할 지 고민이 됩니다. 무엇을 사야 하고, 무엇을 준비해야 하는지 막막하기만 합니다. 유아가 자발적으로 즐겁게 충분히 놀이할 수 있는 디지털 놀이환경을 구성하는 것은 생각보다 어렵지 않습니다. 기존 교실 환경 구성은 그대로 하되, 디지털 도구를 적절히 배치해두면 됩니다. 교구장의 교구를 모두 다 채울 필요가 없는 것처럼 디지털 놀이를 위한 환경도 학기 초부터 반드시 구성해 놓을 필요는 없습니다. 유아들의 디지털 기기 경험의 정도를 알아본 후 천천히 시작해도 됩니다.

기본적으로 안정적이고 빠른 무선인터넷 연결이 필요합니다. Wi-Fi가 잘 작동하는지 확인하고, 필요하다면 유선 연결도 생각해봅니다. 공유기가 설치되어 있는지 확인하고 학내망을 이용하게 되면 보안 설정이 어떻게 되어있는지 확인해 볼 필요가 있습니다. 그리고 모든 디지털 기기가 원활하게 작동할 수 있도록 충분한 전원 공급 장치를 마련합니다. 디지털 기기의 상태를 주기적으로 점검하고, 필요한 업데이트도 신경 써야겠지요.

개인정보를 보호하기 위한 노력도 필요합니다. 너무 복잡한가요? 괜찮습니다. 제일 중요한 것은 뭐라도 일단 해보는 겁니다.

우리 원에 비치되어 있는 디지털 기기를 확인하고 연령에 따라 우리 교실에 비치해 둘 수 있는 디지털 기기를 알아봅니다. 우리 원에 비치되어 있는 디지털 기기를 체크해 봅시다.

☐ 태블릿PC	☐ 디지털 카메라 /카메라(360)	☐ 크로마키
☐ AI 스피커/ 디스플레이형	☐ 유아코딩 로봇	☐ 스마트팜
☐ 블루투스 스피커	☐ 전자칠판	☐ 디지털 출력기
☐ VR 기기	☐ 실감형 인터액티브 모션	☐ 포토프린터
☐ 노트북	☐ 3D펜	☐ 터치 테이블
☐ 데스크탑(유아용)	☐ 3D프린터	
☐ 유아용 앱 설치 유무	☐ 전자현미경	

유치원 교실 내 환경구성은 교사의 자율성에 의해 크게 좌우됩니다. 인공지능 공간을 따로 구성하기도 하고 놀잇감 사이 사이 디지털 도구를 놓아 영역을 구성하는 경우도 있습니다. 원의 환경, 즉 디지털 도구, 예산, 관리자의 디지털 매체 허용 정도, 교사의 역량, 유아의 연령, 교사의 취향 등 다양한 조건에 따라 환경구성은 달라질 수 있습니다.

▲ 인공지능 영역을 구성한 교실 사례

교실에 무선인터넷(Wi-Fi) 설치되어 있지 않아요!

스마트폰에는 '모바일 핫스팟' 기능이 있습니다. 모바일 핫스팟은 스마트폰이나 태블릿PC와 같은 모바일 기기를 이용하여 인터넷 연결을 다른 기기(예 노트북, 태블릿PC, 다른 스마트폰 등)와 공유하는 기능입니다. 이를 통해 와이파이 네트워크가 없는 곳에서도 인터넷에 접속할 수 있습니다. 이 기능을 이용하면 허용되는 기기들에 한해 와이파이 신호를 줄 수 있습니다. 하지만 데이터 사용량과 보안에 주의해야 합니다. 물론 교사의 인터넷 데이터가 무제한인 경우에 부담없이 사용 가능하겠지요!

디지털 기기를 잘 다루지 못하는 교사라면 어떻게 하죠?

교사들의 걱정을 충분히 이해할 수 있습니다. 기본적인 디지털 도구들, 예를 들어 태블릿PC나 스마트폰, 스마트 스피커 등 많은 사람들이 활용하고 있는 기기라면 YouTube, 교육 블로그, 온라인 포럼 등에서 다양한 튜토리얼과 가이드를 찾을 수 있습니다. 디지털 기기 사용은 실습과 반복을 통해 익숙해질 수 있습니다. 자주 사용해 보고, 실수를 두려워 하지 않는 것이 중요합니다. 다행인 것은 유치원 교실에서 활용되는 디지털 도구들의 수준은 아주 높지 않은 경우가 대부분입니다. 복잡한 소프트웨어나 앱보다는 직관적이고 사용하기 쉬운 도구를 활용합니다. 기본적인 기능만 알면 수업에서 충분히 활용할 수 있습니다. 한편, 매 순간 예상하지 못한 상황이 펼쳐질 수도 있다는 것을 염두에 두고 있어야 합니다. 앱과 인터넷으로 구동하는 많은 도구들의 경우 불안정성으로 오류가 날 가능성도 높기 때문입니다. 그럴 땐 일단 껐다가 다시 켜세요. ().(그럼 보통 해결이 될 겁니다.

디지털 교실 환경 구성 사례를 살펴보아요

1 AI 스피커

스마트 스피커, 기존의 스피커에 인공지능(AI)이 제공하는 기능을 더한 것으로 음성으로 대화하며 소통할 수 있는 도구로 AI 스피커 라고 많이 부릅니다. 궁금한 것을 물어보고 유아들이 좋아하는 노래를 재생해 줄 수도 있기 때문에 AI 스피커를 교실 안에 비치해두면 다양하게 활용할 수 있습니다. AI 스피커의 종류는 가격과 제조사에 따라 매우 다양합니다. 유아들이 선호하는 귀여운 외모를 가진 제품도 있고, 깔끔하고 단순한 형태도 있습니다. 정보를 제공하는 것은 물론 집 안의 가전제품을 제어할 수 있고 알람, 타이머 기능도 있고 쇼핑도 가능한 똑똑한 스피커입니다. 부르는 이름을 "짱구" "미니" 등으로 다양하게 변경할 수 있습니다.

유아들이 자꾸 최신 유행가요를 틀어요.

유아들의 요구를 어느 정도 수용해 줄 필요는 있지만 가사가 유아들에게 적합하지 않다면 이유를 설명하고 검색하지 않도록 할 수 있습니다. 유아들이 듣고 싶은 최신 유행가요의 제목을 교사에게 먼저 말하도록 안내하는 방법도 있고, 게시판을 이용해 신청곡을 미리 받아서 틀어 주는 경우도 있어요.

▲ 귀여운 AI 스피커	▲ 클로바 램프로 책 읽기	▲ AI 스피커로 동요듣기
실외놀이 나가기 전 미세먼지를 확인하기, 알람을 맞추고 놀이 후 정리 시간을 정할 수 있습니다.	문자 인식이 가능한 AI 스피커라면 동화책을 읽어줄 수도 있습니다. 글자를 모르는 어린 유아들의 경우 자기 이름 글자 등을 읽어줄 수 있는 역할을 하기도 합니다.	다 같이 모여 동요를 듣기도 하고 동요에 맞춰 악기 연주를 하기도 합니다.

▲ 알파미니 로봇과 함께 우유 마시기

▲ 로봇형 AI 스피커 대화 설정하기

우유를 먹기 싫은 유아가 있다면 로봇형 AI 스피커와 함께 우유의 장점에 대해 이야기를 나눠보게 합니다. 교사가 전달하는 것 보다 훨씬 더 재미있게 받아들이게 됩니다.

2 디스플레이 스마트 스피커

일반 스마트 스피커에 화면이 함께 있는 형태로 시각적인 정보를 제공해줄 수 있는 스피커입니다. 음성으로만 정보를 확인하는 것이 아니라 눈으로 볼 수 있기 때문에 유아들에게 더 흥미로운 정보를 제공할 수 있습니다.

▲ 스마트 스피커

디스플레이 AI 스피커의 경우는 음성으로만 기능하는 것이 아니라 화면이 있기 때문에 동영상과 그림 자료를 검색할 수 있다는 것이 장점입니다. 유아 맞춤 설정으로 안전하게 검색할 수 있고 원하는 동영상을 찾아 보여줍니다.

디스플레이 AI 스피커의 대기화면을 이용하면 유아들의 그림들로 미술 갤러리를 만들 수도 있습니다. 태블릿PC와 연결하고 유아들의 그림을 사진찍어서 AI 스피커로 전송합니다.

유아들의 그림으로 디지털 액자를 구성해 줄 수 있습니다.

▲ 색종이 접기 영역

색종이 접기 영역에서는 유아들이 접고 싶은 것을 음성으로 검색하면 종이접기 동영상을 찾아 보여줍니다. 유아들은 스스로 접고 싶은 다양한 종이접기 방법을 찾고 종이를 접으면서 이해가 가지 않으면 동영상을 멈췄다가 다시 돌려보는 등 종이접기에 활용하는 모습을 보였습니다.

유아들이 연령에 맞지 않는 영상을 검색하면 어떻게 하죠?

디지털 웰빙 기능이나 유튜브 키즈 앱을 사용하면 연령에 맞는 콘텐츠만 제공되도록 설정할 수 있습니다. 유아 맞춤 설정으로 안전하게 검색할 수 있고 원하는 동영상을 찾아 보여줍니다.

3 태블릿PC

태블릿PC는 스마트폰과 노트북의 중간 형태로 터치스크린을 사용하여 조작할 수 있는 휴대용 컴퓨터입니다. 일반적으로 키보드와 마우스 없이 손가락이나 전용펜을 사용하여 입력을 할 수 있습니다. 디지털 놀이 지원 시 가장 많이 이용되는 기기이기도 합니다. 유아들은 태블릿PC의 경험이 동영상 시청이나 게임정도로 활용하며 방법이 다양하지 않은 경우가 많습니다. 태블릿PC의 기능을 알아보고 유아에게 유익한 유아용 앱을 설치하고 알려주면 활용도는 더 높아집니다.

 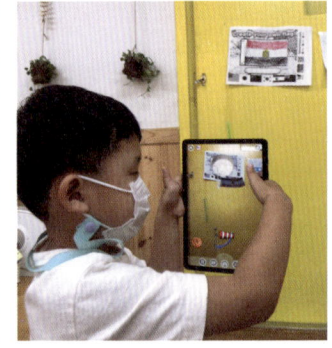 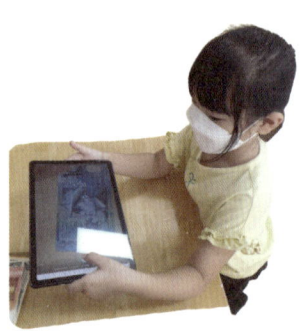

▲ 유아용 앱 활용하기   ▲ AR 놀이   ▲ 스마트 렌즈로 검색하기

실수로 태블릿PC을 떨어뜨리거나 던질 수 있으므로 충격에 강한 케이스를 사용하는 것이 좋습니다. 화면의 유리가 깨지거나 모서리가 파손되면 다칠 수 있으니, 태블릿PC에 보호 필름을 부착하는 것도 추천합니다.

교사는 유아들이 바른 자세로 태블릿PC을 사용할 수 있도록 지도하고 유아들의 사용을 틈틈이 검토하고 잘 살펴보아야 합니다. 태블릿PC 사용에 과몰입하는 유아가 있다면, 적절한 사용 시간을 정하고 스스로 정리할 수 있도록 타이머 등을 활용해 약속을 정하는 것이 좋습니다.

태블릿PC가 꼭 1명당 1대씩 있어야 할까요?

태블릿PC가 꼭 많아야 할 필요는 없습니다. 학급당 1~2개 정도 구비해두면 유아들이 스스로 규칙을 정해서 사용해볼 수 있습니다. 오히려 함께 사용하게 되면서 모르던 기능을 알려주기도 하고 이야기를 나누면서 서로를 배려해 보는 경험을 하기도 합니다.

▲ 새롭게 알게 된 기능 친구에게 설명하기

교실에서 활용하면 좋은 애플리케이션

교육 및 학습 도구	퀵드로우	오토드로우	크롬뮤직랩	쥬니버스쿨
	구글렌즈	왓캠	구글어스	구글 art&culture
	파파고	구글 제미나이	다글로	AI FOR OCEANS

교실에서 활용하면 좋은 애플리케이션

교육 및 학습 도구	 바닷 속 한글놀이	 소중한글	 상장만들기	 퀴즈앤(QuizN)
	 클래스툴	 퀴버	 소화기	 포켓몬 스마일
	 두구누구 누구두구	 산타추적기	 챗GPT	 rakugaki AR (아이폰전용)

교실에서 활용하면 좋은 애플리케이션

미디어 및 콘텐츠 제작	 블로(VLLO)	 스노우	 크로마비드	 캔바
	 remove.bg	 미리캔버스	 네이버 QR코드	 Craiyon

교실에서 활용하면 좋은 애플리케이션				
미디어 및 콘텐츠 제작	클로바 노트	클로바 더빙	suno AI	ZEP
인터랙티브 및 엔터테인먼트	애니메이티드드로잉	스크루블리	구글 메타퀘스트	ZEP quiz

4 VR / 카드보드

가상 현실(Virtual Reality)은 컴퓨터 기술을 사용하여 가상의 환경을 만들고 현실과 비슷한 경험을 제공하는 기술을 말합니다. 특수한 헤드셋을 통해서 현실에서 불가능한 상황을 체험할 수 있고, 게임, 교육, 의료 등 다양한 분야에서 활용되고 있습니다. 현실과 융합된 가상의 놀이 공간은 유아의 상상놀이를 자극하고 공간적으로 확장된 놀이를 지원해줄 수 있습니다.

▲ 구글 카드보드로 유튜브 360 동영상 보기
   (세계 여러 나라 여행)

▲ 우리 동네 구경하기

▲ VR 그리기 앱으로 수채화 그리기

유아가 VR 기기를 사용하는 것이 안전할까요?

장시간 VR 기기를 사용하면 눈의 피로와 시력 저하 등 유아들의 시력에 부정적인 영향을 미칠 수 있습니다. 유아들은 현실과 가상 세계를 구분하는 데 어려움을 겪을 수 있으므로 정서적 혼란도 초래할 수 있습니다. 또한, VR 환경은 유아들에게 과도한 시각적, 청각적 자극을 줄 수 있어 스트레스나 불안감을 유발할 수 있습니다. 따라서 유아들이 VR 기기를 사용할 때는 적절한 사용 시간과 환경을 조성하는 것이 중요합니다. 반드시 부모나 교사의 감독 하에 사용하며, 사용 시간을 제한하고, 휴식을 병행하는 것이 필요합니다. VR 기기의 장점과 단점을 잘 이해하고, 유아들의 발달 단계와 개별적인 특성을 고려하여 신중하게 접근하는 것이 중요합니다.

5 크로마키

크로마키(Chroma Key)는 영상 제작이나 사진 촬영 시 배경을 특정 색상으로 설정하여 후에 그 배경을 다른 이미지나 비디오로 대체하는 기술을 말합니다. 이를 통해 배경을 제거하거나 다른 배경을 합성하는 작업을 보다 쉽게 할 수 있습니다. 크로마키는 주로 녹색 또는 파란색 배경이 사용되며, 이를 통해 편집 소프트웨어에서 배경을 쉽게 분리할 수 있습니다. 크로마키 천으로 녹색 천을 저렴하게 구입하고 교실 벽에 설치해 둡니다. 다양한 배경을 설정해 줄 수 있기 때문에 유아들이 실감나는 사진과 동영상 자료를 만들 수 있습니다.

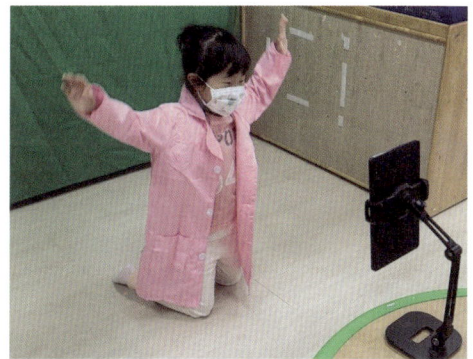
▲ 바닷 속 풍경 촬영하기

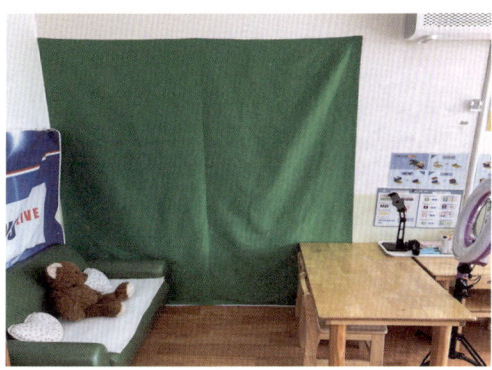
▲ 크로마키 환경 구성

▲ 크로마키를 활용한 방송국 놀이

▲ 공룡 사진

▲ 뒷배경을 제거한 영상 만들기(unscreen/ canva)

▲ 영상 촬영하기

다양한 크로마키 앱				
	Chromavid	FOLDIO360	Chroma key Image-Video Creator	KineMaster-Video Editor&Maker

6 전자칠판

전자칠판(Interactive Whiteboard)은 터치스크린을 통해 사용자가 직접 글씨를 쓰거나 그림을 그릴 수 있는 디지털 칠판입니다. 터치스크린을 통해 사용자가 직접 화면에 글씨를 쓰거나 그림을 그릴 수 있으며, 손가락이나 전용 펜을 사용합니다. 또한 텍스트, 이미지, 동영상, 오디오 등 다양한 멀티미디어 콘텐츠를 통합하여 사용할 수 있으며, 인터넷에 연결하여 실시간으로 자료를 검색하고 활용할 수 있습니다. 전자칠판을 교실에 설치할 때 유아의 신장에 맞게 높이를 고려합니다.

▲ 전자칠판 설치 예시

▲ 크롬뮤직랩 노래 만들기

▲ 바다환경을 위한 AI

전자칠판을 사용하기 위해 유의할 점은 무엇일까요?

전자칠판의 기본 기능부터 차근차근 설명하고, 간단한 활동을 통해 익숙해지도록 합니다. 예를 들어, 터치로 그림 그리기나 간단한 게임을 통해 자연스럽게 사용법을 익히게 합니다. 너무 빠르거나 동시에 터치하면 오류가 날 수 있기 때문에 천천히 터치하고 기다릴 수 있도록 안내합니다. 또한 학급상황에 맞게 규칙을 정해볼 수 있습니다.

7 스마트팜

스마트팜은 비닐하우스나 유리온실 등에 사물인터넷(IOT), 인공지능, 디지털 기술등을 적용해서 식물재배, 가축 생육환경 등의 관리를 돕는 시스템을 말합니다. 스마트폰이나 노트북 등으로 제어가 가능하고 센서가 작동하며 적정한 온도와 습도 등을 조절해주고 관리해 주기 때문에 편리합니다. 교실 안에 스마트팜 기기가 있으면 텃밭이 없어도 교실 안에서 우리 반 텃밭을 운영할 수 있습니다.

▲ 식물의 뿌리 관찰하기

▲ 살아있는 채소 감촉 느껴보기

▲ 터치테이블 놀이 사진

> 스마트팜은 투명한 전면 유리를 통해 식물이 자라는 것을 지켜볼 수가 있습니다. 뿌리까지 자란 것을 관찰할 수 있고 날씨나 공간의 제약이 없이 사계절 채소를 키워볼 수가 있습니다. 단, 상시 전원이 있는 곳에 설치해야 합니다.
> 식물의 자람을 교실 안에서 관찰할 수 있기 때문에 관찰일지 작성하기도 편리합니다. 스마트팜의 채소가 자라는 모습을 보면서 관찰일지를 작성하면 식물을 관찰하는 재미가 더 생깁니다.

달팽이를 키우는 학급이라면 스마트팜의 채소를 달팽이 먹이로 활용할 수 있습니다. 스마트팜의 경우 주기적으로 관리를 해주는 업체 렌탈 기기와 교사가 직접 여러 가지 설정을 해볼 수 있는 기기가 있습니다. 업체 렌탈의 경우는 관리하기 쉽고 다양한 채소를 주기적으로 바꿔주지만 매달 관리 비용이 나가기 때문에 비용 부담이 있습니다. 직접 설치 가능한 스마트팜은 생장 조건을 달리할 수 있고 센서를 그대로 보여줄 수 있어 좋지만 프로그램을 직접 설치해야 하는 어려움이 있습니다.

다 학급인 경우 학급 내에 두지 않고 공동현관을 활용해서 설치해두어도 좋습니다.

8 터치테이블

터치테이블은 터치스크린 기술을 활용한 테이블 형태의 디지털 장치입니다. 이 장치는 여러 사용자가 동시에 화면을 터치하여 상호작용할 수 있고, 직관적이기 때문에 유치원이나 학교에서 유아들이 함께 그림을 그리거나 퍼즐을 맞추는 활동에 많이 사용됩니다. 회의실에서는 여러 사람이 동시에 아이디어를 적거나 그림을 그리면서 회의를 진행할 수 있습니다.

▲ 터치테이블 놀이 사진

터치테이블을 처음 사용할 때 무엇을 알려주면 좋을까요?

터치테이블을 사용할 때 기본적인 터치동작, 터치, 탭, 드래그, 줌 등 손가락 동작을 알려주는 것이 좋습니다. 또한 너무 세게 터치하거나 힘을 주면 안 된다는 규칙도 알려주세요.

9 실감형 콘텐츠 미디어

실감형 콘텐츠 미디어는 가상 현실(VR), 증강 현실(AR), 혼합 현실(MR) 등의 기술을 활용하여 유아에게 몰입감 있는 경험을 제공하는 디지털 콘텐츠를 말합니다. 설치비용이 비싸긴 하지만 단순히 화면을 보는 것을 넘어서 실제로 그 안에 있는 것처럼 느끼게 하며, 상호작용할 수 있는 환경을 만들어줍니다. 프로젝션 매핑, 인터랙티브 미디어, 홀로그램 등 다양한 실감형 콘텐츠 기술이 있습니다.

실감형 콘텐츠 미디어의 다양한 활용사례

▲ 실감형 모래놀이

▲ 바닥형 인터랙티브

▲ 벽면형 인터랙티브

디지털 학급경영 02 디지털 놀이 지원을 위한 계획 세우기

교육계획안 예시

주제	활동		예상되는 놀이

우리 유치원 친구들	• 우리 유치원 돌아보기
	• 안전하게 놀이하는 방법
	• 나를 소개해요
	• 우리 반 약속 만들기
			• 선생님을 이겨라! 가위바위보
			• 친구와 함께 실뜨기 놀이
			• 감정 놀이 프로젝트
			   – 내 감정, 친구 감정 알아보기
			   – 사진관 놀이

	디지털 놀이	AI	• 엠타이니 친구에게 사탕 배달하기
		동화	• 진정한 일곱 살 [디지털 북 만들기]
		동요	• 친구가 되는 멋진 방법 • 꽃게 우정
		명화 감상	• 명화 속 다양한 감정을 알아보아요. (아트셀피)

따뜻한 봄	• 봄의 날씨와 생활
	• 봄 놀이 꽃 만다라
	• 꽃씨를 알아보아요
	• 자연물 액자 만들기
			• 꽃가게 놀이
			• 고양이 찻집(동화 연계)
			   – 꽃차 만들기
			   – 꽃차 가게 놀이

	디지털 놀이	AI	• 스마트 렌즈로 꽃을 검색해요 • 360 카메라로 찍은 산책길
		동화	• 강아지 똥 [디지털 동극]
		동요	• 모두 다 꽃이야 • 벚꽃 팝콘
		명화 감상	• 반 고흐의 아몬드 나무 이야기 (VR 고흐의 집으로)
사랑하는 나와 가족	• 내가 어렸을 때 • 나의 가족을 소개해요 • 다양한 가족이 있어요 • 내 컴퓨터 만들기(언플러그드 놀이)		• 아르놀피니 부부 초상(명화 연계) 결혼식 놀이 • 놀이 동산 놀이 – 놀이 동산 구성하고 놀이하기
	디지털 놀이	AI	• 구글 아트 & 컬처 나를 닮은 명화 찾기 / 지문 탐색
		동화	• 뼈를 도둑맞았어요! (탐정놀이)
		동요	• 땅콩 · 빗자루 여행 · 넌 할 수 있어 라고 말해주세요
		명화 감상	• 벨라스케스

주제	활동		예상되는 놀이
동물과 식물	• 우리 주변의 동물과 식물 • 동물원의 동물들 • 식물들의 한 살이 • 공룡은 왜 사라졌을까?		• 동물 병원 놀이 (다큐멘터리 감상 후 연계) – 동물 구조대 이야기 – 동물 병원에는 무엇이 있을까?
	디지털 놀이	AI	• 사라진 공룡을 찾아서 (QR코드, 활용), AR 나비의 한살이
		동화	• 동굴벽화
		동요	• 달팽이의 여행 • 나무의 노래 • 개미의 여행
		명화 감상	• 황묘농접도(chat GPT를 활용한 그림그리기)
행복한 우리 동네	• 살기 좋은 우리 동네 이야기 • 행복한 우리 동네 사람들 • 우리를 도와주는 공공기관들 • 다양한 직업을 알아보아요		• 미용실 놀이 – 다양한 헤어스타일 알아보기 – 헤어 디자이너 놀이
	디지털 놀이	AI	• 구글 어스로 본 우리 동네 • 오조봇과 함께 그리는 지도
		동화	• 미술관에 간 윌리(구글 네스트 허브–우리 반 전시관)
		동요	• 다섯 글자 예쁜 말 • 빗자루 여행 • 함께 걸어 좋은 길
		명화 감상	• 움직이는 모나리자

놀이중심 교육과정에서 생활주제는 유아의 흥미와 자유놀이의 모습에 따라 달라지기도 합니다. 자율성과 융통성이 있지만 그렇다고 처음부터 무계획으로 시작하는 것과는 다릅니다. 어느 정도 시기별로 예상되는 주제들을 생각해보고 그에 적합한 활동이나 예상되는 놀이등을 미리 정해봅니다.그리고 반드시 유아의 자유놀이를 빈칸으로 남겨둬서 함께 만들어가는 교육과정의 의미를 생각합니다. 디지털 놀이도 그 중에 함께 들어가보면 어떨까요? 디지털 놀이 또한 주제를 이어갈 때 유아들의 흥미와 선택에 따라 달라질 수 있고, 놀이 흐름에 따라 지원해줄 수 있는 매체와 기간도 유연하게 운영합니다

놀이 활동 예상안 (유아가 주도해 가는 놀이) - 예시자료

놀이 주제	열매 시장이 열렸어요(우리동네)	
기대되는 배움 (수업자의 의도)	• 시장 놀이에 대해 친구들과 함께 이야기 나눈 후 놀이를 계획한다. • 친구들과 협동하여 시장을 구성한다. • 다른 사람의 의견을 존중하며 놀이에 즐겁게 참여한다.	
놀이의 흐름	함께 놀이하기	실제 활동사진

놀이 열기	우리 동네 지도를 보며 우리 동네에 대해 관심을 보임
	➡ 태블릿PC를 활용하여 우리 동네 지도를 검색
	➡ 지도를 확대한 후 주변에 있는 건물을 탐색함
	   (우리반 친구들이 가장 좋아하는 장소를 찾아본다.)
	➡ 유아의 제안 : 동네에 있는 가게를 직접 교실에 꾸며서 놀이하고 싶다고 제안
	➡ 모둠별로 구성하고 싶은 가게를 정하기 위해 토의함
	   (모둠별로 하고 싶은 가게, 필요한 자료, 역할 정하기)
	지원(▶) 놀이계획 시 토의가 원활하게 진행될 수 있도록 필요한 정보를 검색할 수 있는 구글 검색 기능에 대해 사전에 안내함
		[지도 검색 후 확대 프린트]
		
		[태블릿PC로 검색]

놀이 이야기	[교실 속 시장놀이] ➡ 모둠별로 정한 가게를 구성함 ➡ 가게에 필요한 인공지능(AI) 기기를 선택한 후 놀이에 활용 **지원(▶)** 배달과 음악재생이 가능한 알버트를 놀이에 활용함 [사진관 놀이 시작] ➡ 포토프린터와 태블릿PC를 활용하여 사진관을 구성 **자원(▶)** 태블릿PC, 포토프린터, 조명, 방송국 배경 현수막 **지원(▶)** 포토프린터로 사진출력을 위해 태블릿PC에 애플리케이션을 사전에 설치해둠 / 사용법에 대해 교사가 사전에 알려줌 [놀이 확장: 동생반을 초대해요] ➡ 교실에서 놀이가 끝난 후 동생들을 초대하고 싶다고 유아가 이야기 함 ➡ 동생반에게 보낼 초대장에 대해 함께 이야기 나눔 ➡ QR코드에 초대 동영상을 담은 후 카드에 붙여서 동생반에 전달함	[알버트로 음악재생, 음식배달] [사진관 구성]

놀이 주제	열매 시장이 열렸어요(우리 동네)	
놀이 이야기	**지원(▶)** 영상 촬영: 유아가 태블릿PC, 거치대를 활용해서 촬영함 QR코드: 「네이버 QR코드」를 활용해서 만듦 ➡ 동생을 초대해서 함께 놀이를 함	[QR코드로 만든 초대장]
놀이 정리	[함께 정리하기] ➡ 함께 구성한 시장 놀이를 정리하며 이야기 나눔 ➡ 놀이 모습을 담은 사진과 동영상을 보며 놀이를 회상함 [놀이 모습을 QR코드에 담기] ➡ 놀이 모습을 부모님께 보여 주고 싶다고 이야기 함 ➡ QR코드에 모습을 담아서 카드를 만듦	[실제 놀이 모습을 담은 QR코드]
놀이 속 배움	▶ 태블릿PC를 통해 필요한 정보를 검색할 수 있게 됨 ▶ QR코드에 정보를 저장할 수 있다는 점과 QR코드에 저장되어 있는 정보를 보는 방법을 알게 됨 ▶ 알버트의 특징을 알고 놀이에 활용함	

디지털 학급경영 03 디지털 기기 익숙해지기
"일단 전원을 켜세요."

디지털 기기에 익숙해지려면 디지털 기기를 소개해주고 낯설지 않도록 함께 사용해 봅니다. 올바른 활용방법을 알아갈 수 있도록 도와주어야 합니다. 교사는 물론 유아에게 소개하기 전에 디지털 기기를 충분히 경험해 보고 다룰 수 있어야겠지요. 모든 기기와 프로그램은 처음이 제일 어렵습니다. 하지만 사용하다 보면 익숙해지고 스스로 터득하는 유아들도 생겨납니다. 오히려 유아들에게 배울 점도 생겨요. 그러니 일단 전원을 켜세요.

1 디지털 도우미를 정해요!

유치원 학급운영에서 도우미 제도는 흔히 이용하는 방법입니다. 여러 가지 학급의 일을 도와줄 수 있는 도우미 제도는 다른 친구를 도와줌으로 자존감을 높이고 봉사하는 태도를 기르는 좋은 취지를 가진 활동이지요. 유아들이 좋아하는 활동이기도 합니다. 이 도우미 제도를 이용해서 태블릿PC 사용 방법에 대해 자세히 설명해 줄 수 있습니다. 유아 일대일로 기능을 설명해 줄 수도 있고, 대집단으로 텔레비전에 미러링 해서 기능을 이야기해 줄 수도 있지만 꼬마 선생님을 활용해서 태블릿PC의 기능을 설명해주는 시간을 갖는 것도 좋습니다. 교사가 직접 설명해 주는 것보다 도우미선생님이 설명해 주는 시간을 더 좋아합니다. 유아들의 수준에서 차근차근 설명해 줍니다. 사전에 태블릿PC의 기능을 유아당 한 가지씩 알려줍니다. 자신이 알게 된 태블릿PC의 기능을 앞에 나가서 친구들에게 발표합니다.

▲ 태블릿PC의 카메라기능을 설명하는 도우미선생님

화면과 눈 사이의 거리를 30cm 이상 유지합니다. 밝기를 적절하게 조절하고, 어두운 곳에서 사용하지 않도록 알려줍니다. 바른 자세로 앉아서 사용하도록 지도합니다. 태블릿PC을 올바르게 다루는 방법, 태블릿PC 펜을 힘주어 사용하지 않기, 태블릿PC을 던지거나 떨어뜨리지 않도록 조심하기, 충전기나 전원 코드 등 전기 제품을 안전하게 사용하는 방법을 가르칩니다.

유아에게 적합한 교육적이고 안전한 콘텐츠를 선택해야 합니다. 폭력적이거나 부적절한 콘텐츠는 보지 않도록 하고, 유아가 태블릿PC를 사용할 때는 항상 어른과 함께 사용하도록 알려줍니다.

▲ 태블릿PC을 사용할 때 주의할 점 알려주기

❷ AI 스피커를 사용할 때 쓸 수 있는 문장을 연습해 봐요

AI 스피커는 분명하고 정확하게 단어와 문장을 말해야 한다는 것을 유아들에게 설명해 줘야 합니다. 여러 사람이 이야기 하면 잘 알아들을 수 없고 한 사람씩 간결하게 이야기해주면 더 잘 알아 들을 수 있다는 것도 알게 합니다. 그래서 처음에는 연습이 필요합니다. 자주 쓰는 명령어를 연습시키면 점차 다른 말들도 AI 스피커에게 자연스럽게 말할 수 있게 됩니다.

▲ AI 스피커와 문장예시 게시자료

유아가 AI 스피커를 사용할 때 유용한 문장들(예시)

1. 오늘 날씨 어때?
2. 동요 틀어줘
3. 오늘 미세먼지는 어때?
4. 끝말잇기 하자.
5. 똑똑 사전 시작해줘
6. 토끼에 대해 알고 싶어.
7. 지금 몇시야?
8. 10분 후에 알려줘.
9. 재미있는 이야기 해줘.
10. 천둥소리 들려줘.
11. 딸기가 영어로 뭐야?
12. 동화 만들기 시작해줘.
13. 동물 이름 퀴즈 하자.

▲ AI 스피커와 유용한 문장 안내 예시

3 카메라로 우리들의 활동 사진을 찍어요

가정 연계를 위해 매 활동마다 사진을 찍고 가정과의 연계 플랫폼이나 SNS 또는 문자메세지 등 다양한 방법으로 전송합니다. 교사들은 그럴 때 마다 수업도 해야 하고, 유아들의 사진도 찍어야 하고 바쁩니다. 가끔은 카메라를 유아들에게 맡겨보는 것도 좋습니다. 유아들의 시선에서 찍은 생동감있는 사진들이 놀이 활동 중에 유아들의 모습을 더 색다르게 보여줄 수 있습니다. 유아에게 적합한 크기와 단순한 사용방법이 특징인 저가의 디지털카메라를 구입하고 교실에 비치해두면 됩니다. 화질은 좀 떨어지더라도 유아들은 서로의 사진을 찍어주기도 하고, 일상을 기록합니다. 사용하지 않는 스마트폰이나 태블릿PC으로도 충분히 유아들의 사진을 찍을 수 있습니다.

▲ 유아들이 찍는 활동 사진

유아들과 함께 태블릿PC의 카메라 설정에 다양한 촬영 방법이 있다는 것을 이야기 나누고, 스스로 카메라 셀피를 찍는 방법도 알아봅니다. 태블릿PC를 이용하여 자신과 친구들의 활동 모습을 즐겨 촬영하며, 촬영한 사진과 동영상을 이용하여 자신의 활동을 발표하는 것을 재미있어합니다.

셀피를 찍거나 친구 촬영해보기 (안드로이드 전용)

활동방법
- 태블릿PC를 내 모습이 보이는 곳에 놓아둔다.
- 카메라 버튼을 누르고, 셀피를 찍을 수 있도록 카메라 방향을 전환한다.
- 카메라를 향해 손바닥을 내밀거나, "촬영, 찰칵, 스마일, 김치."등의 단어를 외친다.
- 찍힌 나 또는 친구의 모습을 확인한다.
- 같은 방법으로 친구의 모습을 촬영해 본다.

▲ 카메라를 향해 손바닥 내밀기

▲ 카메라를 향해 "촬영"하고 외치기

▲ 손바닥을 펼쳐서 촬영해 볼까?

"멀리서 사진을 찍을 수 있는 방법은 없어요?"
"선생님, 리모콘이 있었으면 좋겠어요!"
"손바닥을 펼쳐서 사진을 찍을 수 있어"
"손바닥을 내미니까 사진이 찍히네!"
"모래시계 동그라미 채워지는 동안 예쁜 포즈 해 보자!"

4 포토프린터로 우리들의 사진을 출력해요

휴대용 포토프린터가 교실에 비치되어 있으면 언제든지 유아들이 원하는 사진을 출력해볼 수가 있습니다. 교사의 스마트폰, 유아들의 태블릿PC 등을 포토프린터와 연결해두면 손쉽게 출력이 가능합니다.

유아들의 일상생활 사진이나 친구들과 함께 찍은 사진, 블록으로 멋지게 만든 작품을 바로 출력해서 기념할 수 있어서 좋아합니다.

▲ 다양한 포토프린터 출력하기

포토프린터는 다양합니다. 제품에 따라 사진이 출력되는 크기와 화질 정도가 차이는 있지만 보통 포토프린터 용지는 다소 비쌉니다. 개인적으로 무한정 출력할 수 없다는 것을 알려줘야 합니다. 유아들과 함께 출력할 수 있는 허용범위, 예를 들어 하루 2장까지 출력할 수 있는 약속 등을 정해보는 것도 좋습니다.

▲ 출력한 사진으로 전시회 열기

5 라벨 프린터기로 한글 쓰기

라벨 프린터기 중에 키보드를 직접 눌러 바로 출력해서 쓰는 기기가 있습니다. 한글에 관심이 생긴 유아부터 자기 이름을 알기 시작한 유아들, 한글 카드를 놓고 똑같이 따라써보고 싶은 유아 모두 이 기기를 활용하면 재미있게 한글 쓰기를 해볼 수가 있습니다. 한글의 기본 획순을 따라야하고 그렇지 않으면 이상한 글자가 출력되기 때문에 한글 획순을 금방 익힐 수 있습니다.

▲ 라벨 프린터기로 한글 쓰기 예시

다양한 이모티콘을 출력할 수 있어서 단어와 함께 그림을 같이 출력해보는 것도 재미있습니다. 자기가 출력하고 싶은 문장이나 단어를 입력하고 출력해서 친구들에게 소개하기도 합니다. '대화산 폭발', '좋아요', '하츄핑은 내꺼' 등 유아들의 생활 속에서 만나는 흥미있는 일상을 출력해 볼 수 있습니다. 가로형 글자, 세로형 글자를 선택할 수 있고 문자 크기도 조정해 볼 수 있지요. 한글 쓰기가 즐거워집니다.

6 미러링 경험하기

미러링의 의미는 다양한데 여기서 말하는 미러링은 화면 미러링(Sceen Mirroring)을 말합니다. 스마트폰, 태블릿PC, 컴퓨터 등의 화면을 다른 디스플레이 장치(예: TV, 모니터)에 동일하게 보여주는 기술입니다. 미러링을 이용하면 더 큰 화면에서 대집단 활동을 할 수 있습니다. 유아들의 작품 발표, 너무 작아서 잘 보이지 않는 사물을 관찰하며 이야기 나눌 때 유용하게 쓰입니다. VR 기기를 사용할 때 미러링을 하면 VR 기기를 활용하는 유아의 화면을 함께 볼 수 있어 좋습니다.

다양한 미러링 사례들

▲ 구글 3D 검색　　　　　▲ VR 미러링

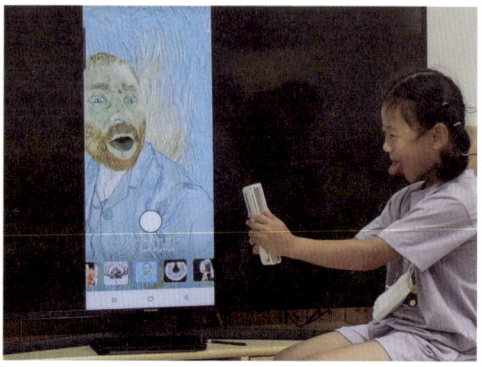

▲ 얼굴인식 경험하기(쥬니버스쿨- AI, 나를 알려줘)　　▲ 구글 아트 & 컬쳐 아트필터

숨은 친구를 찾아라

개학 후 어색한 분위기를 깨뜨리는 방법이 무엇이 있을지 고민하던 차에 학기 초에 했던 친구찾기 게임을 다시 해보았습니다. 모두 고개를 숙이고 시야를 차단한 상태에서 교사가 숨을 친구를 선정하여 교실 안에 숨게 합니다. 그 후 유아들은 고개를 들어 사라진 친구를 확인하고 이름을 맞춥니다. 마지막으로 미러링 화면을 통해 숨은 친구를 확인합니다.

화면에 친구의 얼굴이 나오자 유아들은 매우 재미있어했고, 어떻게 볼 수 있는지 신기해했습니다.

▲ 미러링을 활용한 숨은 친구 찾기

로드뷰로 한옥마을 여행하기

유아들이 한옥마을에 대해 관심이 많아졌습니다. 교사는 로드뷰를 통해 한옥마을을 함께 여행할 수 있도록 놀이를 지원해보았습니다.

> "선생님! 로드뷰로 한옥마을 보는 방법 알려주세요!"
> "나도 해볼 수 있을 것 같아."
> "태블릿PC로도 할 수 있지 않을까?"
> "어, 그러네! 우리 같이 해 볼래?"

▲ 로드뷰로 한옥마을 여행하기

7 QR코드로 놀이하기

QR코드는 정보를 빠르게 인식할 수 있는 2차원 바코드입니다. "QR"은 "Quick Response"의 약자로, 빠른 응답을 얻을 수 있다는 의미를 담고 있어요. 주로 스마트폰 카메라로 스캔하여 웹사이트 링크, 연락처, 텍스트 등을 쉽게 볼 수 있습니다. QR코드를 잘 활용하면 교실에서 유용하게 쓰입니다.

먼저 동화책의 QR코드를 찍어 동화 내용을 듣고, 놀이주제에 관한 동영상를 QR코드를 찍어 시청하기도 하며 유아들이 마음껏 자유자재로 QR코드를 사용하는 방법을 탐색해봅니다.

▲ 동화책에서 QR코드를 찾았어요

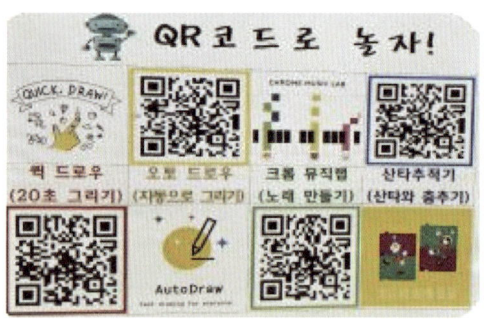
▲ QR코드로 놀자! 영역 게시판

"선생님, 책 마다 이건 표시가 있어요!"
"어! 여기도 있네, 나도 찾았어!"
"QR코드야! 우리 교실에서 한번 찾아볼까?"
"QR코드를 이용해서 어떤 놀이를 해 볼 수 있을 것 같니?"

사진이 나오기도 하고, 동영상이 나오기도 하는 것이 신기했던 유아들은 벽면에 게시해 놓은 QR코드를 찍어보는 것에 호기심을 가지고 열중하기 시작하였습니다. 호기심과 흥미를 확장하기 위해 3월에 유치원도 친구들도 낯선 유아들에게 자신과 친구들의 얼굴, 이름이 나오는 QR코드를 제공해 주었습니다. 아침에 등원한 유아들은 화이트보드에 붙여있는 여러 개의 QR코드를 보며 호기심을 가졌습니다.

▲ QR코드를 찍으면 무엇이 나올까?

QR 코드로 공항 놀이 하기

세계 여러 나라 주제를 이어가다 보면 한번쯤은 공항 놀이를 하게 됩니다. 짐을 맡기는 곳을 세우고, 여권도 만들어야 하고, 비행기표도 만들고. 공항 놀이를 시작하면 꽤 할 일이 많지만 그중에서 여권을 만들 때 QR코드를 미리 입력해서 체크인하도록 하는 방법을 사용하면 더 실감나는 공항 놀이를 해볼 수 있습니다. 개별 여권을 만들 때 QR코드에 이름과 사진의 정보를 담아 미리 작성해서 붙여둡니다. 자기가 만든 여권을 들고 체크인을 하러 가서 태블릿PC에 비추면 정말 자기 얼굴과 이름이 담긴 페이지가 나와서 실제 체크인하는 것처럼 느껴집니다.

▲ QR코드로 공항 체크인하기

8 다양한 로봇을 교실에 자유롭게 비치하기

교실에서 활용할 수 있는 유아용 로봇의 종류는 정말 다양합니다. 쓰임새와 생김새, 예산 규모 등에 따라 선택할 수 있습니다. 유아용 로봇을 교실에 비치할 때는 먼저, 로봇이 유아들에게 안전한지 확인해야 하며, 작은 부품이 없어 삼킬 위험이 없고 날카로운 모서리가 없는지 점검해야 합니다. 내구성이 강하고 쉽게 고장나지 않는 제품을 선택하는 것이 중요하고, 던지거나 망가뜨리지 않는 규칙을 함께 정해보는 것도 좋습니다. 유아들이 쉽게 조작할 수 있도록 직관적인 인터페이스와 간단한 조작법을 가진 로봇이면 더 좋겠습니다.

특히 유아용 코딩 로봇은 코딩을 경험해보는 기능 이외에도 다양하고 재미있는 기능들이 많습니다. 대체적으로 생김새가 귀엽고 유아들이 좋아하는 모습입니다. 코딩놀이에만 활용하기보다 유아들이 놀이에 자연스럽게 활용할 수 있도록 교실 내 비치해 두고 언제든지 꺼내 쓸 수 있도록 하는 것도 좋습니다. 벽돌블록, 레고블록처럼 교실 내 놀잇감을 두듯 코딩 로봇도 함께 비치합니다. 전원을 켜고, 기기를 안전하게 사용하는 법, 정리하는 법까지 가르쳐 줍니다. 처음 사용방법을 다 함께 알아보고 적당한 규칙을 정해두면 유아들은 잘 지켜서 활용합니다. 놀이에 어떻게 활용할 수 있는지 놀이 예시를 보여주는 것도 좋은 방법입니다.

▲ 유아용 코딩 로봇(또리로봇)

로봇공연장

코딩 로봇과 AI 스피커를 비치해두었더니 로봇이 춤을 추는 공연을 시작했습니다. 춤을 출 무대를 만들더니 계속되는 공연에 관객들이 모여 들었습니다. 공연장은 점점 더 화려해지고 교실에 있는 로봇들이 모두 출연하는 멋진 공연이 펼쳐졌습니다. 로봇들과 함께 유아들도 춤을 추기 시작했습니다. 유아들은 점점 더 크고 화려한 공연장을 꾸며보길 원합니다. TV 앞으로 무대를 옮겨왔습니다.

▲ 로봇공연장 동영상

▲ 알파미니와 엠타이니로 공연 놀이 시작

▲ 화려한 로봇공연장

오조봇 경기장

오조봇은 작고 동그랗고 귀여운 라인 트레이싱 로봇입니다. 센서가 있어서 선을 인식하고 따라갑니다. 일정한 굵기의 선, 4가지 색깔(검, 파, 빨, 초)을 인식합니다. 선 색깔에 따라 머리의 led불빛도 달라져요. 색깔을 순차적으로 인식시켜주면 여러 가지 재미있는 액션도 보여줍니다. 오조 코드가 있어요. 그래서 초등학생 이상의 학급에서는 소프트웨어 교육에도 많이 활용하기도 합니다. 유아들은 오조 코드 스티커를 이용해서 재미있는 움직임을 만들 수 있습니다. 너무 작아서 혹시나 집어던지거나 발에 밟히면 어떻게 하지? 고민했는데 의외로 유아들은 조심해서 잘 다뤄줍니다.

▲ 선을 따라가는 신기한 오조봇

▲ 그래프 판에서도 잘 따라가요

▲ 다양한 길을 그릴 수 있어요

▲ 오조봇 경주장 놀이

센서를 가르쳐주고 싶을 때 오조봇을 내어줍니다. 처음에는 선을 따라 느릿느릿 움직이는 오조봇을 신기해하다가 직접 선을 긋고 따라오게 합니다. 유아들의 선은 매우 다양하게 표현됩니다. 오조봇 놀이에 익숙해진 유아들은 자신만의 트랙을 엮어 오조봇 경기장을 만들고 싶어 했습니다. 저마다의 개성을 살린 트랙을 만들고 가운데 빨간 점에 먼저 들어가는 사람이 이기는 간단한 룰이지요.

▲ 오조봇놀이 동영상

랜덤으로 길을 찾는 오조봇을 활용한 다양한 게임판 만들기

▲ 오조봇 세계 여행

▲ 오조봇 가위바위보

▲ 집으로 가는 길 만들기

"선생님 매직으로 그리는 거 너무 힘들어요!"
"로봇이 움직이지 않아요! 왜 그럴까?"
"쉽게 선을 그릴 수 있는 방법은 무엇이 있을까?"
→ 1,2센티 마스킹 테이프 활용

길을 랜덤으로 선택하는 오조봇의 특징과 다양한 오조 코드 스티커를 활용하여 게임판을 만들면 나만의 게임을 즐길 수 있어요. 세계 여행을 하는 오조봇을 만들어 볼 수도 있고 가위바위보 놀이도 할 수 있습니다.

"대왕 딸기를 찾아라" 오조봇 게임 만들기

오조봇에 익숙해진 친구들은 우리 교실에 있는 선 따라 움직이는 뚜루뚜루를 가지고 와서 마스킹 테이프를 활용한 다양한 선을 만들었습니다. 딸기축제를 개최하기 위해 다양한 게임을 만들던 친구들이 대왕 딸기를 찾는 게임을 만들자는 제안을 하였고, 가운데 딸기를 접어 붙여서 대왕 딸기를 찾으러 가는 게임판이 뚝딱 완성되었습니다.

▲ 마스킹 테이프로 다양한 길 만들기   ▲ 잘 만들어졌는지 로봇을 놓아볼까?   ▲ 우리가 완성한 게임판이에요!

데굴데굴 로봇 놀이

태블릿PC로 간단하게 조작이 가능한 스피로 미니는 교실에서 가장 인기있는 로봇이에요. 골프공 크기의 동그란 모양의 스피로 미니는 교실 곳곳을 자유롭게 다닐 수 있어요. 그래서 유아들과 스피로 미니 놀이를 할 때는 한 가지 약속을 해요! 스피로 미니 놀이를 하기 전에 꼭 스피로 미니 방을 만들기로 했어요. 다른 곳으로 굴러가면 다른 친구의 놀이를 방해할 수도 있기 때문에 약속을 정했어요.

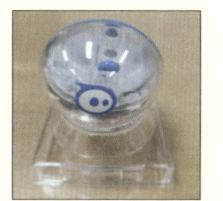

▲ 스피로 미니

▲ 스피로 미니 길 구성하기

▲ 강당으로 간 스피로 미니 – 미로 구성하기

테일봇으로 태극기 그리기

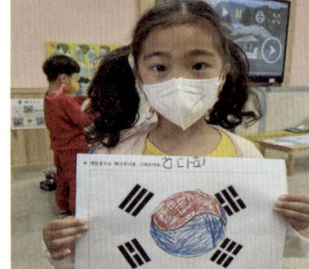

"선생님 우리나라 태극기가 너무 멋있어요!"
"선생님 태극기 그려주세요!"
"동그라미 그리기가 어려워요."

▲ 테일봇으로 태극무늬 그리기

태극기 퍼즐을 맞춰보고 태극기를 직접 그려보고 싶어하는 유아가 있었습니다. 태극기의 사괘는 프린트해 주고 태극무늬를 그려볼 수 있도록 해 주었는데 동그라미를 어떻게 그려야 할지 몰라 어려워하는 유아가 있었습니다. 교사는 코딩 로봇 테일봇의 액세서리를 소개하고 동그라미를 그려볼 수 있도록 지원해 주었습니다.

그림을 그릴 수 있는 로봇들이 있어요

▲ 터틀봇

▲ 또리로봇

▲ 테일봇

디지털 학급경영 04 디지털 기기 사용에도 규칙은 있어야 해요

약속 정하기

모든 놀잇감이 그렇겠지만 교실에서의 디지털 기기 사용에는 규칙이 있다는 것을 알려줄 필요가 있습니다. 혼자만 내내 사용할 수 없고, 친구와 함께 공유해야 하기 때문에 사용시간이 제한될 수 밖에 없다는 것을 알려줍니다. 어디까지는 허용이 되고, 그렇지 않은지 유아들과 함께 정하는 것이 좋은데 안전과 관련된 일이라면 교사가 통보를 해주는 것도 좋습니다. 학기 초에는 우선 교사가 나름의 규칙을 정해 알려주고, 사용해 보다가 조금 익숙해졌을 때 유아들과 함께 조율해 보도록 합니다. 긍정적인 방식으로 말해주면 더 좋겠습니다.

> 태블릿PC은 숫자 5가 될 때까지 사용해요
> AI 스피커는 동요를 들어요
> 3D펜은 1개만 사용해요
> 친구가 하고 있을 때는 내가 클릭해서 만지지 않아요

다 함께 규칙을 만들고, 모두가 동의하는 규칙을 만듭니다. 매일 매일 안정되고 편안한 환경이 되려면 암묵적인 학급의 규칙이 필요합니다. 디지털 기기 사용도 여기에 포함된다고 생각하면 됩니다. 사전에 어떻게 해야할지 명확히 해두면 새로운 기기가 나타나도 규칙을 생각하게 될 겁니다. 규칙을 지키지 못했을 경우 디지털 기기의 사용을 제한하거나 합리적인 수준에서 책임을 다할 수 있도록 합니다.

1. 로봇 친구를 던지거나 떨어뜨리지 않아요.
2. 모래시계가 끝날 때까지만 사용해요.
3. 바르게 앉아서 사용해요.
4. 다른 친구가 사용할 때 방해하지 않아요.
5. 태블릿PC를 다 쓰고 나면 제자리에 정리해요.
6. 선생님이 허락한 내용만 검색해요.
7. 나와 다른 사람의 개인정보를 소중하게 생각해요.
8. 내 아이디로만 접속해요(ex. 쥬니버스쿨 아이디)
9. 새로운 게임을 설치할 때는 선생님께 이야기해요.
10. 인터넷에서도 바른 말과 고운 말을 사용해요.

▲ 교실에서 유아 코딩 로봇 사용하기(대시 & 닷)

디지털 학급경영 05 — 디지털 교실의 하루 일과를 살펴보아요

예시

운영시간	소요시간	활동 내용
~08:40		등원 및 아침활동
08:40~08:50	10′	출결 확인 / 하루 일과 계획(안내)
08:50~09:50	60′	간식 / 자유놀이
09:50~10:50	60′	대 · 소집단활동
10:50~11:40	50′	실외놀이
11:40~12:40	60′	점심식사 / 휴식 / 양치질
12:40~13:00	20′	안전교육 / 평가

등원할 때부터 하원할 때까지 교사와 유아들은 다양한 활동들을 하며 하루를 열심히 보냅니다. 매일 매일이 똑같을 수 없지만 학급마다 정해진 루틴이 있을 수도 있겠지요.
이럴 때 어떤 디지털 도구로 유아들을 지원해줄 수 있을까요?
디지털 유치원 교실의 하루를 살펴보고 매 순간 활용할 수 있는 디지털 도구들을 소개해 보겠습니다.

1 등원

아침 시간, 밝은 인사로 하루를 시작합니다. 선생님은 유아들을 맞이하면서 상태를 확인하고, 이미 등원한 유아들을 안전하게 관리하고, 학부모의 전화를 받고 안내를 기록하는 등 분주한 일상을 시작합니다. 교사와의 첫 만남에서 따뜻한 인사를 받으면 유아들은 심리적으로 안정감을 느끼고, 하루를 긍정적으로 시작할 수 있습니다. 매일 아침 교사와의 짧은 대화나 인사는 유아들이 교사와 더 가까워지고, 신뢰를 쌓는 데 도움이 됩니다. 걸어서 등원하는 유아, 통학차량을 타고 등원하는 유아들의 등원 시간이 차이가 나는 아침 시간, 어떻게 보낼 수 있을까요? 어떤 유아는 책을 읽고, 3D펜을 이용한 간단한 만들기, AR 그림 그리기 등으로 채워갑니다.

조용히 아침독서를 하는 교실 한쪽에서 책을 읽어주는 AI 스피커가 글자를 모르는 유아의 책 읽기를 도와줍니다. 제휴된 도서를 인식시키면 더 실감나게 읽어줄 수 있습니다.

▲ 클로바 램프로 책 읽기

▲ 휴대용 프린터기로 한글 쓰기

한글에 관심이 많은 유아들이 있어 간단하게 라벨을 출력할 수 있는 휴대용 프린터기를 활용해서 원하는 단어를 출력하고 글자 쓰기를 해보기도 합니다. 획순을 모르면 출력이 안되기 때문에 한글 해득을 빠르게 도와줍니다.

태블릿PC로 하루 3개정도의 콘텐츠를 할 수 있는 유아용 앱(쥬니버스쿨)으로 본인 아이디를 켜고 들어가서 활동하기도 합니다.

▲ 유아용 앱(쥬니버스쿨)

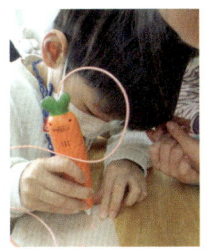
▲ 저온 3D펜 놀이

저온 3D펜으로 여러 가지 재미있는 작품을 만들 수 있습니다. 도안을 보고 따라 그리기도 하고, 내가 생각한 모양을 만들 수도 있습니다.

그림을 그리면 내가 그린 그림을 AR로 움직여볼 수가 있어요. 내가 그린 그림이 살아움직이니 재미있어서 더 그림을 그려보고 싶어집니다.

▲ (* Rakugaki AR-아이폰전용)

2 하루 일과 소개

각자 등원시간에 하던 일을 마무리 하고 나면 다 같이 모여앉아서 유아들에게 오늘의 활동이나 계획을 간단히 설명해 줍니다. 유아들은 하루의 흐름을 이해하고 마음의 준비를 할 수 있습니다. 캔바와 미리캔버스에는 프리젠테이션 기능이 있습니다. 유아들과 함께 하루 일과를 작성하고 발표해 볼 수 있습니다. 보통은 정해진 일과가 있지만 요일별로, 주제별로 달라지는 일과가 있지요. 또 유아들의 요구에 따라 일과를 달리 구성하기도 합니다. 모든 것은 융통성 있게 이루어질 수 있지만 일과를 계획하는 것은 의미가 있습니다. 규칙적인 하루의 일과는 유아들에게 안정감을 줍니다.

▲ 캔바(CANVA) 프리젠테이션 기능으로 하루 일과 소개하기

3 주말 지낸 이야기

월요일 아침, 주말에 있었던 이야기를 발표하는 시간을 갖게 됩니다. 발표를 통해 자신의 생각과 경험을 다른 사람과 공유하는 즐거움을 배웁니다. 다른 친구들의 이야기를 들으면서 경청하는 태도를 배울 수 있습니다. 평소에 주말지낸 이야기를 하면 대충 두루뭉술하게 말하거나, 앞의 친구들이 이야기했던 내용을 그대로 말하기도 합니다. 유아들이 긴장하지 않고 자신의 이야기를 발표할 수 있도록 따뜻하게 격려하고, 편안한 분위기를 조성합니다. 교사는 발표 순서를 정해 유아들이 차례대로 발표할 수 있도록 하거나, 강요하지 않도록 합니다. 순서를 정할 때는 유아들의 성격과 발표 경험을 고려해 배려합니다. 발표가 끝난 후에는 친구들이 질문을 할 수 있는 시간을 줍니다. 이를 통해 유아들은 자신의 이야기를 더 깊이 생각하고, 다른 사람의 질문에 답하는 능력을 기를 수 있습니다. 발표가 끝난 후에는 교사와 친구들이 발표한 유아에게 칭찬과 긍정적인 피드백을 줍니다. 이를 통해 유아들은 자신감을 얻고, 다음 발표에 대한 동기부여를 받을 수 있습니다.

그림을 그려서 소개하면 좀 더 자세한 발표가 되는데, 그림이 작아서 잘 안 보일 때 집중이 잘 안되는 경우가 많기도 하죠. 미러링을 이용하여 유아들 그림을 크게 보여주었더니 발표력도 향상되고 집중도가 높아지는 모습을 관찰할 수 있었습니다.

▲ 미러링을 활용한 주말 지낸 이야기 발표하기

보통 스케치북만 들고 발표할 경우, 자꾸 그림을 쳐다보느라 고개가 밑으로 떨어지거나 스케치북이 밑으로 내려가거나 하는 경우가 많습니다. 유아들도 자세히 안 보이니 경청하는 태도가 잘 형성되지 않았는데, 미러링을 통해 화면을 크게 보여주니 일단 발표하는 자세와 태도가 눈에 띄게 좋아졌습니다. 듣는 친구들도 그림 하나하나 자세히 관찰하고, 궁금한 것을 질문하는 모습을 보입니다.

> "저 옆에 문은 무슨 문이야?"
> "손에 들고 있는 저건 뭐야?"
> "표정이 너무 재미있어!"
> "이건 무엇을 그린 것 같아?"

4 다 함께 아침체조

해님반에는 아침 루틴이 있습니다. 책을 읽고 자유롭게 미니 선택 활동이 끝나고 모두가 등원하면 인사를 하고 다 함께 아침체조를 합니다. 아침체조를 통해 유아들은 활력을 얻고, 하루를 활기차게 시작할 수 있습니다. 아침체조를 매일 같은 시간에 하게 되면, 유아들은 규칙적인 생활 습관을 형성하게 됩니다. 어릴 때부터 규칙적인 운동 습관을 들이면, 성인이 되어서도 건강한 생활 습관을 유지할 가능성이 높아집니다. 이러한 이유로 유아들에게 규칙적인 아침체조 습관을 길러주는 것은 매우 중요합니다. 유아들이 아침체조를 즐겁게 할 수 있도록 다양한 유아체조 동영상을 활용합니다. 키크기 체조, 유아 요가, 맨손체조, 태권무 등 여러 가지가 있지만 제일 좋아하는 것은 역시 우리가 나오는 체조 동영상입니다. 우리가 직접 만든 동영상으로 체조하면 부끄럽기도 하지만 재미있습니다.

▲ 국민체조 동영상과 유아 동작을 합해서 만든 우리 반 체조 동영상

유아들과 함께 체조의 동작을 동영상으로 촬영하고, 동영상의 배경을 지워줍니다. (Unscreen) 이렇게 만들어진 동영상을 모아서 캔바(Canva)를 통해 체조 동영상을 만듭니다.

5 우리가 만든 동요 뮤직비디오

동요의 리듬과 운율은 유아가 새로운 단어와 문장을 쉽게 익히도록 도와줍니다. 반복적인 가사와 멜로디를 통해 어휘를 확장하고, 발음과 억양을 자연스럽게 익히게 됩니다. 노래를 통해 기쁨, 슬픔, 화남 등의 감정을 알아가고, 친구들과 함께 노래를 부르면서 소통하는 기회를 갖게 되기도 합니다. 동요를 통해 유아는 리듬, 멜로디, 하모니 등 음악의 기본 요소를 자연스럽게 익힐 수 있습니다. 새로 배운 동요는 낯설지만 이미 알고 있는 동요를 부를 때면 목소리가 더 커지고 씩씩해집니다. 가사가 어렵거나 복잡한 동요는 가사의 내용을 이야기로 풀어 설명해주거나, 그림책이나 영상 자료를 활용하여 유아들의 관심을 끌 수 있습니다. 일과 중에 자연스럽게 동요를 반복해서 부르게 하여 익숙해지도록 하고, 다양한 상황에서 동요를 부르게 하면 유아들이 동요를 더 잘 기억하고 즐길 수 있습니다. 예를 들어, 놀이 시간이나 정리 시간에 동요 부르기, 간단한 악기나 소품을 활용하여 동작을 함께 하는 것도 좋은 방법이 됩니다.

새노래 동영상 만들기_ 3월 친구가 되는 멋진 방법

▲ 애니메이티드 드로잉으로 움직이는 그림파일 만들기

▲ 캔바(canva)로 동영상 만들기

▲ 함께 만든 새노래 동요 뮤직비디오

AI로 우리 반 노래 만들기_나의 꿈

유아들이 만든 그림과 동영상 파일을 모아 캔바(Canva)로 학급 동영상을 만듭니다. AI를 활용하면 가사만 가지고 우리 학급의 노래를 쉽게 만들 수도 있습니다.

해남반 '나의 꿈'

▲ 애니메이티드 드로잉으로 그림 움직이기

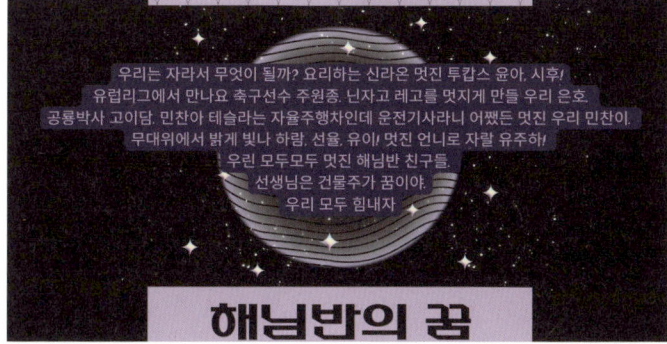

▲ Suno AI로 만든 우리 반 노래

6 함께하는 놀이 시간, 자유놀이

자유놀이 시간은 유아에게 매우 중요한 시간입니다. 자유롭게 놀이하면서 유아는 자신의 상상력을 발휘하고 창의력을 키울 수 있습니다. 또한, 다른 유아들과 함께 놀이를 하면서 사회적 기술을 배우고, 협력과 소통 능력을 향상시킬 수 있습니다. 놀이를 통해 다양한 문제를 스스로 해결하는 능력을 기를 수 있으며, 스트레스를 해소하고 정서적 안정을 찾을 수 있습니다. 자유놀이 시간은 유아의 전반적인 발달에 긍정적인 영향을 미치므로, 충분한 시간을 제공하는 것이 중요합니다. 유아들의 놀이를 세심하게 관찰하고 지원해 줄 필요가 있습니다.

▲ 오조봇 세계 여행

▲ AI 인공지능 영역

▲ 구글 아트앤컬쳐 놀이

▲ AR 지구본

▲ 크롬뮤직랩으로 노래 만들기

▲ 디지털 사진관 놀이

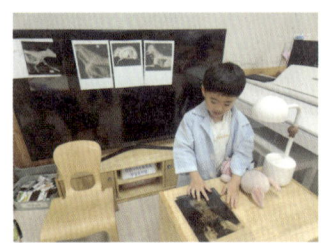
▲ 클로바 램프로 동물병원 놀이하기

▲ AR 동물 병원 놀이

▲ 언플러그드 놀이

친구들과 함께하는 놀이시간에는 유아들의 관심과 흥미에 따라 다양한 놀이가 펼쳐집니다. 교실에 비치된 다양한 디지털 도구는 유아들의 놀이를 더 재미있고 흥미롭게 만들어 줄 수 있습니다. 디지털 영역을 따로 구성해 둔 교실과 그렇지 않은 교실에서 놀이 모습은 크게 다르지 않습니다. 유아들은 자유롭게 디지털 기기들을 활용해 놀이하고 새로운 활용 방법을 터득해 갑니다. 놀이 주제에 따라 교사는 적절한 디지털 기기를 제공해 줄 수 있습니다. 그러기 위해서는 교사가 먼저 다양한 디지털 기기를 다룰 줄 알아야 하고 안전하게 사용할 수 있도록 관찰해야 합니다.

미용실 놀이

미용실 놀이에 흥미를 갖는 유아들에게 태블릿PC의 헤어디자이너 앱을 소개해주었습니다.

"나는 금발 머리를 해 보고 싶어!"
"황금빛 내 머리 멋지죠?"
"나는 내가 원하는 머리를 디자인 할 거야!"

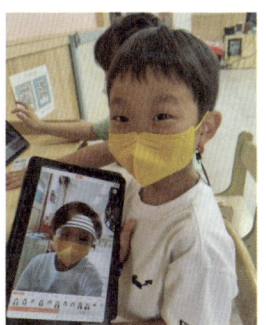

▲ 헤어스타일 앱으로 미용실 놀이를 하는 유아

소방관 놀이

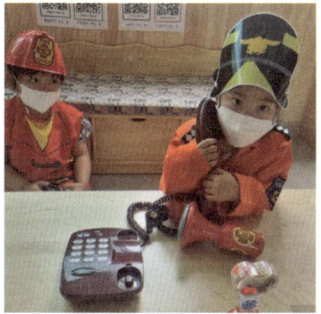

▲ Fire Extinguisher앱으로 소화기 사용법을 익히고 놀이하는 유아

소방관 옷을 입고 소방관 놀이에 열중하던 한 유아는 "소화기에서 소리도 났으면 좋겠어!"라고 말하며 새로운 놀이를 제안하였습니다. 옆에 있던 유아들도 더욱 더 실감나는 소방관 놀이를 하고 싶다고 말했습니다.

7 정리 정돈

신나는 놀이 시간이 끝나고 나면 정리 정돈 시간이 또 하나의 과제로 다가옵니다. 놀이 시간이 길어지면 길어질수록 놀잇감들은 뒤엉켜 정리할 것이 정말 많아지지요. 학기 초 학급 규칙이 자리를 잡지 않았을 때, 학기 말 유아들이 슬쩍 느슨해질 때 정리 정돈은 더 안 되는 경우가 있습니다. 어떻게 정리하는지 잘 몰라서일 수도 있지만 반대로 어떻게 정리해야 하는지 잘 알고 있어서 귀찮아 하거나 꾀를 부리기도 합니다. 어느 영역에서든 놀잇감이 마구 섞이는 것이 문제가 됩니다. 정리할 시간이 충분하지 않을 때 어떻게 할까요?

다양한 정리 정돈의 방법들을 알아봅시다. (유치원 학급 운영 어떻게 할까? p142~144 뿌리 깊은 유치원 교사 연구회/ 사람과 교육 요약 발췌)

1. **배달합니다** – 사용한 놀잇감을 제자리에 정리해 주는 '배달합니다' 놀이를 할 수 있습니다. 정리 시간이 되면 교사는 악기를 이용하여 정리 신호음을 주고 놀잇감 배달 놀이를 제안합니다.
2. **칭찬합니다** – 자신이 놀이한 놀잇감 뿐만 아니라 친구들이 놀이한 놀잇감까지 정리한 유아를 칭찬함으로 좋은 본보기를 보여줍니다.
3. **정리 망원경으로 찾아라** – 정리 망원경을 만들고 '우리 반 정리 망원경' 이라는 이름을 붙인 뒤 도우미 유아들이 가장 정리가 안된 곳을 찾도록 합니다. 정리가 안되는 영역의 해결 방법을 유아들과 함께 의논합니다.
4. **게임을 통한 정리** – 쌓기 영역 등의 블록을 유아들이 릴레이로 전달하여 정리하는 릴레이 정리 놀이를 할 수 있습니다.
5. **하루 쉽니다** – 정리가 잘 안되면 놀이 기회를 상실하는 경험도 필요합니다. 사전에 약속을 정한 뒤 정말로 정리가 되지 않을 때 ' 정리를 하지 못해 오늘 하루 쉽니다'를 붙여 놓고 정리 정돈의 중요성을 알게 합니다.
6. **유아들과 해결 방법 정하기** – 필요한 만큼 놀잇감 꺼내 사용하기, 내가 사용한 게 아니더라도 친구를 도와주기 등의 약속을 함께 정해봅니다.

정리 타이머를 활용해요.

유튜브에 정리 타이머를 검색하면 많은 종류의 정리 타이머 동영상이 있습니다. 폭탄 터트리기부터 유아들이 좋아하는 캐릭터로 만든 동영상까지 다양한 주제의 타이머가 있고 시간도 3분, 5분, 10분 등 골라서 재생해 주면 유아들은 타이머가 끝나기 전에 정리하려고 손이 바빠집니다. 때로는 교실의 스마트 스피커와 태블릿PC을 활용해서 타이머를 설정할 수도 있습니다.

▲ 태블릿PC 타이머 기능 활용하기

채터픽스키즈 앱을 활용한 정리 정돈

채터픽스키즈 앱은 사물 등이 말하는 모습을 만들 수 있는 앱입니다. 사진을 찍어 사물의 입을 설정하고 음성녹음을 해서 사물이 말하는 것처럼 보이게 합니다. 유아들이 정리하지 않고 버려둔 놀잇감이나 책상 밑에 미처 정리하지 못한 놀잇감의 사진을 찍고 채터픽스 앱으로 음성을 녹음합니다. 이제 놀잇감이 말하게 됩니다.

▲ 채터픽스키즈

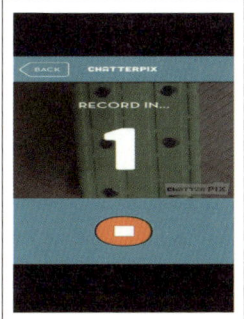			
사진을 찍고 음성 녹음하기	"나 혼자 있어서 너무 외로웠어."	동영상을 만들어서 스마트폰에 저장하기	"나는 여섯 조각이라고! 제자리에 잘 갖다 놓아줘"

쥬니버스쿨 콘텐츠를 활용한 정리 정돈

"스스로 정리해요." 콘텐츠에서는 신발, 장난감, 옷 정리 정돈을 통해 정리하기 전의 모습과 정리한 후의 모습을 유아들이 스스로 관찰하고 정리했을 때의 깨끗한 모습으로 변화하는 것을 스스로 느끼며 정리 정돈의 의미를 깨닫게 됩니다. 실제 신발을 가지고 정리 정돈을 해본 후 유아들이 콘텐츠를 통해 다시 한번 경험해 보면서 기본생활습관 형성에 한 걸음 다가간 유아들의 모습을 볼 수 있었습니다. 다 정리하고 나서 깨끗해진 우리 교실을 함께 둘러보고 정리 정돈의 필요성에 관해 이야기를 나눕니다.

▲ 쥬니버스쿨

▲ 신발 정리하기

▲ 쥬니버스쿨 장면

8 태블릿PC 놀이 평가 / 미러링 – 놀이 이야기 발표

즐거운 놀이 시간과 정리정돈이 끝나면 유아들은 놀이 시간에 자신이 놀이했던 모습을 사진 또는 동영상으로 찍은 태블릿PC를 교사에게 가지고 옵니다. 태블릿PC와 미러링 기능을 활용한 놀이 평가를 위해서지요. 태블릿PC와 전자칠판이 같은 기종이라면 미러링은 "화면 미러링"(smart View)기능을 이용하여 손쉽게 할 수 있습니다. 예전에 사용하던 실물화상기처럼 작은 화면의 사진과 동영상을 커다란 화면으로 확대하여 보여줌으로써 대집단활동 시간에 다양한 교육 매체로 활용할 수 있습니다. 유아들은 자신이 놀이했던 모습을 사진과 동영상으로 실감나게 보여주면서 즐겁게 놀이 장면을 회상하고, 자신감 있게 놀이에 대해 발표할 수 있습니다.

▲ 미러링을 통해 놀이 장면 회상하고 발표하기

"오늘 내가 찍고 꾸민 내 모습이야."
"오늘은 친구와 함께 역할놀이에서 엄마, 아빠 놀이를 했어. 엄마와 이모로 찍은 사진이야."

놀이 이야기 작성 및 공유

놀이 주제가 다 끝나면 놀이 결과를 작성할 수 있습니다. 주제별로 놀이가 어떻게 진행되었는지, 유아들의 반응과 놀이 흐름 등을 구체적으로 작성하고 놀이 사진, 놀이 대화 등을 넣을 수 있습니다. 이후 결과물을 가정에 공유합니다. 이러한 놀이 이야기는 부모님과 교사 간의 소통을 돕고, 유아들의 성장 과정을 이해하는 데 중요한 자료로 활용됩니다.

▲ 놀이 이야기 가정 연계
(동영상)

놀이 기록을 위한 디지털 도구 활용

놀이 중심 교육과정에서 놀이 기록은 매우 중요한 역할을 합니다. 교사들은 유아들의 놀이를 다양한 방법으로 기록하며, 이는 교육 과정에서 중요한 자료로 활용됩니다. 교사들은 자신에게 가장 편리한 방법을 선택하여 일상적인 놀이 기록을 꾸준히 쌓아갑니다. 이러한 기록 방법은 매우 다양합니다. 예를 들어, 스마트폰을 사용하여 동영상을 촬영하거나, 유아들의 놀이 상황과 음성을 녹음하여 활용하기도 합니다. 이러한 기록은 유아들의 발달 과정을 이해하고 지원하는 데 중요한 자료로 사용됩니다.

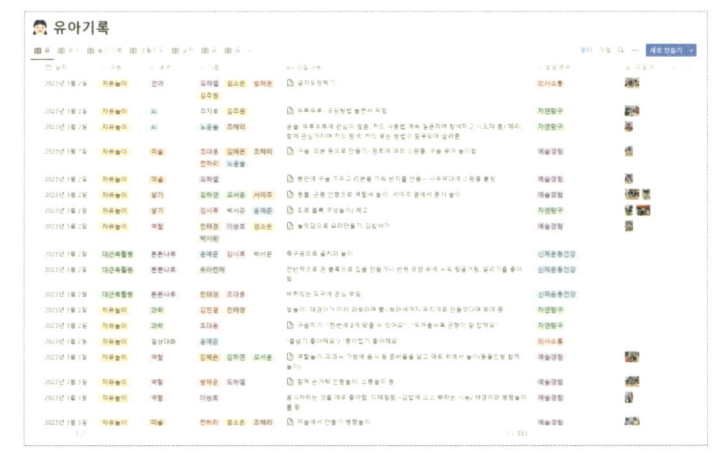

▲ 노션으로 놀이 기록 작성하기
(출처:국립공주대학교사범대학부설유치원 김미경선생님)

▲ 유치원 교사를 위한 노션(Notion), 업무다이어리와 놀이일지 한 번에 쓰기
(유튜브 치미로)

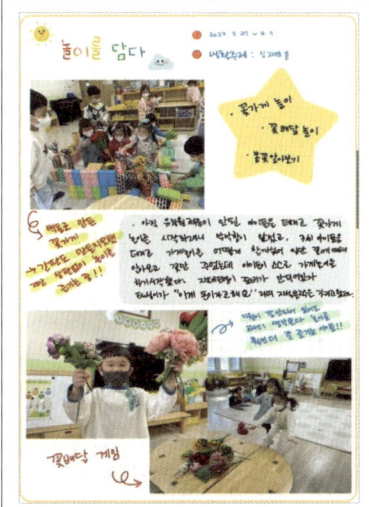

▲ 태블릿PC로 유아 놀이 관찰 기록 활용하기

▲ 아이패드로 유아 놀이 관찰일지 작성해보기
(유튜브 그래쌤TV)

디지털 학급경영 06 기본생활습관

유치원에서 기본생활습관을 지도하는 것은 매우 중요한 일입니다. 유아기는 평생 지속될 생활 습관이 형성되는 중요한 시기입니다. 이 시기에 올바른 습관을 길러주면 성인이 되어서도 건강하고 규칙적인 생활을 유지할 가능성이 높고, 손 씻기, 양치질, 올바른 식습관 등은 유아가 가져야 할 바람직한 습관들입니다. 규칙적인 생활 습관은 유아의 정서적 안정에도 큰 도움을 줍니다. 일정한 시간에 식사하고 잠자리에 드는 등의 규칙적인 생활은 유아에게 안정감을 주고, 이는 정서적 발달에 긍정적인 영향을 미칩니다. 이것은 유아가 초등학교에 진학하였을 때 잘 적응할 수 있는 기초를 마련해 줍니다. 스스로 옷을 입고, 정리 정돈을 하는 등의 활동을 통해 유아는 자립심을 기르고, 자기 행동에 책임을 지는 법을 배웁니다. 가정에서와 마찬가지로 유치원에서의 기본생활습관 지도는 반드시 이루어져야 합니다.

1 활동의 순서를 정하기

유아들과 유치원에서 활동하다 보면 순서를 정해야 하는 다양한 순간이 찾아옵니다. 발표하는 순서, 게임을 하는 순서, 줄을 서는 순서 등 순서를 정해야 하는 순간마다 교사에게 떠오르는 생각은 '어떻게 하면 공정하게, 질서가 있고, 재미있게, 빠르게 순서를 정할 수 있을까?'입니다. 가위바위보는 제일 흔한 방법입니다. 좀 더 재미있는 방법은 없을까요?

"선생님 제가 먼저 할래요."
"아까 너는 먼저 했잖아?"
"선생님 제가 먼저 하면 안 돼요?"

▲ 활동 순서를 정해야 하는 순간

오조봇은 선을 따라가는 로봇입니다. 오조버블이란 색깔이 거품 방울처럼 그려져 있는 것을 말합니다.

오조버블에서 오조봇은 무작위로 움직입니다. 이 특징을 알고 있던 유아들은 색종이를 이용해서 오조버블을 만들고 오조버블 테두리를 따라 반 친구들의 이름을 적어서 오조버블 순서표를 만들기 시작했습니다.

순서표의 제목을 " 한 바퀴 돌아 한 바퀴 돌아 누구에게 갈까요?"라고 정하고 오조봇이 오조버블을 따라 움직일 때 함께 부를 수 있는 노래도 만들어 보았습니다.

▲ 색종이로 오조버블을 만들어요

▲ 노래를 부르며, 순서를 기다려요

"한 바퀴 돌아 한 바퀴 돌아
누구에게 갈까요?"
"와! ○○가 나왔다! 좋겠다!"
"다음에는 누구한테 갈까?"

'두구누구 누구두구' 앱 사용하여 순서 정하기

유아들과 함께 앱을 사용하는 방법에 대해 알아보았습니다. 글자를 모르는 친구들을 위해 선생님과 함께 미러링 기능을 이용하여 두구누구 누구두구 앱 사용 순서에 대해 알아보고, 설명하는 시간을 가졌습니다. 놀이 시간에 친구끼리 순서를 정할 때 사용할 수 있도록 그림과 함께 글자가 나와 있어서 유아들이 이해하기 수월한 모습을 보였습니다.

2 양치 지도하기

유치원에서 양치 시간은 전쟁 같은 시간입니다. 양치를 안 하려고 하는 유아, 칫솔을 입에 물고 잘근잘근 씹는 유아, 치약을 쪽쪽 먹고 있는 유아, 앞니만 열심히 닦고 양치를 끝내는 유아 등 다양한 유아들을 교사는 지도해야 합니다. 평소 바르게 양치하는 법과 양치 방법을 지도하고 있지만 양치 시간마다 유아들을 개별지도하기는 쉬운 일이 아닙니다.

▲ 칫솔질 하는 법

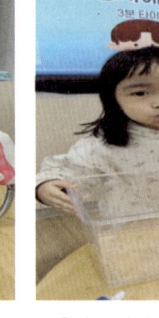
▲ 올바른 양치법 배우기

"양치는 재미가 없어요!"
"빨리하고 놀고 싶어요!"

▲ 포켓몬 스마일

양치를 즐겁게 하는 방법이 없을까?

유아와 교사 모두 즐거운 양치 시간을 만들기 위해 유아들에게 "포켓몬 스마일"이라는 앱을 이용해 보았습니다. 이 앱은 유아기에 즐겁고 바르게 이 닦는 습관을 기를 수 있도록 만들어졌으며, 유아들이 좋아하는 포켓몬 캐릭터를 고를 수 있고 자신이 이 닦는 모습을 4컷 사진으로 찍어 꾸밀 수도 있으며, 양치를 바르게 했을 때 포켓몬을 잡을 수 있는 게임 형식으로 유아에게 흥미를 유발 및 지속하도록 해줍니다.

유아들과 포켓몬 스마일 앱을 시작하는 방법과 자신이 원하는 캐릭터 설정하는 방법에 관해 이야기 나누었습니다. 그래서 유아들이 칫솔에 치약을 짠 후 양치를 시작하기 전 태블릿PC를 이용하여 사전 설정을 합니다.

"선생님 쓱싹쓱싹 소리가 나니 재미있어요."
"이에 충치가 있는 모습이 점점 없어지니 신기해요!"
"시간을 알려주니 열심히 양치하게 돼요."

▲ 내가 좋아하는 포켓몬 캐릭터로 설정하기   ▲ 아랫니, 윗니 구석구석 닦아보자!

양치 후 놀이하기

유아들과 포켓몬 스마일 앱으로 양치하고 난 후 다양한 놀이를 할 수 있습니다. 양치 중 촬영된 4컷의 사진 중에 선택하고 다양한 스티커를 이용해 꾸미는 활동, 몬스터볼을 던져서 포켓몬 잡기, 내가 잡은 포켓몬으로 도감 꾸미기 등 다양한 사후활동을 해보는 유아들은 내일의 양치 시간을 또 기다립니다. 매일 양치 시간마다 자신의 취향에 따라 캐릭터를 바꿀 수 있고, 양치 시간도 조정할 수 있으며 다양한 사후활동 게임도 할 수 있는 교육용 앱을 유아들은 매우 좋아하며 매일 사용하는 모습을 보였습니다.

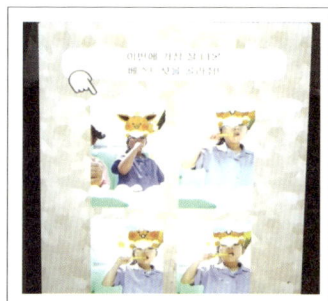  

▲ 4컷 중 선택하기   ▲ 스티커로 꾸미기   ▲ 내가 꾸민 모습

앱을 사용할 때 유의할 점

한정된 태블릿PC를 이용해서 앱을 사용할 때 다음과 같은 창이 뜰 수 있습니다. 유아들이 너무 자주 양치하게 돼서 이를 손상될 것을 우려해 양치 간격을 조절하는 메시지이므로 화면에 보이는 남은 시간이 지난 후 앱을 다시 사용하도록 합니다.

디지털 학급경영
07 유아 디지털 놀이 지원 가정 연계

유치원과 가정의 협력은 유아가 일관된 교육 환경에서 잘 성장할 수 있도록 돕습니다. 교사와 부모가 긴밀하게 소통함으로써 유아의 행동이나 정서적 변화를 빠르게 파악하고 적절한 지원을 할 수 있으며, 이를 통해 유아는 보다 안정된 환경에서 성장할 수 있습니다. 디지털 놀이 지원에서도 마찬가지로 가정과의 연계가 중요합니다. 요즘 유아들은 디지털 기기를 일찍 접하고 다양한 디지털 환경에 자연스럽게 노출되어 있기 때문에, 유치원과 가정이 함께 디지털 역량을 지원하여 디지털 미디어를 바람직하게 사용하고 올바른 태도를 갖출 수 있도록 도와야 합니다. 디지털 놀이 지원에 대한 가정의 이해를 높이는 가정 연계자료를 보내고, 가정에서도 놀이할 수 있도록 놀이 자료 대여 프로그램을 운영하였습니다.

디지털 놀이 지원에 대한 가정의 이해를 높이는 가정 연계자료 예시

▲ 가정 연계자료 (유아 인공지능의 필요성)

▲ 가정 연계자료 (가정에서 할 수 있는 인공지능 놀이 안내)

인공지능 놀이 자료 가정대여 프로그램

유치원에서 놀이해본 인공지능 놀이 자료를 가정에서도 놀이할 수 있도록 가정대여 프로그램을 운영하였습니다. 디지털 놀이 자료들은 가격이 비싸고 어떤 것을 선택해야 할지 모르는 경우가 많았습니다. 그러나 대여 프로그램을 운영함으로써 가정에서도 유아들이 가족과 함께 놀이할 수 있게 되어 매우 좋았다는 반응을 얻었고, 가정의 만족도도 높았습니다. 가정대여 프로그램을 시작하기 전에는 관리가 잘 되지 않아 분실 등의 우려가 있었지만, 안내문을 꼼꼼하게 작성하여 유아들이 구성품을 잘 챙겨올 수 있도록 안내한 결과, 협조가 잘 이루어졌습니다.

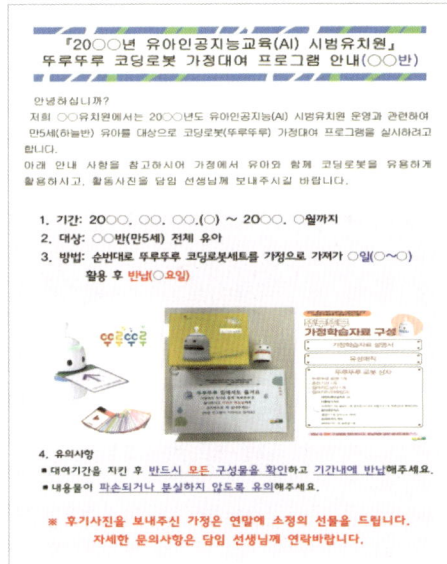
▲ 가정대여 프로그램 안내신청서

▲ 활동 방법 안내서

디지털 학급경영 08 교사 전문적 학습공동체 운영하기

▲ 의견을 나누는 교사 학습공동체

교사들은 교사 전문적 학습공동체 연구 모임을 통해 서로의 경험과 지식을 공유하며 교육 방법과 유아 지도 방법을 개선할 수 있습니다. 교육현장의 다양한 어려움과 수많은 문제를 논의하고 해결책을 함께 고민함으로 위로와 공감을 얻기도 하면서 서로 협력하고 소통하며, 긍정적인 업무환경을 조성할 수 있습니다. 서로의 어려움을 이해하고 지지하며, 동기 부여를 받는 것은 교사들의 직무 만족도를 높이고, 교육에 대한 열정을 유지하는 데 중요한 역할을 합니다. 교사들이 지속적으로 학습하고 함께 성장할 수 있는 기회를 만들고 교육의 질을 높이는 데도 큰 도움이 됩니다.

원내에서 같이 근무하는 교사들끼리의 모임과 원 밖에서 서로 다른 기관에서 근무하는 교사들끼리의 모임을 운영할 수 있습니다.

1 원내 교사 전문적 학습공동체 운영 사례_ AI 놀이터 만들기

유아의 개별 수준을 고려한 맞춤형 놀이 활동 지원 방법을 모색하는 과정에서 인공지능(AI) 교육 시범 유치원을 운영하게 되었습니다. 이에 따라 원내 교사 전문적 학습공동체를 구성하고 인공지능(AI)과 관련하여 모든 것이 처음인 교사들의 어려움과 고민을 함께 나누고 해소하며, 인공지능(AI) 자료를 활용한 놀이 활동을 연구하였습니다.

시기	내용	비고
3월	"유치원 인공지능교육의 방향" 연수	강사 초청
4월	인공지능 관련 원격연수 들은 후 토의	
	인공지능(AI) 자료 '알파미니' 사용 방법 및 활용방안 연구	
5월	인공지능(AI) 자료 '오조봇' 사용 방법 소개 및 활용방안 연구 / 샌드위치 코딩 놀이 체험하기	
	다양한 인공지능(AI) 자료 소개 및 체험 연수	강사 초청
6월	언플러그드 놀이 '렛츠고 코드' 소개 및 체험 / '닥터 유레카' 소개 및 체험	
	"신나는 놀이로 만나는 AI" 연수 (유치원 현장에서의 인공지능(AI) 자료 활용 사례 나누기)	강사 초청
7월	인공지능(AI) 자료 '코드앤고 로봇마우스' 소개 및 활용방안 연구	
	인공지능(AI) 관련 놀이에 대한 교사의 고민 나누기	
9월	인공지능(AI) 자료 '스피로 미니' 놀이 활동 연구	
	인공지능(AI) 자료를 활용한 놀이 사례 소개	강사 초청
10월	학부모와 유아가 함께 할 수 있는 인공지능(AI) 놀이 활동 토의	
	포스트 코로나 시대에 맞춘 유치원 미래교육 방향 연수	강사 초청
11월	인공지능(AI) 자료 '또리로봇' 소개 및 활용방안 연구	
	포스트 코로나 시대의 미래 유아교육의 방향	강사 초청
12월	함께 걸어온 발자취 – 마무리	

인공지능(AI)에 관한 막연함과 혼란스러움을 해소하고자 인공지능(AI) 자료를 활용하여 수업하고 있는 교원을 초청하여 연수를 들었고, 다른 유치원은 어떻게 놀이하고 있는지 알게 되었습니다. 연수를 통해 알게 된 다양한 인공지능(AI) 자료를 구입한 후, 다함께 모여 경험해보았습니다. 연수를 들었을 때는 알 것 같았는데 직접 사용하려니 생각보다 쉽지 않았습니다.

'난 못할거 같아.', '젊은 사람들이 잘할거 같은데...'
'작동이 안되는 것 같아.'
'과연 교실에서 사용할 수 있을까?'

하지만 함께 모여서 이야기 나누다보니, 모두가 같은 걱정을 하고 있음을 알았습니다.

"나만 모르는줄 알았는데 아니였네요."
"선생님도 어려워요? 왠지 위안이 되네요."

공동체 안에서 서로 함께 도와주며 차근차근 알아가는 시간을 통해 자신의 속도에 맞게 인공지능(AI) 자료와 친해지기 시작했습니다.

▲ 코딩 과정 배우기

▲ 햄스터봇 실습

▲ 유아 디지털 놀이 지원 연수

▲ 유아 인공지능 놀이 수업 사례 나눔

교실에서 인공지능(AI) 자료를 유아들과 함께 사용하면서 생기는 다양한 이야기를 공유했습니다. 유아들과 사용했을 때 생기는 돌발 상황, 교사가 직접 사용했을 때 느낀 어려움, 함께 공유하고 싶은 놀이 방법 등을 나누면서 우리는 충분히 잘하고 있다고 자신감을 갖게 되었습니다.

"유아들이 교사보다 더 잘 사용하는 것 같아요!"
"로봇이 고장이 날까 걱정이 돼서, 유아들에게 제공할 때 조심스러워요."
"새로운 방법으로도 사용할 수 있었어요!"

▲ 연수 내용을 바탕으로 교실에서 적용해 보기

학습공동체를 운영하는 중간 리더는 공동체 운영 및 활동을 중간 점검하고 피드백을 제공하며, 공동체 목표 달성을 위한 지속적인 노력을 기울였습니다. 학기말에는 전문적 학습공동체 운영 평가를 통해 활동의 성과를 정리하고, 목표 달성 여부를 평가했습니다. 이 과정에서 교사들은 자기 성찰의 시간을 가지며, 공동체 활동을 통해 얻은 성과와 개선점을 돌아볼 수 있었습니다. 공유 플랫폼을 활용하고 함께 공유해 보았습니다.

패들렛을 활용해요

패들렛(Padlet)은 사람들이 다른 사람들과 콘텐츠를 만들고 공유하기 위한 것으로 작업 공간에 접착식 메모지를 붙이듯이 쉽게 사진, 공유 링크, 문서 등을 입력하여 자신의 생각을 남길 수 있습니다. 여러 사람이 함께 사용하기 좋기 때문에 협업의 도구로 활용될 수 있습니다.

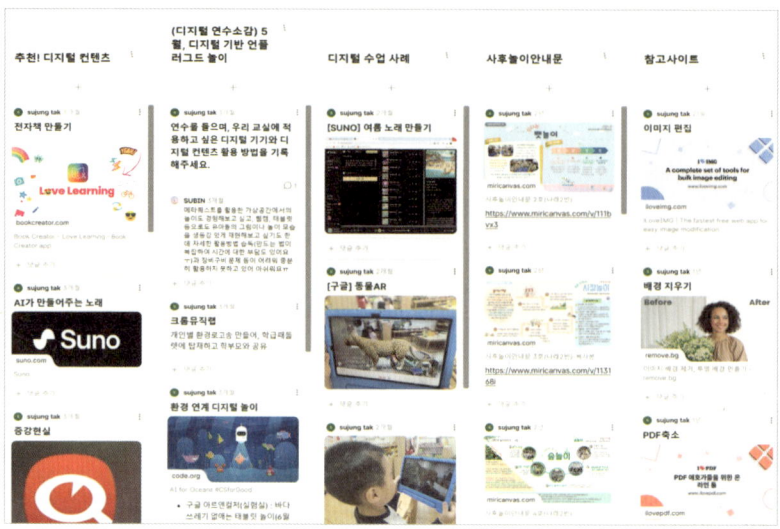

▲ 패들렛을 활용한 공유사례

2 원내 교사 전문적 학습공동체 운영 사례_메타버스

원내 교사 전문적 학습공동체에서는 유아들의 메타버스 놀이가 시작된 것을 계기로 교사가 먼저 메타버스에 대해 공부해보기로 했습니다. 주제를 메타버스로 정하고 유아교실에서 어떻게 놀이로 지원할지 고민해보았습니다.

▲ 메타버스 책 나눔

먼저 함께 읽을 도서를 선정하고 내용을 정리하여 이야기를 나눴습니다. 메타버스에 대한 용어의 정확한 뜻조차 몰랐던 교사들이었지만 선정된 도서를 읽고 메타버스에 관해 깊이 이해할 수 있게 되었습니다. 메타버스의 의미를 잘 구현해 놓았다는 영화

'레디플레이어원'을 감상하고, 가상의 공간에서 아바타로 살아가는 주인공을 보고 메타버스를 더욱더 쉽게 이해하기 시작했습니다.

비영리 기술 연구 단체인 ASF(Acceleration Studies Foundation)는 메타버스를 증강현실, 가상현실, 라이프로깅, 거울 세계로 분류하였다고 해서, 교사들은 직접 생활 속에서 이 기준에 부합되는 사례들을 찾아보기로 했습니다.

▲ VR 헤드셋 경험하기 　 ▲ 카드보드 　 ▲ 메타버스 플랫폼 들어가보기
▲ 스마트워치로 라이프로깅 알아보기 　 ▲ AR 사진찍기 　 ▲ 메타버스 플랫폼 배우기

메타버스에 대한 이야기를 나누던 중, 교사들이 게임에 대한 부정적 인식을 많이 갖고 있다는 것과 메타버스에 대한 편견을 갖고 있다는 것을 알게 되었습니다. 이러한 편견을 없애기 위해서는 먼저 게임에 대한 객관적인 시각을 갖는 것이 중요하다고 생각했습니다. 이를 위해 게임문화 재단의 누리집과 넷마블 문화 재단의 유튜브 채널을 통해 게임에 대해 객관적으로 판단해 보기로 했습니다.

게이미피케이션이란?

게이미피케이션(Gamification)은 게임의 요소와 메커니즘을 게임이 아닌 다른 분야에 적용하여 사용자 참여와 동기부여를 높이는 방법을 말합니다. 이는 게임에서 흔히 사용되는 점수, 배지, 리더보드, 도전 과제 등의 요소를 활용하여 사용자에게 재미와 성취감을 제공하고 이를 통해 특정 목표를 달성하도록 유도합니다. 학습 과정을 게임처럼 설계하여 학생들이 문제를 해결하고, 점수를 얻고, 배지를 획득하는 등의 활동을 통해 학습 동기를 높일 수 있답니다. 게임은 주로 엔터테인먼트와 도전 과제를 제공하는 데 중점을 두는 반면, 메타버스는 더 넓은 범위의 사회적 경제적 활동을 포함하는 가상 생태계입니다.

여러 가지 메타버스 플랫폼 중에서 가정과의 연계가 가장 편리한 ZEP을 이용하여 메타버스를 구축하기로 결정했습니다. ZEP은 네이버에서 만든 메타버스 플랫폼으로, 별도의 앱 설치와 가입 없이 이용할 수 있습니다. 이 플랫폼은 화상 채팅과 화면 공유가 가능하여 온라인 회의도 할 수 있으며, 모바일과 데스크톱 모두에서 사용 가능합니다. 접속 인원수에 제한이 있지만 대부분 무료로 제공되며, 사용자가 직접 공간을 만들어 관리할 수 있어 교사들이 각자의 반을 위한 공간을 만들기 쉽고 편리합니다. ZEP을 활용한 다른 기관의 사례를 먼저 방문한 후, 우리 유치원의 공간을 만들어 보기로 했습니다. 타지역 교육청의 메타버스 사례, 충청남도교육청의 가상누리터를 체험해보고 인공지능 수업 관련 자료도 살펴보았습니다. 무엇보다 ZEP으로 구동되는 메타버스 공간에 대해 익숙해질 수 있었습니다.

▲ 타기관 ZEP 메타버스 방문하기

ZEP을 활용하여 공간을 만드는 것은 어렵지 않았지만, 시간과 노력이 많이 필요했습니다. 유치원의 메타버스 기본 공간을 완성한 후, 유아들과 함께 우리 반 교실을 어떻게 꾸밀지 고민했습니다. 각 반별로 특별한 공간이 만들어졌고, 유아용 태블릿PC에 ZEP 앱을 설치하여 언제든지 접속할 수 있도록 하였습니다.

▲ 천안미라초병설유치원 메타버스(ZEP)

▲ 각 반 교실   ▲ 교육과정 설명회장   ▲ 학부모 모임 공간

❸ 학교 밖 교사 전문적 학습공동체 운영 사례_ 유아 에듀테크 연구회

학교 밖 교사 전문적 학습공동체는 교사들이 학교 외부에서 자발적으로 모여 전문성을 향상시키기 위해 구성된 모임입니다. 학교 내에서의 교사 전문적 학습공동체가 같은 원의 동료 교사들을 대상으로 했다면, 학교 밖 전문적 학습공동체는 각각 다른 원에서 다양한 배경을 가진 교사들이 모이는 자리입니다. 이 모임은 원내에서 말하지 못했던 고민들을 나누는 기회가 되기도 하고, 다른 원에서의 우수 사례를 공유할 수 있어 유익했습니다. 주로 유아 에듀테크에 대해 알아가고, 에듀테크 실천 방안에 대해 이야기를 나누었습니다. 디지털 전시와 관련된 활동과 수업 사례를 공유하며, 디지털 역량 강화를 위한 도움 자료도 함께 나누었습니다. 또한, 미래교육 박람회에 함께 참

석하여 에듀테크쇼를 관람하고, 국제 콘텐츠 페스타에 참석하여 미래교육에 대한 비전을 공유하는 뜻깊은 자리가 되었습니다.

▲ 학교 밖 교사 전문적 학습공동체 모임 장면

월	구 분	활동내용	비고
3	학습공동체 구성	- 학습공동체의 구성(역할분담)과 운영 방향 설정하기 - 회원의 유아 디지털 교육에 대한 실태 파악하기 - 유치원 현장 에듀테크 활용 교육의 한계점 마주하기 - 유치원 에듀테크 실천 방안 나누기	SNS
4	디지털 전시 및 활용 수업 연구 수업사례 나눔	- 디지털 전시 관람 (미구엘 슈발리에 디지털 뷰티전) • 전시를 관람하며 교육현장 적용 방법에 관해 의견 나눔 • 유아들의 흥미와 관심을 고려하여 교육 방법 구안 - 디지털 전시 관련 유아 디지털 활용 수업 적용 - 수업 나눔을 통해 디지털 전시를 놀이 중심 수업사례 공유	아라 아트 센터 (서울)

5	도서 나눔	– 회원 디지털 교육 역량 키우기 • '충남2030 미래교육' 정책 알아보기 • 유치원교사 디지털 역량 강화 및 AI 교육 도움자료 나눔	공주
7~8	배움 자리 / 박람회	– 2023 에듀플러스위크 미래교육 박람회 – 에듀커머스 및 에듀테크쇼 관람 – 유치원 에듀테크 활용 수업 나눔	서울
9~10	충남형 인공지능교육 현장컨설팅단 배움자리	– 충남형 인공지능(AI)교육 현장컨설팅단 배움 자리 참석 – 유아에듀테크 회원 모두 현장컨설팅단으로 참석 – 2023 국제아동도서&콘텐츠페스타, 글로벌 컨퍼런스 참석 – 유아 인공지능교육과 에듀테크 활용 사례 관람 – 현장에서의 적용	수원 컨벤 션센 터
11	유아 인공지능교육 앱 활용 연수	– 디지털 도구 활용을 위한 워크숍 • 쥬니버스쿨 (코딩, 실험실, 2단계 워크북) • 미러링 방법 알아보기	천안

12	활동 평가	– 유아교사 디지털 수업 역량 함양을 위한 독후 토론 • 2023 유아에듀테크 연구회 활동 – 연구회 활동 결과 정리, 평가, 후속 연구 논의 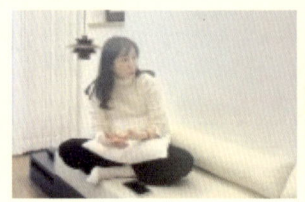 	아산

ZEP QUIZ_ 교사 전문적 학습공동체를 더욱더 재미있게 운영하는 방법

ZEP QUIZ는 사용자가 자신만의 퀴즈를 만들어 더 재미있는 수업이나 이벤트를 진행할 수 있도록 도와주는 플랫폼입니다. 이 플랫폼을 통해 무료로 퀴즈를 만들고, 다양한 형태의 퀴즈를 활용하여 학습이나 이벤트를 더욱 흥미롭게 만들 수 있습니다. ZEP QUIZ의 주요 특징 중 하나는 퀴즈 생성 기능입니다. 사용자는 간단한 인터페이스를 통해 자신만의 퀴즈를 쉽게 만들 수 있습니다. 또한, OX 퀴즈, 객관식 퀴즈 등 다양한 형식의 퀴즈를 제공하여 다양한 상황에 맞게 활용할 수 있습니다. 이러한 다양한 퀴즈 형식을 통해 학생들이 더 적극적으로 학습에 참여할 수 있도록 유도할 수 있습니다.

PART 02

주제가 있는 디지털 놀이
예술경험

예술경험 01	• (명화 감상) 고흐의 마을에 가다
예술경험 02	• 구글 아트앤컬처(Google Arts & Culture) 자화상 전시회
예술경험 03	• 소리가 나는 그림 전시회 (뮤지컬 캔버스) 1
예술경험 04	• 구글 아트앤컬처(Google Arts & Culture) – 뮤지컬 캔버스 2
예술경험 05	• 크롬 뮤직랩, 내 이름으로 만드는 노래
예술경험 06	• 낙서를 좋아하는 아이, 키스해링 (명화 감상)
예술경험 07	• 말하는 대로 그려준다고! (명화 감상)
예술경험 08	• 나는야 인공지능 작곡가!
예술경험 09	• 내가 그린 그림으로 만들어요! (3D펜)
예술경험 10	• 디지털 전시관에 다녀왔어요!

예술경험

■ 목표

아름다움과 예술에 관심을 가지고 창의적 표현을 즐긴다.

- 자연과 생활 및 예술에서 아름다움을 느낀다.
- 예술을 통해 창의적으로 표현하는 과정을 즐긴다.
- 다양한 예술표현을 존중한다.

■ 내용

내용 범주	내용
아름다움 찾아보기	자연과 생활에서 아름다움을 느끼고 즐긴다.
	예술적 요소에 관심을 갖고 찾아본다.
창의적으로 표현하기	노래를 즐겨 부른다.
	신체, 사물, 악기로 간단한 소리와 리듬을 만들어 본다.
	신체나 도구를 활용하여 움직임과 춤으로 자유롭게 표현한다.
	다양한 미술재료와 도구로 자신의 생각과 느낌을 표현한다.
	극놀이로 경험이나 이야기를 표현한다.
예술 감상하기	다양한 예술을 감상하며 상상하기를 즐긴다.
	서로 다른 예술 표현을 존중한다.
	우리나라 전통예술에 관심을 갖고 친숙해진다.

디지털 놀이로 만나는 예술경험!

아름다움 찾아보기

유아는 자기 주변의 환경과 생활에서 아름다움을 느끼며 예술적 요소에 관심을 가지고 탐색하는 경험을 합니다. 때문에 많은 경험과 자극이 있을수록 예술적 요소에 더욱 눈을 뜨게 되는데, 내 주변 환경보다 더 넓은 디지털 세상속에서 전 세계의 다양한 예술작품들을 만나고, 디지털 가상세계에서 호기심을 자극하는 것들과 마주한다면 유아들의 예술적 감각이 더욱 높아질 것입니다.

창의적으로 표현하기

유아는 자신의 생각과 느낌을 음악, 움직임과 춤, 미술, 극놀이 등을 통해 자유롭게 표현하는 경험 속에서 창의성을 마음껏 발휘합니다. 디지털은 많은 재료를 필요로 하지 않고도 표현방법을 폭넓게 해주는 도구가 됩니다. 태블릿PC 하나만으로도 구글 아트앤컬처, 크롬 뮤직랩, 드로잉 앱 등을 통해 미술, 음악 등 다양한 표현활동을 할 수 있습니다. AI 기술을 통해 내가 그린 그림을 음악으로 변환을 시키기도 합니다. 이로써 유아들은 디지털 콘텐츠를 활용하여 나의 표현이 예술작품으로 만들어지는 멋진 경험을 할 수 있습니다.

예술 감상하기

유아는 다양한 예술을 감상하며 상상하기를 즐기고, 서로 다른 예술 표현을 존중하며, 내 주변 및 생활 속 예술과 친숙해집니다. 유아들은 직접 미술관을 찾아가지 않고도 디지털을 통해 전세계의 다양한 작품을 감상할 수 있으며, 감상만으로 그치지 않고 AI기술력을 통하여 창의적인 방법으로 작품을 발전시켜 서로의 작품을 감상하기도 합니다. 기존의 명화에 내 그림을 삽입시켜 색다른 작품을 만들어 내기도 하며 창의적인 예술 감상법을 만들어 내기도 합니다. 또한 QR코드나, 영상등을 통하여 부모님 혹은 홈페이지에 공유하는 방법으로 서로의 작품을 공유하기도 합니다. 이러한 과정에 활용된 디지털 기술은 우리들이 예술을 생활 가까이에서 더욱 편리하고 다양한 방식으로 접근할 수 있도록 도움을 줍니다.

예술경험 01 (명화 감상) 고흐의 마을에 가다

구글 art&culture / VR메타퀘스트 / 유튜브 360 동영상

교사 이현아: 명화 감상 활동은 유아들에게 너무 좋은 수업이에요. 어떻게 하면 더 재미있게 명화를 감상하고 이야기 나눌 수 있을까요?

교사 김은경: 구글 art&culture 사이트를 활용해 보세요. 고화질로 명화를 감상할 수 있고, 미술관에서 볼 수 없었던 부분까지 살펴볼 수 있어서 유용하더라고요.

교사 김세영: 구글 art & culture 앱의 다양한 체험활동을 감상 활동과 연결하면 유아들에게 더 재미있는 수업이 될 것 같아요!

교사 김현우: 유튜브에는 명화 감상과 관련된 여러 가지 교육용 동영상이 많답니다. 360 동영상으로 명화 감상을 하면 더 재미있지요.

고흐의 그림에 관심을 갖는 유아들

우리 주변에서 별이 빛나는 밤, 꽃 피는 아몬드나무, 해바라기 등의 고흐의 그림은 쉽게 찾아볼 수 있다. 유아들에게 보여주면 "어? 선생님. 저 그림 나 알아요. 우리 집 화장실에 있어요. (샤워커튼)" 라던지, "저거 나 봤어. 퍼즐 맞추기야."라는 반응을 볼 수 있다. 유아 놀이 체험 장소의 명화 감상 코너를 가보면 고흐의 그림이 있는 곳을 많이 볼 수 있다. 덕분에 유아들은 고흐의 그림을 보며 어디선가 봤을 법한 친숙한 느낌을 가지고, 호기심 가득한 눈으로 다양한 질문들을 하는 모습을 볼 수 있었다. 간혹 고흐의

이름이라도 아는 유아가 있으면 어깨에 힘이 잔뜩 들어가는 귀여운 모습을 볼 수 있었다. 충청남도유아교육원으로 체험학습을 갔다가 고흐의 작품으로 놀이해 본 후, 고흐에 관한 관심은 더 높아졌다. 그래서 고흐 아저씨를 깊이 있게 만나게 해주기로 하였다.

구글 art & culture에서 고흐의 작품을 감상해요

우리에게 알려진 고흐는 자기의 귀를 자를 만큼 정신적으로 힘들고 외로운 일생을 살았다고 알려져 있다. 하지만 의외로 고흐가 성실한 창작자이며 독서가였다는 사실은 그에 비해 잘 알려지지 않았다. 유아들에게 고흐의 이런 일생을 이야기 해주는 것이 어렵게 느껴졌다. 어떻게 하면 고흐의 삶과 작품들을 이야기 나눌 수 있을지 고민하다가 고흐의 이야기가 담긴 동화책과 고흐의 그림에 관해 설명해 주는 어린이용 유튜브에는 동영상을 찾을 수 있었다. 그보다 먼저 구글 art & culture 사이트로 들어가서 고흐의 그림을 검색해 보았다.

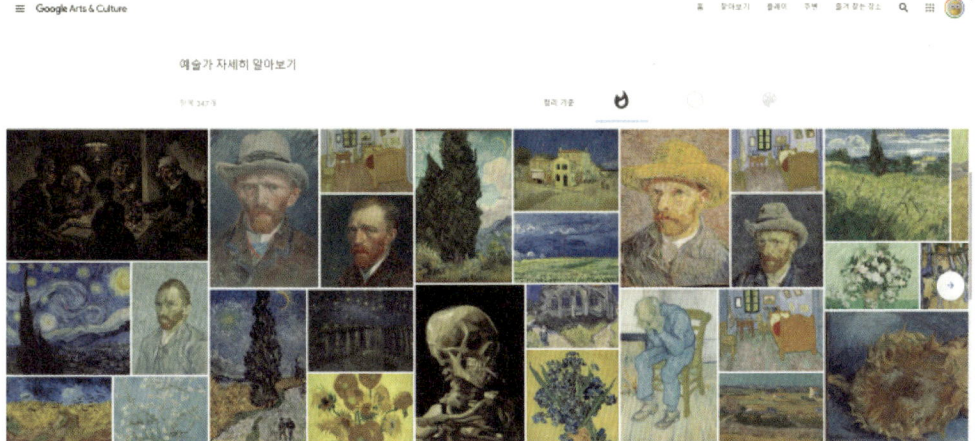

고흐의 마을에 초대되는 유아들

고흐의 다양한 그림을 많이 보게 된 유아들은 고흐에 대해 더 잘 알게 되었다. 고흐의 그림을 본 것만으로 명화 감상을 끝내기에는 너무 아쉬운 마음이 들었다. 별이 빛나는 고흐의 마을, 그리고 고흐의 방으로 유아들이 초대되면 어떨까? 상상해 보았다. 어떻게 하면 고흐의 그림을 더 재미있게 소개해 줄 수 있을지 고민하다가 유튜브에 고흐의 별이 빛나는 밤(The Starry Night) 그림을 VR로 감상할 수 있는 360 동영상을 찾았다. 이 동영상을 VR 기기인 메타퀘스트로 보여주었다. 동영상이 시작되면 고흐의 마을로 걸어 들어가서 고흐 아저씨의 노란 집을 만날 수 있고 고흐의 방까지 들어가 볼 수 있다. 고흐가 그린 유명한 그림들을 엮어서 고흐의 방으로 옮겨 놔 주었다.

▲ '유튜브 360 VR 동영상 별이 빛나는 밤에' 메타퀘스트로 감상하기
(https://www.youtube.com/watch?v=G7Dt9ziemYA&t=33s)

▲ 고흐의 방 화면

"실제로 고흐 아저씨 방에 있는 것 같아요."
" 방이 왜 좁아요?"
"고흐 아저씨는 친구가 별로 없었대."
"가난하고 배가 고프고, 외로웠대."
"그래도 열심히 그림을 그렸지."

단출한 고흐의 방을 보며 실망하는 유아들에게 슬쩍 고흐의 삶을 말해 주었다. 이야기를 듣고 난 후 유아들은 고흐 아저씨의 삶에 대해 공감하기 시작하였다.

우리가 고흐 아저씨에게 선물을 하고 싶어요!

한 유아가 고흐 아저씨에게 선물을 해주고 싶다고 하였다. 썰렁한 방을 선물로 꾸며주고 싶었던 유아들은 자신의 세상에서 가장 값진 선물을 그림으로 열심히 그렸다. 배고픈 아저씨에게 딸기와 음료수, 빵도 주고, 외로웠다고 하니 여자친구도 그려주었다. 고흐 아저씨가 좋아하는 해바라기와 그림 액자도 많이 그리고. 한 친구는 돈다발을 가득 그려주기도 하였다. 유아들의 그림으로 재구성해 보니 고흐 아저씨의 방이 풍성해졌다. 더 이상 고흐 아저씨는 외롭지도 않고 배고프지도 않고 행복할 것 같다는 생각이 들었다.

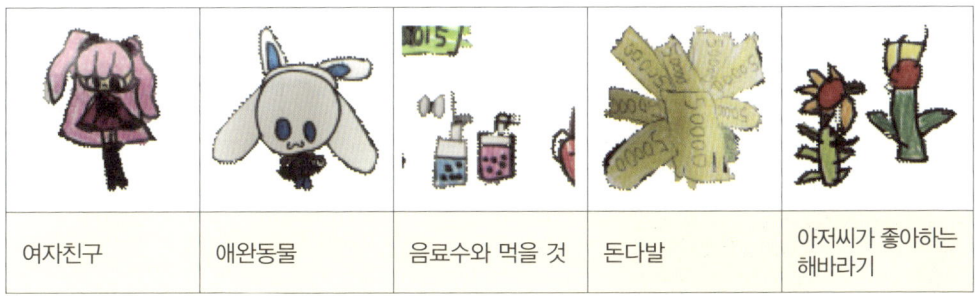

| 여자친구 | 애완동물 | 음료수와 먹을 것 | 돈다발 | 아저씨가 좋아하는 해바라기 |

그림 선물로 꾸민 새로운 고흐의 방

하얀색 도화지에 유아들이 그린 그림 선물은 다양했다. 'REMOVE. BG' 사이트를 통해 배경을 깔끔하게 제거한 후 미리캔버스에 업로드하여 재구성해 보았다. 썰렁했던 고흐 아저씨의 방이 유아들의 선물로 가득 찬 모습을 보니 다 같이 기분이 좋아졌다.

▲ 그림을 그리는 유아

▲ 유아들의 그림 선물로 재구성한 고흐의 방 그림

구글 art & culture 'Art Filter'로 고흐 아저씨 되어보기

"이런 선물을 받은 고흐 아저씨의 기분은 어떨까?"

저도 덩달아 궁금해졌다. 살아있을 때 많은 사람에게 사랑과 관심을 받았더라면 고흐는 어떤 기분이 들었을까? 고흐가 되어보기로 하였다.

구글 art & culture 앱에 있는 재미있는 AR 놀이 중에 카메라로 플레이해 보는 Art Filter를 활용하였다.

이 앱을 실행시키고 카메라를 켜서 나를 인식시키면 다양한 명화 속 주인공으로 변신할 수 있다.

스마트폰과 교실 텔레비전을 미러링하고, 앱을 실행시켜서 고흐의 모습으로 변한 친구가 고흐 아저씨의 마음을 대신 들려주었다.

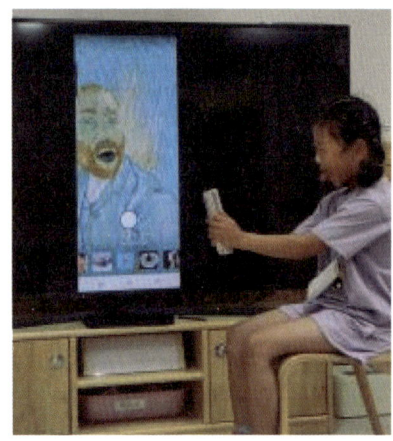

"얘들아 나는 고흐 아저씨야, 선물 정말 고마워!!"

▲ Art Filter로 고흐 아저씨가 된 유아

고흐 아저씨로 변신한 유아가 말하니 정말 고흐가 살아 움직이는 느낌이 들었다. 요즘에는 미러링 케이블이 없어도 미러링이 되는 텔레비전의 종류가 많아 유아들과 쉽게 미러링하여 놀이할 수 있다.

이렇게 고흐 아저씨의 그림 이야기를 마무리해 보았다. 에듀테크가 다양해 질수록 더 실감 나는 수업을 할 수 있으며, 유아들은 좀 더 실감이 나고 즐겁게 수업에 참여할 수 있다.

예술경험 02 구글 아트앤컬처(Google Arts & Culture) 자화상 전시회

구글 art & culture

교사 이현아: 저는 명화 감상이랑 예술을 활용한 놀이에 약해요. 아이디어도 없고, 재미있게 하는 방법을 잘 모르겠어요. 좋은 방법이 있을까요?

교사 김은경: 구글 디지털 놀이 어때요? 구글 아트앤컬처 앱에 들어가면 예술작품을 다양하게 감상할 수 있는 활동들이 많아요.

교사 이현아: 맞아요. 명화 감상뿐만 아니라 전 세계 박물관을 구경해 볼 수도 있고, 그림을 음악으로 바꿔주기도 하고, 셀카를 명화로 바꿔주는 등 재미있는 활동들이 많아요.

교사 김진우: 구글 아트앤컬처를 학급에서 다양하게 활용해 볼 수 있는 방법을 연구해 봐야겠어요. 나와 가족 단원에서는 어떤 활동을 해볼 수 있을까요?

예술 관련 놀이에 고민하고 있을 때 구글 아트앤컬처(Google Arts & Culture) 만나다

교사로서 스스로 예술 관련 활동에 아이디어가 없고 재미있게 수업을 진행하지 못한다고 느끼는 순간들이 있었다. 명화 감상을 어떻게 하면 더 재미있게 할 수 있는지 고민이 많지만, 방법을 잘 모를 때가 많았다. 5세 반 친구들은 창의력도 늘어나고 발표력도 점점 더 좋아지는데, 그에 맞는 다양한 작품 활동을 제공해주는 것은 쉬운 일은 아니었다. 그러다가 구글 아트앤컬처(Google Arts & Culture)라는 프로그램을 알게 되었고, 쉬운 활동부터 시작해 볼까하여 자화상 작품전시회를 하게 되었다. 먼저 친구들과 자화상이 무엇인가에 대해 이야기를 나누고, 자기 얼굴을 에코백에 그려보는 사전활동을 해 보았다.

Art selfie(아트셀피)를 이용하여 나와 관련된 명화 활동을 했어요

아트앤컬처의 실험실 프로그램 중 Art selfie(아트셀피)를 이용하여 나와 닮은 명화 찾기, 내 셀카를 명화로 바꾸기 활동을 해보았다. 유아들이 자기 얼굴이랑 비슷하게 생긴 명화 그림을 보고 친구들과 서로 웃기도 하며, 명화처럼 바뀐 자기 얼굴을 멋있다고 느끼고 거울로 자기 얼굴을 유심히 쳐다보기도 하는 등 자기 자신에 대해 좀 더 유심히 관찰하는 기회가 되었다.

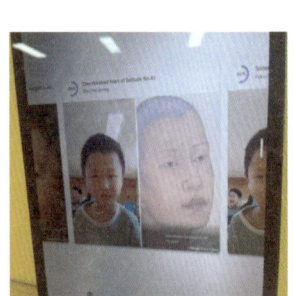
▲ Art selfie (나와 닮은 초상화 찾기)

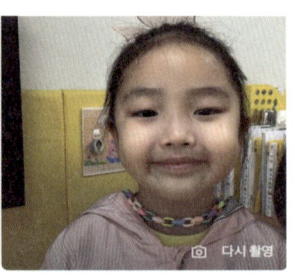

▲ Art selfie 2 (셀카를 예술과 AI로 리믹스하기)

나도 화가처럼 그릴 수 있어요

명화처럼 바뀐 내 셀카를 인쇄해서 코팅해서 유아들에게 나눠준 후 자화상 그리기 미술 활동을 해 보았다.

멋진 모습의 사진을 직접 보면서 자화상을 그리니, 거울을 보면서 그림을 그릴 때보다 훨씬 섬세하고 정교한 작품이 나왔으며 높은 퀄리티의 그림을 볼 수 있었다. 유아들도 본인 작품을 만족스러워 했으며, 친구들의 작품을 감상할 때도 무척 신기해했다.

▲ 자화상 그리기

자화상 작품전시회를 열었어요

유아들의 멋진 자화상을 모두가 같이 감상하기 위해 작품전시회를 열어 다른 반 친구들도 지나다니며 감상하도록 했다. 자주 보던 언니와 오빠들의 얼굴이 멋진 모습으로 변해 있으니 동생반 친구들도 신기해했다. 자화상 작품을 예쁘게 코팅하여 가정으로 보내주었더니 유아도 교사도 모두 만족스럽고 뿌듯한 활동이 되었다. 예술 활동 확장이 어렵다고 포기하기보다는 AI 디지털 놀이를 잘 활용하면 교사의 부족한 부분도 메꿔 주면서 더욱 재미있는 활동이 된다는 걸 느꼈다.

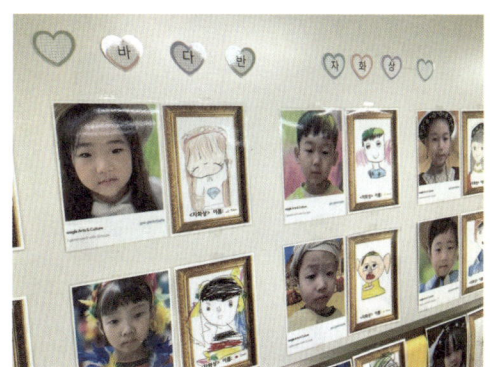 

▲ AI 자화상 작품전시회

TIP ❶ 구글 ART & CULTURE

- PLAY에 들어가면 다양한 아트실험실이나 게임, 카메라 플레이 등을 체험할 수 있다.

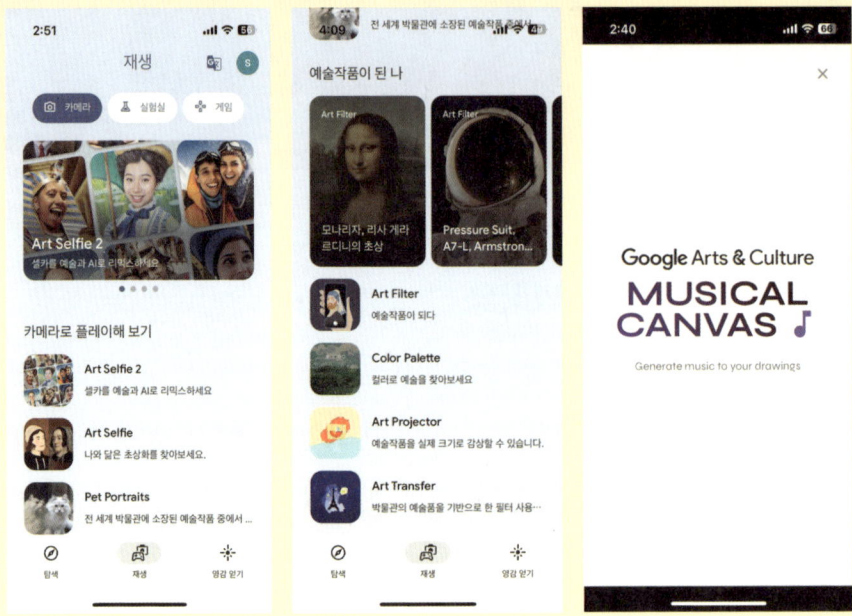

- 플레이에 있는 다양한 프로그램으로 그 외 재미있는 활동을 할 수 있다.

Rewild The World (모션인식으로 환경보호 게임)
북극 동물 되살리기, 숲 되살리기,
바닷속 플라스틱 치우기 등

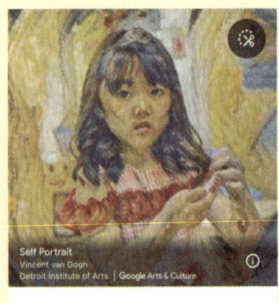

ART Transfer
놀이 활동 사진을 명화처럼
다양하게 변환할 수 있음

예술경험 03 소리가 나는 그림 전시회 (뮤지컬 캔버스) 1

태블릿PC / 뮤지컬 캔버스(Musical Canvas)

교사 전진아: 구글 아트앤컬처(Google Arts & Culture)에는 정말 다양한 도구들이 있는 것 같아요. 그림 그리기에 부쩍 관심이 많은 유아들에게 색다른 놀이를 소개해주고 싶은데 무엇이 있을까요?

교사 김은경: 태블릿PC를 활용해서 그림을 그리는 게 익숙한 유아에게 소개해 주고 싶은 도구가 있어요!

교사 김세영: 저도 알아요! 뮤지컬 캔버스(Musical Canvas) 맞죠? 그리기 도구도 간단해서 사용하기도 편하고 색깔과 붓 효과에 따라 다양한 음악으로 그림을 변환시켜주더라고요!

Musical Canvas(뮤지컬 캔버스)로 그림을 그려요

구글 아트앤컬처(Google Arts & Culture)에는 그림을 음악으로 변환시켜주는 머신러닝 기반 음악 작곡 도구인 Musical Canvas(뮤지컬 캔버스)가 있다. 이를 활용하여 유아의 미술 활동을 색다르게 지원할 수 있다. 태블릿PC에서 Musical Canvas(뮤지컬 캔버스)로 들어간 다음 그림을 그려 보았다.

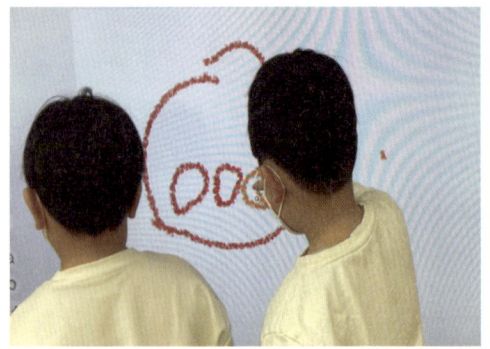

▲ 태블릿PC에서 혼자 그리기　　　　　　▲ 전자칠판에서 친구와 함께 그리기

Musical Canvas(뮤지컬 캔버스)의 사용방법을 미러링으로 함께 배워요

유아들에게 소개할 때는 태블릿PC에서 Musical Canvas(뮤지컬 캔버스)에 들어가는 과정을 미러링을 통해 보여 주었다. 처음에는 기본적인 그림을 그리는 방법, 물감을 바꾸는 방법, 페인트 통을 활용해서 색깔을 채우는 방법을 간단하게 알려 주었다. Musical Canvas(뮤지컬 캔버스)가 익숙해질 무렵 선의 굵기, 필터에 따라 또 다른 음악이 생성된다는 것을 알려 주었다. 유아들은 다양하게 그림을 그리고 음악으로 변환해 보았다. 영어로 그림에 대해 설명해 줄 때는 번역기를 활용해서 그림에 대한 해석을 들려 주었다.

내가 그린 그림과 음악을 저장하고 싶어하는 유아들을 위해 그림과 음악을 동영상으로 기록하고 QR코드에 담아 주었다.

▲ 유아의 그림　　　　　　　　　　　　▲ 음악 QR코드

QR코드를 활용한 우리만의 음악 전시회를 개최해요

QR코드를 벽면에 게시해놓고 특별한 음악 전시회를 열어 보았다. QR코드에 담겨있는 친구의 그림에는 어떤 음악이 담겨있는지 찾아보면서 매우 즐거워하는 모습을 볼 수 있었다. 평범한 그림 그리기 활동을 AI 콘텐츠를 통해 색다른 음악 전시회로 확장시킬 수 있었다. 교사의 다양한 디지털 기기 지원으로 유아의 놀이는 매우 다양해질 수 있다.

예술경험 04 구글 아트앤컬처 (Google Arts & Culture) - 뮤지컬 캔버스 2

뮤지컬 캔버스(Musical Canvas)/ 크롬 뮤직랩(Chrome Music Lab)

교사 김세영: 구글 아트앤컬처 '실험실'에 다양한 놀이와 게임들이 많이 있던데 유아들이 즐겨 할 수 있는 프로그램에는 어떤 것들이 있을까요?

교사 전진아: 최근에 뮤지컬 캔버스를 활용해보았는데, 유아들이 그린 그림을 AI가 그림을 분석한 후 음악으로 바꿔줘요. 쉽고 재미있어서 유아들에게 소개해주면 좋을 것 같아요.

교사 김은경: 크롬 뮤직랩이랑 비슷하면서도 다른 것 같네요. 두 가지를 다 활용하면 자유놀이 시간에 유아들에게 태블릿PC로 그림을 그리게 하고, 음악으로 변환시켜주면 예술적 감각도 향상되고 음악에 대한 감상이나 표현력도 늘어날 것 같아요.

뮤지컬 캔버스(Musical Canvas)로 그림이 음악으로 변환되다

구글 아트앤컬처에 '실험실' 탭을 들어가면 다양한 AI 예술놀이를 볼 수 있다. 그 중 내가 그린 그림을 음악으로 변환시켜주는 Musical Canvas(뮤지컬 캔버스) 라는 프로그램은 유아들이 흥미로워하는 프로그램 중 하나이다. 유아들이 그리고 싶은 그림을 그리면 AI가 그림을 분석하고 음악을 들려준다. 유아들은 자기가 그린 그림이 음악으로 변환되자 신기해하며 귀를 기울이고 음악을 듣는다. 자연스럽게 음악 감상 시간이 되며, 어떤 음악이 어떤 그림과 어울리는지 스스로 느끼게 된다.

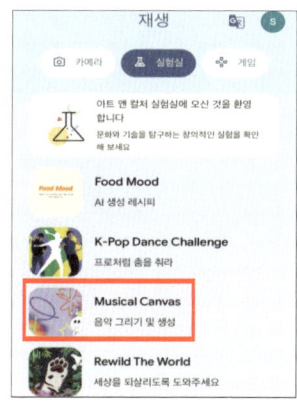

▲ 구글 아트앤 컬처_ 뮤지컬 캔버스 앱

예측하지 않은 음악이 만들어지는 즐거움을 느껴요

생각과는 다른 느낌의 음악이 흘러나오기도 하지만 유아들은 그 자체를 즐긴다. 밝은 느낌을 그린 친구 그림에서 신나는 음악이 흘러나오자 유아들은 자연스럽게 몸을 움직이며 춤을 추기 시작한다. 어떻게 그림을 그렸을 때 잔잔한 음악이 나오고, 어떨 때 신나는 음악이 나오는지 유아들은 이제 서서히 느껴가고 있었다.

▲ 그림이 음악으로 변환되어 나오자 춤추는 유아들

예술경험 05
크롬 뮤직랩, 내 이름으로 만드는 노래

교사 김은경: 저는 크롬 뮤직랩을 활용한 음악 활동이 참 좋은 것 같아요. 음악전문가가 아니어도 재미있게 활동할 수 있는 점이 참 좋아요.

교사 전진아: 특히 앱을 다운로드 하지 않아도 되고, 로그인 없이 쓸 수 있다는게 장점인 것 같아요. 유아들도 재미있어 하고요.

교사 김세영: 자유놀이 시간에 다른 친구들에게 방해되지 않게 음악놀이를 할 수 있다는 것도 좋은 것 같아요. 실물 악기 뿐만이 아니라 태블릿PC 하나만으로도 다양한 음악 활동을 할 수 있어서 좋구요.

피아노 없이도 피아노 연주를 할 수 있어요

교실에서 자유놀이 시간에 교사의 피아노를 치고 싶어 하거나 악기 연주를 하는 친구들이 있다. 피아노 연주를 허락을 해주면 너무 시끄럽게 쿵쾅거리거나 다른 친구들에게 방해가 될 정도로 장난을 치면서 연주를 하는 친구들이 있다. 다른 친구들에게 방해가 안되는 선에서 악기 연주를 자유롭게 할 수 없을까 하는 고민이 항상 있었다. 그러던 중, 구글에서 개발한 크롬뮤직랩을 알게 되었다. 실물 악기가 아니어도 다양한 악기 연주를 할 수 있다는 것에 큰 호기심이 일었다. 소리를 조절할 수 있으니 주변에 크게 방해가 되지 않을 것이고, 좀 더 견고한 소리를 내볼 수 있기 때문이었다. 자유놀이 시간에 내어주기 전에 유아들과 이야기를 나누며 탐색해 보는 시간을 가졌다.

▲ 자유롭게 눌러보며 음을 들어보고 탐색하는 모습

내 이름이 음악이 된다구요?

자유롭게 탐색을 해보았다면, 그 다음으로 네모 모양, 세모 모양, 등 다양한 모양을 그려보기도 하고 모든 블록을 꽉 채우면 무슨 소리가 나는지도 들어보았다. 그 후에 내 이름을 블록으로 썼을 때 내이름에서 무슨 소리가 나는지 들어보기로 했다. 유아들은 자기이름이 악기가 되어 음악소리를 내자 신기해 하기도 하고 뿌듯해 하기도 했다.

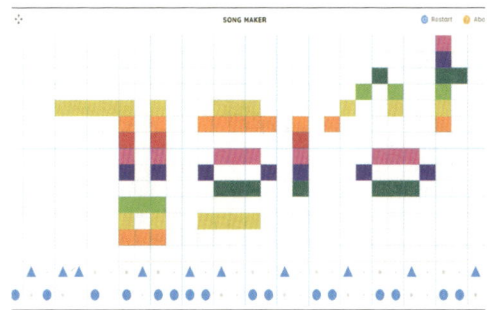 

내가 만든 멋진 음악을 공유할 수 있어요

내 이름으로 만든 멋진 음악을 저장하고 부모님과 친구들에게 공유를 했다. 그 외에도 유아들이 만든 다양한 음악을 저장해 주었더니 음악에 대한 호기심과 열정이 더욱 풍부해져 관심이 없던 유아도 집중력 있게 관심을 가지는 모습을 관찰할 수 있었다.

나도 칸딘스키처럼 될 수 있어요

크롬 뮤직랩 안에 다양한 프로그램들이 있는데 그 중에서도 '칸딘스키'라는 프로그램을 유아들이 좋아했다. 즐기기만 할것이 아니라 정확한 내용을 알려줘야겠단 생각에 '바실리 칸딘스키' 화가에 대해 이야기를 먼저 나누어 보았다. 그림에서 음악소리가 난다고 생각했던 칸딘스키처럼 점, 선, 면을 통해 우리의 음악을 만들어 보기로 했다.

▲ 칸딘스키 작품(이야기나누기)

▲ 자유놀이 시간에 칸딘스키 활동모습

▲ 친구가 그린 그림에서 나오는 음악에 맞추어 춤을 추는 모습

나도 멋진 음악가!

크롬 뮤직랩을 사용하면서 유아들은 춤과 음악으로 자신을 표현하는데 더욱 자신감있고 창의적인 모습을 드러내었으며 음악만 나오면 자동으로 춤을 추는 모습을 볼 수 있었다. 음악은 교실 분위기를 기분 좋게 띄워주는 역할을 하기도 하고, 혼자 집중하고 싶은 친구들에게도 좋은 음악 친구가 되어주었다. 음악 전문가가 아니더라도 유아들과 즐겁게 음악 활동을 할 수 있는 좋은 디지털 도구이다.

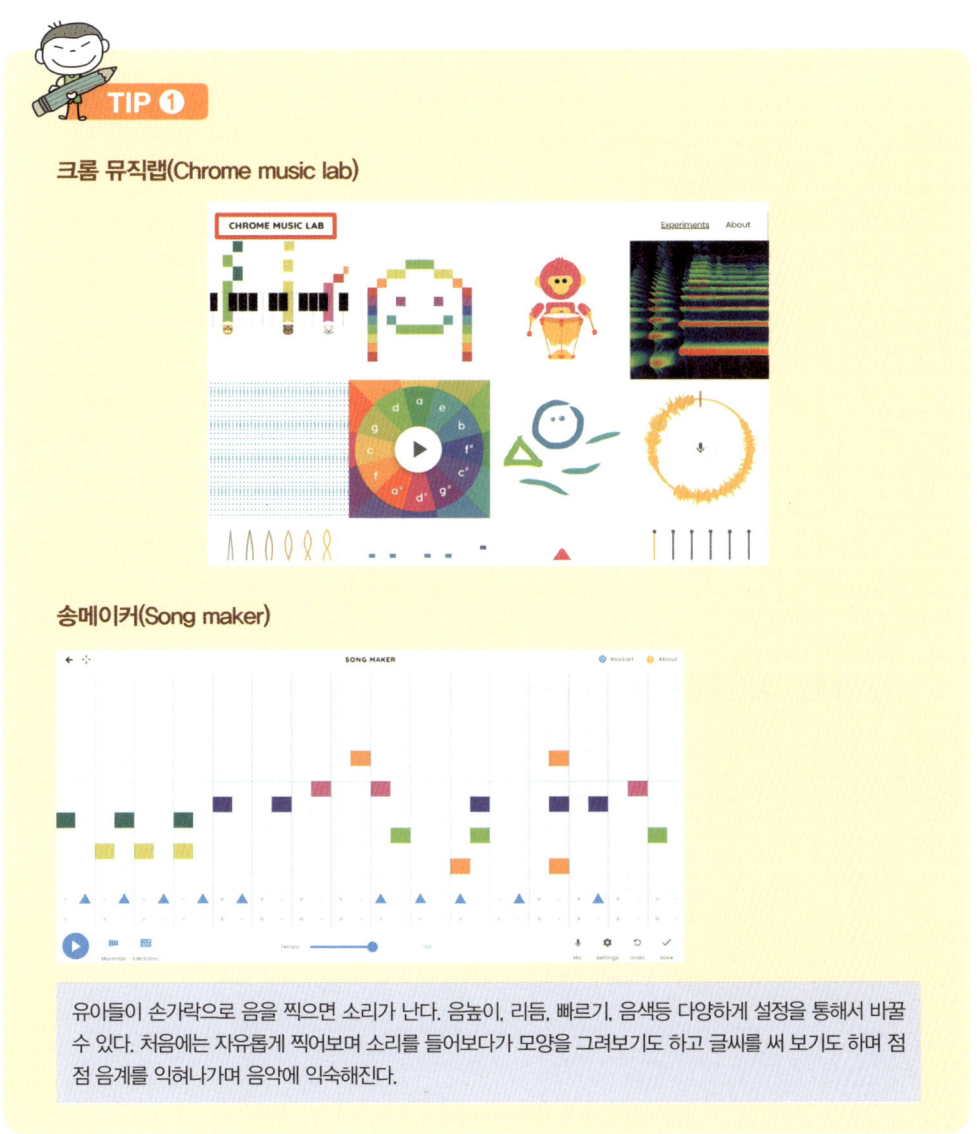

칸딘스키

- 그림을 음악 만들기에 비유한 예술가 바실리 칸딘스키에게 영감을 받아서 만들었다고 한다. 점,선,면으로 그림을 그리면 그림에서 음악 소리가 들린다.

쉐어드 피아노(Shared Piano)

- 실시간 피아노 연주 가능한 프로그램이며 공유가 가능하고 원하는 사람을 초대하여 연주할 수 있으며 초대된 사람과 합주도 가능하다. 모양은 피아노이지만 소리는 드럼이나 마림바, 기타스트링 등으로 바꾸 연주도 가능하니 더욱 풍성한 합주를 할 수도 있다.

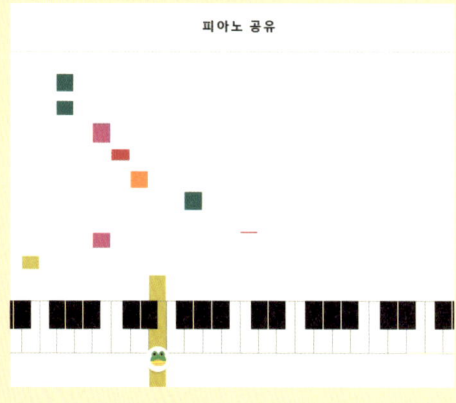

예술경험 06 낙서를 좋아하는 아이, 키스해링
(명화 감상)

구글 ART&CULTURE / 미리캔버스 / remove.bg

교사 이현아: 명화 감상을 할 때 동화책으로 작가의 생각과 그림을 미리 보여주고 감상하는 방법도 좋은 것 같아요.

교사 김은경: 명화를 신체표현 놀이로 감상하면 더 재미있어요. 신체표현을 위해 명화를 더 세심하게 감상해 볼 수 있답니다.

교사 김세영: 오! 좋은 생각이에요. 유아들이 정말 즐겁게 참여할 수 있겠네요.

교사 김건우: 신체표현으로 감상한 후 실제로 낙서를 하면 예술가가 된 기분이겠어요!

아름다운 낙서가 있어요

키스 해링은 유아들이 그린 것처럼 크레용을 이용해 단순하지만 알록달록 화려한 색감의 그림을 그렸다. 해링은 20세기 후반의 대표적인 미국 팝아티스트이다.
뭐든 그리고, 너의 그림이기 때문에 누구도 좋다 나쁘다 말할 수 없다는 메시지를 전하는 키스 해링. 유아들에게 '너희들의 그림은 소중하다'라는 메세지를 전달해줄 수 있다. 키스 해링의 삶에 대해 소개해줄 수 있는 동화책을 정하고 읽어주었다.

키스해링의 그림을 재미있게 감상하려면? 몸으로 따라해요!

해링의 그림은 단순하고 재미있는 동작이 있는 그림이 많다. 그래서 유아들과 함께 그림 속 동작들을 똑같이 따라해 보기로 했다. 물론 동작을 따라하면서 해링의 작품을 더 유심히 살펴볼 수 있는 기회가 되었다. 하는 것이 아닌 협동작품이기 때문에 친구들과의 호흡도 매우 중요하였다.

▲ 신체표현으로 키스 해링 그림 표현하기

명화를 재구성하는 방법을 알아보아요

▲ 그림판에서 그림을 지우고, 사진의 배경을 Remove.bg로 작업 후 합성하기

키스 해링처럼 나도 화가가 되어 볼래요

키스 해링의 그림과 많이 익숙해지고 친해진 후에 나만의 낙서를 그려보았다. 실외놀이에서 사용할 수 있을 만한 커다란 분필을 준비하고 바깥으로 나가 보았다. 유아들에게 자기만의 그림을 마음껏 그려 보라고 이야기하였다. 유아들은 바닥이든, 벽이든 신이 나서 자신들만의 의미 있는 낙서를 그렸다.

▲ 명화 감상 후 의미있는 낙서 그리기

예술경험 07 말하는 대로 그려준다고!
(명화 감상)

Craiyon/papago/CHAT GPT

교사 김은경: CHAT GPT를 사용해 보신 적이 있나요?

교사 이현아: 정말 신기했어요. 실제로 대화하는 것처럼 느껴지고, 내가 원하는 문장을 입력하면 그림을 그려주기도 하구요.

교사 전진아: 다양한 생성형 AI 챗봇은 교사의 업무와 수업에 도움을 줄 수 있어요.

교사 김진우: 맞아요. 저는 명화 감상 수업에 활용해 보았습니다.

김홍도의 "서당도"를 동극으로 표현해요

3월, 유치원과 친구 주제를 진행하고 있을 때 김홍도의 그림 중 '서당'을 보여주었다. 서당의 그림은 특히 동극으로 표현하기가 너무 좋은 매체이다. '왜 저 유아가 혼나고 있었을까?' 예나 지금이나 선생님 앞의 유아들의 모습은 똑같다는 생각이 들었다. 각기 다

▲ '서당' 등장인물로 동극하기

른 인물들의 표정과 이야기를 들려주고 적절한 감정들을 이야기 나누었다. 훈장님의 역할을 한 유아는 호되게 우는 유아를 꾸짖었다. 혼난 유아는 엉엉 우는 모습을 표현하였다. 주변의 유아들은 놀리기도 하고, 혼난 유아를 보며 걱정을 해주기도 하였다. 이야기를 나누고 나면 김홍도가 그린 다른 그림들도 살펴보았다. 김홍도는 사람들의 생활모습을 그린 화가였다고 소개해 주었다.

김홍도의 '황묘농접도'를 감상해요

김홍도의 '황묘농접도'를 유아들과 함께 감상해 보았다. 따뜻한 봄날, 노란 고양이 한 마리가 나비를 바라보며 놀이하는 듯한 이 그림은 장수를 바라는 의미에서 노인에게 선물하는 그림이다. 중국어로 고양이는 '마오'라고 하는데, 이는 70세 노인을 뜻하는 단어와 발음이 같고, 나비는 '띠에'라고 하는데, 이는 80세 노인을 뜻하는 단어와 발음이 같아서 70~80세의 장수하는 노인을 의미한다. 또한 패랭이꽃은 청춘을 뜻하는 꽃이고, 바위는 그 자체로 천년만년 살아내는 것을 상징하니, 내내 오래오래 건강하게 사시라고 기원하는 기특한 그림이라고 소개해 주었다. 그런 의미도 재미있지만, 유아들이 제일 좋아하는 것은 역시 귀여운 고양이와 나비 그 자체였다.

▲ 황묘농접도 감상하기

그림을 기억해서 문장으로 말해요

이 그림을 유아들이 주의 깊게 볼 수 있도록 하기 위해서 '기억력 게임'을 해 보았다. 그림을 잘 살펴보고 기억해서 문장으로 말해 달라고 이야기하였다. 노랑고양이의 고개가 어느 쪽으로 돌아가있는지, 까만 나비는 어떻게 날아다니고 있는지, 빨간 꽃의 꽃잎은 몇 장인지, 바위는 어디에 위치에 있는지 유아들의 기억력은 매우 놀라웠다. 유아들에게 이렇게 이 그림에 대한 이야기를 말로 설명해 보라고 한 이유는 유아들이 문장으로 말한 그림의 요소, 즉 텍스트를 'Craiyon' 사이트에 입력해서 그림으로 다시 그려볼 예정이었기 때문이다.

[유아들이 그림을 감상하고 묘사한 6가지 문장]
- 검정색 나비가 하늘을 날고 있어요
- 노란색 고양이가 검은 나비를 쳐다보고 있어요
- 고양이 옆에는 빨간색 꽃이 피어있어요
- 바위색깔은 회색이에요. 바위는 빨간색 꽃 앞에 있어요
- 초록색 풀은 꽃처럼 피어있어요
- 초록색 풀은 바닥에 있어요

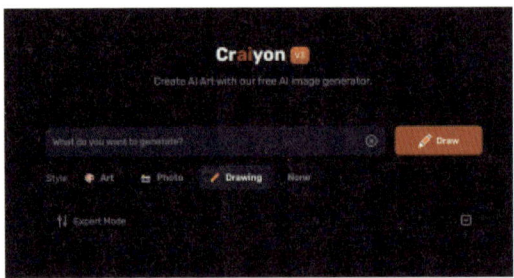
▲ AI image generator tool 'Craiyon'

▲ 파파고 앱을 활용해 한글을 영어문장으로 바꾸기

글 상자 안에 텍스트를 입력하고 연필표시가 되어있는 버튼을 누르면 그림을 만들어 준다. 텍스트를 입력하면 인공지능이 텍스트에 맞는 그림을 그려준다. 한국어는 지원이 안되기 때문에 중간에 파파고 번역앱을 한번 사용해서 영어로 입력해 보았다. 우리 말이 영어로 바뀌는 마법을 보여준 후, 이 글을 craiyon 사이트에 넣어보았다. 우리가 말로 설명했던 그림은 이렇게 표현되었다.

▲ Craiyon으로 재탄생한 황묘농접도

AI가 만든 그림에 대해 느낌을 말해요

고양이의 표정이 살짝 기괴한 것 같아 유아들의 반응은 살짝 실망했다. 인공지능에게 조금 더 자세하게 배경색과 전체적인 분위기를 더 자세한 문장으로 설명했다면 달라졌을까 하는 아쉬움이 남았다.

"선생님, 고양이가 조금 이상해 보여요."
"고양이가 귀여웠으면 좋겠어요."
" 선생님, 우리가 고양이를 귀엽게 만들어 주자요! "

▲ 고양이 접기로 재구성하기

색종이로 고양이를 예쁘게 접어 다시 꾸며주었다. 반짝 반짝 꽃과 나비도 붙여 보았다. 유아들이 이 고양이 그림의 의미를 잘 이해하는 모습을 보여, 가정으로 돌아가 집에 계신 웃어른께 "오래오래 사세요"! 라고 그림이야기를 들려줄 수 있을거라고 기대가 되었다.

예술경험 08 나는야 인공지능 작곡가!

지니봇 / 블롭오페라

우리 반 유아들은 소리에 관심이 많아요. 악기 연주도 좋아하고 놀이에 필요한 효과음을 직접 만들기도 해요. 태블릿PC로 효과음도 자주 검색하는데 소리와 관련해서 놀이를 지원할 수 있는 방법에는 뭐가 있을까요?

교사 전진아

코딩 로봇 중에는 카드나 블록으로 음계를 인식하고 연주할 수 있는 로봇도 있어요. 다양한 소리를 내는 코딩 로봇을 활용하면 연주 놀이를 할 수 있을 것 같아요.

교사 이현아

로봇을 활용하는 방법 외에도 아트앤컬쳐에서 블롭 오페라를 활용하면 노래하는 네 개의 목소리로 음악놀이를 해보는 것도 좋을 것 같아요.

교사 김세영

내가 좋아하는 소리를 교실에서 찾아요

우리 반 친구들은 어떤 소리를 좋아할지 소리에 대해 이야기를 나누면서 듣기 좋은 소리와 듣기 싫은 소리에 대해 생각해보았다. 그리고 내가 좋아하는 소리를 찾아오기로 했다. 유아들은 교실을 돌아다니면서 악기 연주하는 소리, 물건 두드리는 소리, 코딩로봇에서 나는 소리 그리고 태블릿PC에서 들을 수 있는 소리 등 다양한 소리를 찾아왔다. 친구들이 소개해 준 소리와 내가 좋아하는 소리를 듣고 어떤 점이 비슷한지, 어떤 점이 다른지 비교해 보기도 하였다. 찾아온 소리를 모아서 비교해 보니 악기를 찾아온 친구와 인공지능(AI)놀이 교구로 분류할 수 있었다.

▲ 내가 좋아하는 소리 찾아오기-악기

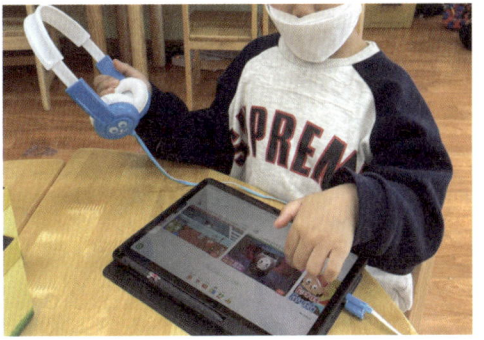
▲ 내가 좋아하는 소리 찾아오기-태블릿PC 알람, 음악 검색

코딩 로봇으로 다양한 소리와 음악을 만들어요

이번에는 악기와 다양한 사물로 내가 좋아하는 소리를 만들어 보기로 하였다. 몇몇 유아는 코딩 로봇을 활용해서 소리를 만들었다. 지니봇을 가지온 유아는 음계 카드를 이용해서 코딩을 하였다. 음계 카드를 차례대로 놓은 다음 지니봇으로 코딩을 해서 나만의 소리를 만드는 모습을 볼 수 있었다. 마음대로 놓은 카드로 만든 소리가 멋진 음악이 되는 경험도 해 보았다. 소리를 만들려고 시작했던 놀이가 어느새 나만의 음악을 만드는 작곡 놀이가 되어 있었다. 다른 유아는 지니봇 앱을 활용해서 음악 만들기 활동을 이어 나갔다. 앱을 활용하면 카드를 사용하지 않고도 음악을 만들 수 있었다. 음악 만들기 놀이를 경험한 유아들은 음률 영역에 있는 색깔 악보를 보고 지니봇으로 연주를 하기도 했다. 지니봇 음계카드에도 색깔악보와 같은 색으로 표시를 해 두었더니 유아들이 원하는 동요를 쉽게 연주할 수 있었다.

▲ 지니봇으로 음계카드 코딩

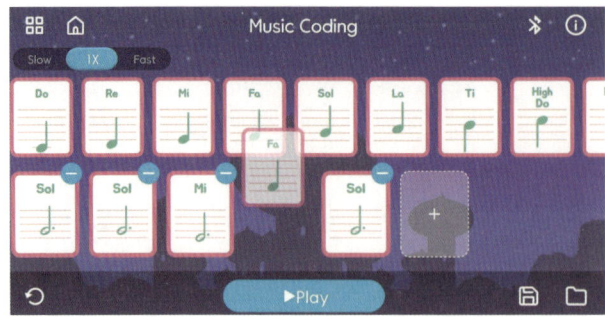

▲ 앱을 활용한 음악코딩

"내가 코딩한 카드로 만든 음악이야! 같이 들어 볼래?"
"어디서 들어 본 음악 같아!"
"우와! 기타 소리로도 연주를 할 수 있어."

"블롭 오페라"로 나만의 오페라 음악을 만들어요

유아들에게 음계를 활용한 소리 외에 다른 소리를 만드는 방법을 소개해주고 싶어서 "블롭 오페라"를 알려 주었다. 전자칠판을 활용하면 다른 친구들도 함께 감상할 수 있었다. 화면에 보이는 젤리 인형을 움직이면서 각 파트의 소리를 들어 보았다. 마치 오페라를 감상하는 기분이 들어서 유아들이 음악이 나오는 순간에는 집중하고 들어 주었다. 음악을 만들면서 녹화도 할 수 있어서 내가 만든 오페라를 친구들과 함께 듣기도 하고 부모님께 들려 드릴 수도 있어서 유아들이 매우 좋아하는 활동이 되었다.

▲ 블롭 오페라로 음악 만들기

블롭 오페라

첫 화면	왼쪽 하단에 녹화 버튼	세계 여러나라 도시 방문하기

- 구글 아트앤컬처에서 제작한 오페라 노래 제작 플랫폼이다.
- 베이스, 테너, 메조소프라노, 소프라노 소리를 들을 수 있다.
- 각각의 역할을 맡은 젤리 인형을 위, 아래, 옆으로 움직이면서 음정을 조정할 수 있다.
- 서울, 뉴욕, 런던, 멕시코시티, 케이프타운, 파리 등 세계 여러나라 도시를 방문하여 도시와 관련된 음악을 들을 수 있다.
- 왼쪽 하단의 녹화버튼을 누르면 녹음이 시작됨. 녹음된 음악은 공유가 가능하다.

예술경험 09 내가 그린 그림으로 만들어요! (3D펜)

태블릿PC / 3D펜

교사 전진아: 며칠 전에 태블릿PC로 유아가 그린 그림을 움직여보는 놀이를 했는데 한 유아가 자기가 그린 그림이 실제로 만져지면 좋겠다고 이야기하더라고요.

교사 이현아: 3D펜을 제공해주는 건 어떨까요? 저온 3D펜은 유아들이 사용하기에도 안전하고 사용방법도 어렵지 않아서 좋을 것 같아요.

교사 김진우: 3D프린터의 원리를 적용한 3D펜으로 유아들이 평면에서 입체로 표현하는 과정을 자연스럽게 경험할 수 있을 것 같아요.

내가 그린 그림으로 입체작품을 만들어 볼 수 있는 3D펜과 만나다

캐릭터 그리기를 좋아하는 유아들에게 3D펜 사용법을 알려주면서 직접 캐릭터를 만들어 볼 수 있도록 지원하였다. 사용 방법은 먼저 교사가 직접 시범을 보이면서 작품이 만들어지는 과정을 함께 보고 유아들이 만드는 과정을 언제든지 볼 수 있도록 태블릿PC에 영상으로 기록해 두었다. 3D펜 작동하는 방법, 필라멘트 심을 넣는 방법, 중간에 멈추는 방법, 안전을 위해 지켜야 할 약속 등 차근차근 함께 알아가며 사용할 준비를 마쳤다.

처음에는 준비되어 있는 도안 위에 드로잉 패드를 올려놓고 색칠을 해보면서 평면 작품을 만들어 보았다. 유아들이 3D펜 사용이 익숙해지자 원하는 그림을 그리고 3D펜으로 작품을 만들었다. 필요한 물건을 그림으로 그리고 척척 만들고 난 뒤 매우 뿌듯해하는 모습을 볼 수 있었다.

▲ 작품 만들기

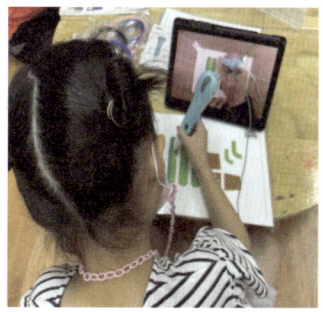
▲ 만드는 방법 영상으로 제공하기

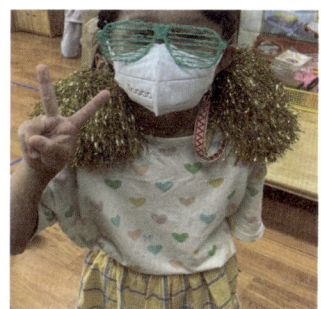
▲ 내가 안든 안경 완성

"우와! 그림이 진짜 만져져!"
"3D펜으로 안경도 만들 수 있어!"
"선이 녹아 물건이 되는 게 너무 신기해!"

3D펜으로 어버이날 선물을 만들어요

곧 다가오는 어버이날! 3D펜으로 특별한 선물을 만들기로 하였다. 예쁜 카네이션을 만든 후 고리를 달아서 카네이션 열쇠고리를 만들어 보았다! 부모님을 위해 세상에서 하나밖에 없는 카네이션을 만든 유아들은 특별한 어버이날을 보낼 수 있었다.

▲ 카네이션 도안

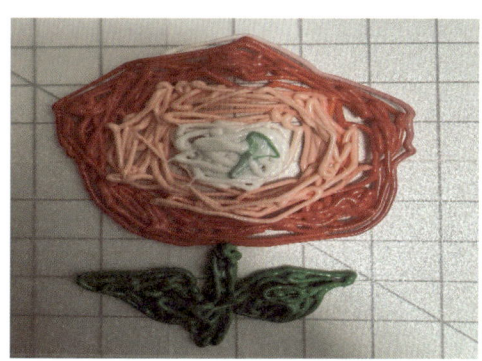
▲ 완성된 카네이션

3D펜 활용(저온 3D펜)

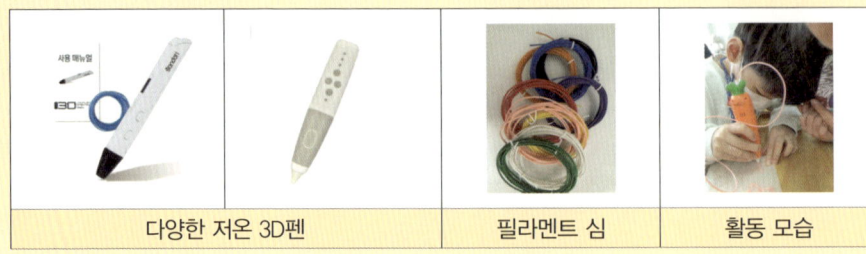

| 다양한 저온 3D펜 | 필라멘트 심 | 활동 모습 |

- 3D펜을 사용할 때는 미리 약속을 정하는 것이 필요하다. 사전에 정리하는 방법을 미리 약속하지 않으면 3D펜 입구에 필라멘트가 굳어서 막히는 경우가 있다.
- 필라멘트 심을 걸어둘 수 있는 고리를 벽면에 준비해주면 유아가 사용할 때도 필라멘트가 뒤엉키지 않고 쉽게 사용할 수 있다.
- 역할놀이 할 때 필요한 소품을 미리 계획해서 만들어 볼 수도 있다.

예술경험 10 디지털 전시관에 다녀왔어요!

교사 김은경: 우리 서울에 디지털전시회에 같이 갔었잖아요? 그 작품들을 유아들에게 보여줬어요. 그랬더니 재미있는 활동들을 해볼 수 있었어요.

교사 김은경: 유튜브나 SNS로 전시회 관련 소식을 올리는 사람들도 있고 우리가 봤던 것보다 훨씬 많은 자료가 있더라구요.

교사 김세영

교사 김은경: 네, 저도 그 자료들도 함께보면서 유아들에게 소개해줄 수 있어서 좋았습니다. 작품을 감상한 이후에 다양한 활동을 해보았어요.

디지털 전시회에 가다

교사 전문적 학습공동체에서 디지털 전시회에 다녀오게 되었다. 디지털미디어와 AI 로봇으로 만든 작품들을 눈으로 보고 직접 몸으로 체험해보면서 디지털전시회만의 매력을 느낄 수 있었다.

▲ 미구엘슈발리에 디지털뷰티전 관람

촬영한 사진과 동영상으로 함께 디지털 전시회를 관람하다

사진촬영과 동영상 촬영이 가능하다고 하기에 우리 반 유아들에게 보여주고 싶어서 열심히 기록을 남겨 보았다. 현장의 모든 감동을 유아들에게 그대로 전달할 수는 없었지만 다양한 디지털아트의 모습을 사진과 동영상으로 보여줄 수 있었다. 직접 작품의 내용을 설명하고 의미를 알려주기도 하고, 인터넷 상에서 다녀온 경험을 이야기하는 사람들의 기록도 보여주었다. 이야기를 나누고 보니 가까운 곳에서 디지털 아트 전시회를 한다면 실제로 가서 보면 더 좋을 것 같다는 아쉬움도 남았다.

디지털아트란?

디지털 미디어(digital media)를 통한 조각·회화·설치미술 등 다양한 분야의 미술 행위를 말하는 것으로 멀티미디어 아트(multimedia art)·웹아트(web art)·넷아트(net art)라고도 합니다. (두산백과)

다양한 디지털아트 전시를 감상해요

검색이나 유튜브를 통해 각 지역의 다양한 미디어 아트 전시회 작품을 구경해보거나, AI디지털 아트 수상작 등을 감상해보고 흥미를 유발합니다.

캔바의 '나만의 AI이미지 생성기'를 통해서 나만의 AI 작품 만들어보기

*자세한 내용은 P.211(의사소통)에 소개된 AI이미지 생성 방법 설명을 참고해주세요.

우리도 디지털아트 전시회를 열어요

대형 조형물에 대한 이야기를 나누면서 거대하고 아름다운 조형물의 감동을 이야기해 주었더니 우리도 만들 수 있을 것 같다고 눈을 반짝이며 이야기하는 모습을 보였다.

> "선생님, 저거 우리 반에 있어요"
> "빨대 블록 갖고 올까요? 우리도 만들어 보자!"

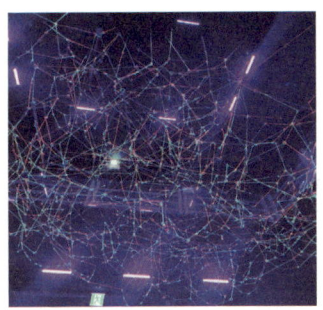  

▲ 미구엘슈발리에 디지털뷰티전의 조형물을 감상하고 후 만든 우리의 작품

마블링 물감으로 만드는 작품

빨대 블록으로 다양한 작품을 만드는 유아들의 모습을 바라보면서 다른 작품들도 꾸며볼 수 있지 않을까 생각이 들었다. 신기한 작품을 감상하고 나서 비슷한 느낌의 마블링 물감으로 작품을 만들어 보기로 하였다. 마블링 물감이 주는 재미로 유아들은 즐거워 하였다.

로봇이 그리는 그림

로봇이 그리는 그림을 동영상으로 보고 나더니 규칙적이고 기계적인 그림의 느낌에 신기해 하였다. "우리 교실에도 그림을 그릴 수 있는 로봇이 있으니 한번 그려볼까?" 제안해보았다. 처음에는 로봇이 어떻게 그림을 그릴 수 있는지 의아해하던 유아들이 실제로 반복되는 코딩블록만으로도 그림이 그려질 수 있다는 사실을 경험해보고 다른 여러 가지 코드를 넣어보기도 하였다.

 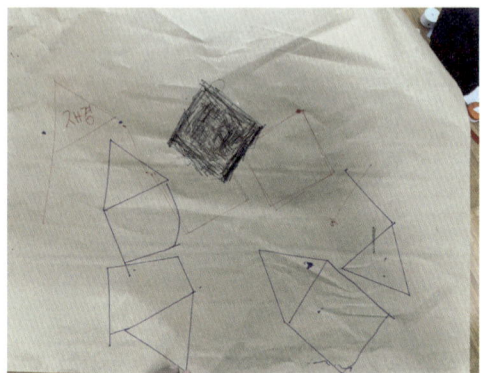

▲ 로봇으로 그리는 그림

우리가 만든 작품을 감상해요

유아들이 그동안 만든 작품 사진을 정리하여 디지털 아트 전시회를 처음부터 다시 보여주었다. 유아들은 스스로 만든 작품에 뿌듯해하며, 다시 보는 디지털 전시회를 더욱 재미있게 감상할 수 있었다. 작품을 전시하고 서로의 작품을 감상하는 활동은 유아들의 예술적 표현력과 창의력을 더욱 길러주는 데 도움이 되었다.

TIP ❶

코딩 로봇, 언플러그드 로봇(터틀봇)

- 코딩 명령어를 입력한 후 펜을 끼워 라인 및 도형을 그릴 수 있다.

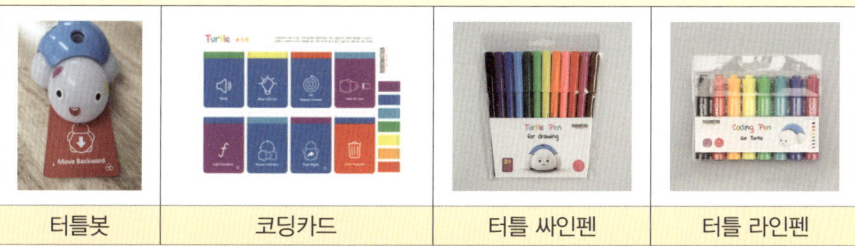

| 터틀봇 | 코딩카드 | 터틀 싸인펜 | 터틀 라인펜 |

▲ 터틀봇으로 라인코딩하기

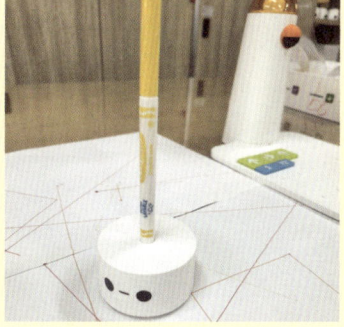

▲ 또리로봇 코딩으로 그림 그리기

MEMO

PART 02
주제가 있는 디지털 놀이
사회관계

사회관계 01	• 나의 감정을 적절하게 표현할 수 있어요
사회관계 02	• 스스로 사진 찍고 예쁘게 꾸밀 수 있어요
사회관계 03	• 내 꿈을 현실로 구현해 봐요
사회관계 04	• QR코드로 우리 반 친구의 이름과 얼굴 매칭 게임을 해 봐요
사회관계 05	• 반려동물 등록증을 활용하여 동물병원놀이를 해요
사회관계 06	• 디지털 기기와 함께하는 놀이동산을 꾸며요
사회관계 07	• 출동! 동물 구조대
사회관계 08	• 우리 동네를 소개하는 책을 만들어요
사회관계 09	• 피자가게, 미용실도 키오스크로 주문할 수 있어요
사회관계 10	• 우리 동네 디지털 가게로 놀러 오세요
사회관계 11	• 교실 속 세계여행을 떠나요

사회관계

■ 목표

자신을 존중하고 더불어 생활하는 태도를 가진다.

- 자신을 이해하고 존중한다.
- 다른 사람과 사이좋게 지낸다.
- 우리가 사는 사회와 다양한 문화에 관심을 가진다.

■ 내용

내용 범주	내용
나를 알고 존중하기	나를 알고 소중히 여긴다.
	나의 감정을 알고 상황에 맞게 표현한다.
	내가 할 수 있는 것을 스스로 한다.
더불어 생활하기	가족의 의미를 알고 화목하게 지낸다.
	친구와 서로 도우며 사이좋게 지낸다.
	친구와의 갈등을 긍정적인 방법으로 해결한다.
	서로 다른 감정, 생각, 행동을 존중한다.
	친구와 어른께 예의바르게 행동한다.
	약속과 규칙의 필요성을 알고 지킨다.
사회에 관심가지기	내가 살고 있는 곳에 대해 궁금한 것을 알아본다.
	우리나라에 대해 자부심을 가진다.
	다양한 문화에 관심을 가진다.

디지털 놀이로 만나는 사회관계!

나를 알고 존중하기

유아에게 나를 알고 소중히 여길 수 있도록 태블릿PC 카메라 기능을 활용하여 자신을 촬영하고 꾸며보는 과정을 통해 자신에 대해 긍정적인 자존감을 형성할 수 있습니다. 또한 나의 감정을 알고 상황에 맞게 표현할 수 있도록 다양한 교육 애플리케이션을 활용하여 기본생활습관 뿐 아니라 언어, 수, 과학 및 사회성 발달을 도모할 수 있습니다. 나의 꿈을 구글 검색 및 QR코드를 활용하여 다양하게 탐색해 봄으로써 내가 할 수 있는 것을 스스로 해볼 수 있는 경험을 제공합니다.

더불어 생활하기

유아가 친구와 서로 도우며 사이좋게 지내기 위해서 QR코드를 활용해 친구의 이름과 생김새에 관심을 가지고 자신과 비교해 보며 친숙해지는 경험을 해 보았습니다. 또한 다양한 디지털 기기를 활용하여 교실을 다양한 주제로 친구와 함께 꾸며보며 갈등 상황에서 친구와 긍정적인 방법으로 해결하는 방법을 통해 서로의 감정, 생각, 행동을 존중하는 경험을 할 수 있습니다.

사회에 관심가지기

유아가 자신이 살고 있는 집의 위치와 친구 집과의 거리를 알아보고, 나아가 우리 동네에 대한 다양한 궁금증을 해결하기 위해 다양한 종류의 거리뷰로 살펴보았습니다. 구글렌즈 및 구글 검색을 활용하여 우리 동네의 기관과 연계한 다양한 직업에 관해서도 관심을 가져 보고 증강현실(AR)을 통해 교실 속 다양한 놀이로 확장해 보았습니다. 또한 유아들이 세계의 다양한 나라와 문화에 관심을 가지고, 다양한 프로그램의 사진 편집 기능을 사용하여 생동감 있는 세계 여행을 해 보았습니다.

사회관계 01 나의 감정을 적절하게 표현할 수 있어요

쥬니버스쿨, 포켓몬 스마일, 바닷 속 한글놀이앱

유치원에서 활용할 수 있는 다양한 앱이나 사이트들이 궁금해요. 다들 자주 사용하시는 앱과 사이트가 있으세요?

저는 반에서 쥬니버스쿨 앱을 아침 등원 시간마다 사용하고 있어요. 무료로 사용할 수 있고, 수학, 논리, 놀이코딩, AI놀이, 사회성 등 다양한 종류의 활동을 할 수 있어요.

저는 포켓몬 스마일이라는 앱을 점심 식사 후 양치 시간에 활용하고 있어요. 양치해야 하는 치아의 위치도 알려주고 재미있게 양치할 수 있게 도와줘서 좋아요.

저는 바닷속 한글놀이 앱을 유아들이 놀이시간에 자유롭게 할 수 있도록 지원하고 있어요. 한글 쓰기, 낱말 카드, 그림 찾기, 낱말 찾기 등 글자에 재미있게 친숙해질 수 있어서 너무 유용해요.

다양한 감정표현 상황에 마주하는 유아들

유아들과 교실에서 놀이하다 보면 친구 간의 관계에서 다양한 갈등 상황이 펼쳐진다. 놀잇감을 여러 명의 친구가 함께 나누어 가지고 놀이해야 하는 상황, 현장체험학습을 가기 위해 내가 앉고 싶은 친구와 짝꿍을 정해야 하는 상황 등 나의 감정을 표현하고 친구의 감정을 대화로써 잘 풀어가야 하는 상황들을 쉽게 찾아볼 수 있다. 이러한 상황을 경험하며 유아들이 나의 감정을 바르게 인식하고, 적절하게 표현하는 방법과 다른 친구의 감정을 공감하고 사회적 기술을 통해 표현하는 것에 어려움을 느낀다는 것을 깨달았다. 이러한 인성교육과 관련해 참고할 수 있는 좋은 교육자료가 없을지 찾다가 발견한 것이 "쥬니버스쿨"앱의 사회성 콘텐츠였다.

"이번에는 누구랑 짝꿍을 해 볼까?"
"나랑 같이 짝꿍 할래?"
(악수 청하며 손 내밀기)
"좋아! 그러면 나랑 짝꿍 하자."
(친구가 내민 손 잡기)
"와! 우리 짝꿍이다!"
"나는 얘랑 짝꿍 하기 싫은데."

▲ 내가 앉고 싶은 친구와 체험학습 짝꿍 정하기

"얼굴을 꾸며요" 콘텐츠로 다른 사람의 감정표현에 관심을 가져요.

유아들에게 새로운 앱을 소개할 때 미러링 기능을 활용하여 전체 유아를 대상으로 함께 사용 방법을 알아보았다. "얼굴을 꾸며요." 콘텐츠는 놀이 상황을 안내한 후 친구가 어떤 표정을 지을지 친구들이 만들어 본 후 태블릿PC 카메라를 이용하여 그와 같은 감정의 표정을 지어볼 수 있다. 유아들은 선생님과 상황에 맞는 다양한 표정을 지어보며, 감정에 따라 다양한 표정으로 나타날 수 있음을 알게 되었다.

▲ 생일 잔치를 할 때 내 기분을 표현하기

▲ 슬플 때 내 표정은 어떨까? 지어보기

다양한 감정을 표현한 유아들의 사진으로 얼굴표정 전시회를 열어요

"얼굴을 꾸며요." 콘텐츠 활동을 하며 다양한 감정을 표현한 유아들의 사진으로 "감정 표현 전시회"를 열어 보았다. 친구들은 다양한 감정의 친구들 얼굴을 감상하며 저런 표정을 친구들이 지었을 때는 내가 친구를 위해 어떤 행동을 하면 좋을지도 이야기 나눠보며 자연스럽게 사회적 기술에 대해 배워보는 기회가 되었다.

▲ 얼굴표정 전시회를 꾸며보기   ▲ 친구의 감정표현을 살펴보기

"실수해도 괜찮아" 친구의 감정을 공감, 위로하기 위한 말을 표현해 봐요

유아들은 아직 대·소근육이 성장하고 있는 발달적 특성으로 활동할 때 여러 번의 시행착오를 통해 배우며 지속적인 도전과 시도를 통해 결국 활동을 스스로 할 수 있게 된다.

따라서 실수와 실패는 여러 번 경험하게 되는 자연스러운 과정이지만 유아들 중에는 실수와 실패가 두려워 활동 자체를 거부하는 모습도 자주 볼 수 있다. 따라서 친구가 실수했을 때 친구에게 감정을 공감하고 위로하기 위한 표현을 알아보고 녹음하여 자신의 목소리를 들어보며 나의 억양과 말투를 들어볼 수 있는 콘텐츠가 매우 도움이 되었다.

"어! 물을 쏟아버렸어?"
상황설명: 친구가 물을 쏟아서 놀랐나 봐.
"괜찮아! 내가 도와줄게!"
상황설명: 괜찮아 내가 도와줄 거라고 말해볼까?
"괜찮아! 내가 도와줄게!"
"와! 내 목소리가 들려!"

▲ 친구가 실수했을 때 위로의 표현을 녹음해서 들어보기

태블릿PC를 활용하여 다양한 사회적 기술을 배워가는 유아들

교실 속 인공지능영역에 놓아준 태블릿PC로 유아들은 자신에게 필요한 사회적 기술을 배워가는 모습을 볼 수 있었다. 태블릿PC가 단순한 유튜브 콘텐츠를 시청하거나 게임을 하고 사진과 동영상을 찍을 수 있는 단순한 역할을 하는 것이 아닌 유아기에 필요한 인성교육의 덕목들을 배울 수 있도록 하는 좋은 선생님의 역할을 하게 된 것이다.

TIP ❶ 애플리케이션을 활용하여 놀이하기

프로그램 소개하기

- 애플리케이션은 음악, 동영상, 통신, 책, 소프트웨어 등의 콘텐츠를 활용할 수 있는 스마트폰, 태블릿PC에서 사용하는 프로그램이다.
- 유아용 애플리케이션 유형에는 놀이형, 감상형, 문제 풀이형, 복합형이 있다. (유아교육에서의 디지털미디어 활용, 김은영, 최혜윤, 2020)

분야	내용
놀이형	게임, 만들기, 꾸미기 등 놀이를 제공하는 유형
감상형	동요, 동화, 동시 등 이야기를 서술하는 유형
문제 풀이형	퀴즈, 수학 문제 등 정답을 맞춰 스토리를 진행해 나가는 유형
복합형	게임이나 여러 가지 콘텐츠가 한 주제를 통해 종합적으로 제공하는 유형

활용 방법 소개하기(무료)

애플리케이션 종류	애플리케이션 화면	활용 내용
놀이형 (포켓몬 스마일)		• 포켓몬과 함께 이 닦는 습관 기르기 앱 • 이닦기 버튼을 눌러 이를 닦는다. • 이를 닦으면 충치균을 공격할 수 있다. • 이를 잘 닦으면 포켓몬을 잡을 수 있다. • 포켓몬을 잡아 포켓몬 도감에 등록한다. • 매일 이를 닦고, 이 닦기 매달을 모아본다.
감상형 (교보문고 전자도서관)		• 지역사회 소속된 도서관과 연계하여 그림책 감상할 수 있는 앱 • 로그인 후 전자책을 대여할 수 있다. • 해당 도서관 기관에 사전 가입 및 인증된 계정으로 로그인하여야 사용 가능하다. • 카테고리에서 유아를 선택하면 활용할 수 있는 전자책이 많이 구비되어 있다.
문제풀이형 (바닷 속 한글놀이)		• 퀴즈를 통해 한글놀이를 하는 앱 • 한글 쓰기-자음, 모음, 글자, 단어쓰기가 가능하다. • 낱말카드-동.식물, 물건, 직업 등 카테고리별로 단어카드놀이를 할 수 있다. • 그림찾기-초, 중, 고급 단계별로 글자에 맞는 그림을 고를 수 있는다. • 낱말찾기-그림에 따른 글자를 4가지의 단어 카드에서 선택할 수 있다.
복합형 (쥬니버스쿨)		• 스토리텔링 형식으로 체험할 수 있는 학습 앱 • 수학-348개의 연령별 맞춤 수학 콘텐츠 • 논리-변별, 기억, 범주화, 공간지각, 등 사고력 관련 콘텐츠 • 놀이코딩-데이터수집 및 시각화, 알고리즘, 프로그래밍, 인공지능 등의 공학적 사고력 콘텐츠 • AI놀이- 기계와 컴퓨터, 인공지능과 데이터, 환경과 에너지, 우주와 항공 과학기술 콘텐츠 • 사회성-자기인식, 관리, 사회적인식, 관계기술, 책임있는 의사결정 관련 콘텐츠

사회관계 02 스스로 사진 찍고 예쁘게 꾸밀 수 있어요

태블릿PC / 촬영방법 설정

교사 이현아: 태블릿PC로 제일 많이 하는 활동이 셀피찍기와 친구들 촬영 후 활동 발표하는 것인데 좀 더 재미있게 하는 방법이 없을까요?

교사 김은경: 셀피를 찍을 때 동작으로 찍을 수 있는 방법이 있다는 거 아세요? 음성으로도 촬영이 가능해서 멀리서도 촬영이 가능해요.

교사 전진아: 촬영방법에 들어가면 음성 및 동작으로 설정할 수 있더라구요. "김치, 스마일."등의 단어로 촬영이 되는 것이 신기해요.

사진과 동영상 촬영을 원거리에서 하고 싶어요

태블릿PC를 이용하여 유아들은 자신과 친구들의 활동 모습을 즐겨 촬영하며, 촬영한 사진과 동영상을 이용하여 자신의 활동을 발표하는 것을 재미있어하는 모습을 보였다. 때때로 유아들은 태블릿PC를 멀리 놓아두고 사진을 찍고 싶을 때 스스로 찍기 어려워하며 친구 또는 교사에게 도움을 청하는 모습을 보였다.

"선생님, 리모컨이 있었으면 좋겠어요!"
"멀리서 사진을 찍는 방법은 없어요?"

▲ 친구들의 모습 촬영하기

▲ 나의 오늘 활동 발표하기

태블릿PC 다양한 촬영 방법을 알아봐요

유아들과 함께 태블릿PC의 카메라 설정에 다양한 촬영 방법이 있다는 것을 이야기 나누어 보았다. 미러링 기능을 활용하여 스스로 카메라 셀피를 찍는 방법에 대해 알아보았다. 동작으로 촬영하는 방법과 음성으로 촬영하는 방법에 관해 이야기 나눈 후 직접 해 보았다.

"손바닥을 내미니까 사진이 찍히네!"
"우리도 해 보고 싶어요!"
"모래시계 동그라미 채워지는 동안 예쁜 포즈 지어보자!"

▲ 손바닥을 내밀어 동작으로 촬영해 보기

나와 친구의 촬영 모습을 예쁘게 꾸며요

사진을 찍은 친구들은 나와 친구의 모습을 예쁘게 꾸미거나 어떤 놀이를 했는지 글을 쓰고 싶어 하는 모습을 보였다. 따라서 친구들과 사진의 포토에디터 기능을 이용하여 글을 쓰거나 다양한 크기로 조절하거나 예쁘게 꾸미는 기능에 대해 알아보고 스스로 꾸며보았다.

▲ 포토에디터 기능을 이용해 꾸미기

▲ 완성한 작품 발표하기

유아 스스로 사진 촬영과 편집이 가능해 졌어요

우리 반에서 이제는 선생님에게 사진을 찍어 달라고 이야기하는 친구들은 찾아볼 수 없다. 사진 촬영이 필요한 경우 유아들이 직접 태블릿PC를 가지고 가서 직접 찍고, 사진을 편집하는 놀라운 모습을 보인다. 자신의 목적과 필요에 따라 자료를 구성하고 창조해 내는 유아들이 대견하고 자랑스러웠다.

사회관계 03 내 꿈을 현실로 구현해 봐요

QR코드

교사 김은경

최근에 네이버 QR코드 사이트를 이용하여 QR코드 만드는 방법을 배웠는데 쉽고 재미있었어요.

교사 전진아

미리캔버스, 캔바 사이트에서도 쉽게 QR코드를 만들 수 있어요. QR코드를 촬영했을 때 바로 해당하는 화면이 나와서 더 편하더라고요.

교사 김세영

유아들의 작품을 QR코드로 만들어서 교실과 교실밖에 전시해 두면 유아들의 모습을 공유하고 다른 선생님들과도 수업을 공유할 수 있는 것 같아요. 저희 학부모님들도 활동 내용을 QR코드 공유해 드리면 매우 만족해하시더라고요.

교사 김련우

저도 이번에 우리 동네 놀이하는데 유아들이 춤추는 걸 너무 좋아해서 영상으로 계속 찍어 주었거든요. 그 모습을 담은 QR코드를 전시해 주니 교실 환경도 멋진 디지털 놀이 모습으로 완성되고 유아도 너무너무 신기해하더라고요.

우리 동네 놀이를 통해 다양한 직업에 관심을 가져요

우리 동네 주제를 진행하며 유아들과 여러 가지 직업에 대해 알아보았다. 그 과정에서 유아들이 몰랐던 직업들도 많이 알게 되고 관심을 가지게 되었다. 유아들에게 다양한 꿈을 탐색할 수 있도록 구글 검색을 통해 여러 가지 직업들을 살펴보고 그 사람들이 일하는 장소도 알아보며 내가 미래에 하고 싶은 직업은 무엇이 있는지 고민해 볼 수 있도록 지원하였다. 유아들이 제일 많이 관심을 보였던 것은 그림을 그리는 화가, 노래하는 음악가, 춤을 추는 댄서 등 예술계통의 직업이었다. 특히 유아들의 지대한 관심을 얻은 직업은 발레리나, 아이돌이었으며, 직업적인 공간으로는 무대, 콘서트장이었다.

▲ 나의 꿈 발표하기

▲ 우리가 만든 교실 속 재활용 센터

재활용품을 활용해서 다양한 공공기관과 직업들을 구현했어요.

환경 주간과 연계하여 우리 교실에 재활용 센터를 만들고 종이상자와 재활용품을 이용해 만들 수 있는 것들을 의논하였다. 소방 훈련을 한 날은 소방서를 만들고, 유괴 예방 안전교육을 한 날에는 경찰서를 만들어 보았다. 그리고 유아들이 가장 바라고 원했던 발레리나가 공연하는 공연장을 만들었다. 캔바를 이용해 유아들이 소방관, 경찰관, 발레리나 된 모습을 사진으로 만들어 주고, 해당 장소에 놓아 꾸며주니 유아들이 너무 좋아하며 역할 놀이를 하는 모습을 보였다. 그 모습을 영상으로 찍어주고 QR코드를 만들어 전시해 주니 훌륭한 디지털 교실 놀이가 완성되었다.

▲ 경찰서 만들기

▲ 소방 훈련 후 소방서 만들기

▲ 발레리나 공연장 만들기

▲ 하고 싶은 춤 공연 직접 선보이기

교실 속 재활용 센터 영역에서 미래의 나의 꿈을 표현해요

▲ QR코드 만들어 전시하기

"내 춤 어때?"
"우와 정말 발레리나 같아!"
"앙바 앙아바 앙오 알라스코!
나 따라해봐~"
"우와 QR코드를 카메라로
찍으니까 우리가 춤추는 게
나와!"
"진짜 신기하다."

우리 동네와 환경교육을 연계하여 모아 둔 종이상자와 재활용품들을 모아 두는 재활용 센터 영역을 만들었다. 종이상자와 재활용품을 이용해 유아들이 만들고 싶은 지역사회 기관(경찰서, 소방서, 공연장 등)을 만들어 보았다. 유아들이 직접 만든 공간에 유아들 사진을 출력해 붙여주니 더 흥미를 보이고 적극적으로 참여하는 모습을 보였다.

QR코드 지원을 통한 유아들의 꿈 나래를 펼치다

단지 유아들이 궁금해하는 직업과 그 직업과 관련한 정보를 제공하고, 유아들의 직업 관련 역할 놀이를 QR코드로 제작하여 영역에 게시해 줬을 뿐인데 유아들의 배움을 통한 성장은 놀라웠다. 유아들은 다양한 자신의 꿈을 재활용품을 통해 구현할 뿐만 아니라 그동안 관심이 있었지만, 다양한 직업에 대해 알지 못해서 펼치지 못한 자신의 꿈에 대해 진지하게 고민하고 교사와 친구에게 표현하는 모습을 보였다. 유아교육에서의 디지털 놀이는 교사의 엄청난 디지털 역량을 요구하는 것이 아니라 유아의 놀이 상황을 세심하게 관찰하고 다양한 매체를 적절한 지원하는 것만으로도 놀이의 몰입을 도울 수 있었다.

TIP ❶ QR코드는 무엇일까요?

프로그램 소개하기

- QR코드: Quick Response code의 줄임말로 흑백 격자무늬 패턴으로 정보를 나타내는 매트릭스 형식의 2차원 바코드이다.

활용 방법 소개하기

- QR코드 제작할 수 있는 사이트 안내

사진을 활용한 QR코드 쉽게 만들기 네이버 QR코드 사이트(QR코드 생성 메뉴 활용)	사이트 주소를 활용한 QR코드 쉽게 만들기 미리캔버스 사이트(QR/바코드 메뉴 활용)
(QR code)	(QR code)

사회관계 04
QR코드로 우리 반 친구의 이름과 얼굴 매칭 게임을 해 봐요

QR코드

교사 이현아: QR코드를 활용한 다양한 활동들을 교실 속에서 하고 있는데 단순 영상 시청 외에 조금 더 확장할 수 있는 활동이 없을까요?

교사 김은경: QR코드를 이용하여 동영상 시청뿐만 아니라, 사진을 활용한 QR코드를 제작하여 다양한 집단활동을 할 수도 있을 것 같아요.

교사 전진아: 저는 학기 초에 친구들의 이름과 얼굴을 매칭하기 위해 영역에 QR코드를 제시한 후 어떤 친구가 나오는지 찍어보도록 놀이한 적이 있어요.

교사 김전우: 재미있는 활동이네요. 친구들의 이름과 얼굴을 익히고 게임으로도 확장해 볼 수 있을 것 같아요.

일상생활에서 QR코드에 대한 다양한 경험을 제공해요

글자를 아직 읽지 못하지만, 동화 듣는 것을 좋아하는 3세 유아들을 위해 동화책의 QR코드를 찍어 동화를 내용 노래로 들을 수 있도록 QR코드가 있는 동화책을 교실에 비치해 주고, 놀이 주제에 관한 동영상을, QR코드를 찍어 시청할 수 있도록 영역 안내판을 게시해 주었다. 덕분에 유아들이 교실 속에서 자연스럽게 QR코드를 인식하고, 사용하는 방법을 탐색할 좋은 기회가 되었다.

▲ 동화책에서 QR코드를 찾았어요

▲ QR코드로 놀자! 영역 게시판

"선생님, 책마다 이건 표시가 있어요!"
"어! 여기도 있네, 나도 찾았어!"
"QR코드야! 우리 교실에서 한번 찾아볼까?"

QR코드에 대한 호기심을 유아들의 이름과 얼굴로 연결해 확장해요

QR코드를 찍으면 사진이 나오기도 하고, 동영상이 나오기도 하는 것이 신기했던 유아들은 벽면에 게시해 놓은 QR코드를 찍어보는 것에 호기심을 가지고 열중하기 시작하였다. 호기심과 흥미를 확장하기 위해 3월에 유치원도 친구들도 낯선 유아들에게 자신과 친구들의 얼굴, 이름이 나오는 QR코드를 제공해 주었다. 아침에 등원한 유아들은 화이트보드에 붙어 있는 여러 개의 QR코드를 보며 호기심을 가지는 모습을 보였다.

▲ QR코드를 찍어 친구 얼굴 찾기

"선생님, 이거 찍으면
누가 나와요?"
"우리 찍어보자."
"엇! OOO네, 하하하"
"나도 찍어볼래."

QR코드로 "우리 반 친구 알아보기" 게임을 해요

아직은 새로 만난 친구들이 어색하고, 아직 이름도 잘 모르는 서먹서먹한 시기에 태블릿PC와 QR코드를 이용하여 친구의 얼굴과 이름을 알 수 있도록 게임으로 확장해 보았다. QR코드를 찍은 후 얼굴이 나온 친구에게 태블릿PC를 전달해 주며 친구의 이름을 부르며 친숙해질 기회를 게임으로 제공해 보았다.

▲ 내가 찍고 싶은 QR코드 찍기   ▲ 나온 친구에게 전달하기

게임 방법
- 태블릿PC를 들고 출발선에서 신호와 함께 출발한다.
- 내가 찍고 싶은 QR코드를 찍고, 나오는 주소를 누른다.
- 나온 친구의 이름과 얼굴을 확인한다.
- 그 친구에게 다가가 이름을 부르며 태블릿PC를 전달한다.

QR코드의 편리함을 알게 되었어요.

이후에도 유아들은 활동하다가 필요한 자료가 생기면 교사에게 QR코드 지원을 요청하는 모습을 보였다. 역할 놀이를 하기 위해 필요한 직업 동영상이나 유아들이 동요를 부르는 모습의 동영상도 자주 볼 수 있도록 벽면에 게시해달라고 말하며 QR코드의 역할을 일상생활에서 활용하는 모습을 보고, 교사로서 뿌듯한 마음이 들었다.

사회관계 05 반려동물 등록증을 활용하여 동물병원놀이를 해요

태블릿PC/네이버 QR코드/캔바

교사 김세영: 저는 유아들이 놀이 속에서 자연스럽게 태블릿PC를 활용하게 할 수 있는 방법이 뭘까 자주 고민해요.

교사 이현아: 저는 우체국놀이/택배놀이 할 때 QR코드를 활용해서 유아들 얼굴사진을 넣어 택배 받는 사람이 화면에 뜰수 있도록 제작해서 놀이한 적이 있어요.

교사 전진아: QR코드랑 태블릿PC를 다양한 놀이에 적용할 수 있을 것 같아요. 놀이가 풍부해질 것 같아요.

교사 김세영: 특히 '우리동네' 주제 놀이할 때 다양하게 활용해볼 수 있을 것 같네요.

동물병원이 하는 일과 반려동물 등록증에 관하여 이야기를 나누어요

유아들과 반려동물에 관해 이야기를 나누고, 자신이 키우는 반려동물을 소개하는 시간을 가져 보았다. 동물병원 수의사들이 하는 일과 애견미용실에서 하는 일을 동영상으로 시청한 뒤 동물을 키우려면 반려동물 등록증이 필요하다는 것을 알게 되었다. 또한 반려동물 에티켓(펫티켓)에 대한 이야기도 나누었다.

친구들과 함께 간판과 반려동물 등록증을 만들어요

교실 한쪽을 동물병원처럼 꾸미기 위해 캔바를 활용하여 간판을 만들고, 다양한 강아지와 고양이 인형을 준비한 후 등록증 발급을 위한 사진을 찍었다. 캔바를 활용하여 동물등록증을 만들고, 네이버QR코드 생성기에 등록증 이미지를 삽입하여 QR코드를 완성하였다. 만들어진 QR코드는 강아지와 고양이 인형 꼬리나 목에 달아주었다.

▲ 캔바를 활용한 반려동물 미용실/동물병원 간판 제작하기 ▲ 네이버QR코드 생성기로 제작하기

QR코드를 인식해 동물 이름과 사는 곳을 알아요

유아들은 태블릿PC를 이용하여 QR코드로 찍고 동물들 이름과 사는 곳 등을 알아보았다. 평소 유치원 활동에서 QR코드에 대한 다양한 경험을 통해 어렵지 않게 스스로 활동하는 모습을 보였다.

> "선생님, 얘는 저랑 같은 아파트에 사는 아이네요!"
> "이름이 쿠키래요, 귀여워요."
> "이름이 허숙희가 뭐지, 재밌다."
> "얘는 2살이래, 아기인가 봐."

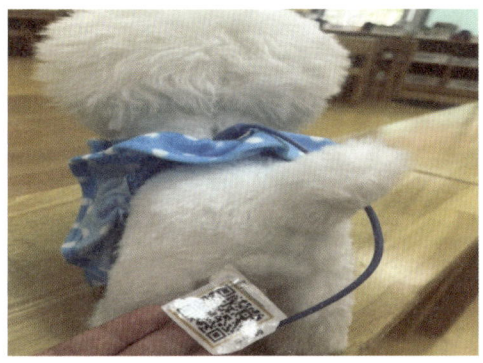
▲ 인형 꼬리에 달아놓은 QR코드

▲ 태블릿PC으로 QR코드 인식하기

실감나는 동물병원과 동물미용실 놀이를 해 봐요

태블릿PC로 QR코드를 인식하는 것에 흥미를 느낀 유아들은 놀이에 몰입하는 모습을 보였다. 의사 역할을 맡은 친구들은 먼저 동물의 이름, 나이, 사는 곳을 알아본 뒤 진료를 시작했다. 반려동물들을 위한 집을 만들고, 먹을 음식과 약까지 유아들이 스스로 만들어 놀이하는 모습을 볼 수 있었다. 놀이 속 유아들의 다양한 모습을 통해 동물을 사랑하는 마음까지 자연스럽게 지도할 수 있는 상황들이 펼쳐졌다.

▲ 동물을 치료하고 보살펴 주기

"의사 선생님~ 우리 강아지가 어젯밤에 토를 하고 설사했어요.
배가 아픈가 봐요, 치료해 주세요."
"아프지 않게 치료해 줄게요~ 약도 지어줄게요"

QR코드를 놀이 속에서 다양하게 활용하게 되었어요

유아들은 QR코드에 사진과 동영상 등 다양한 내용을 담을 수 있다는 것을 알게 되면서, 놀이 중에 필요한 정보들을 재구성하여 교사에게 QR코드 지원을 요청하는 모습을 보였다. 놀이에 필요한 내용을 스스로 선택하는 유아들의 모습에서 디지털 매체를 활용하여 효과적으로 문제를 해결하는 능력이 향상되고 있음을 느꼈다.

사회관계 06 디지털 기기와 함께하는 놀이동산을 꾸며요

블루투스 스피커 / 메타퀘스트 / 알파미니 / 스피로볼트 / 태블릿PC

 **교사 김세영**: 결혼식 놀이는 유아들이 정말 좋아하는 놀이에요. 매년 유아들이 먼저 제안해서 하게 되는 것 같아요. 결혼식 놀이를 하다 보니 신혼여행 놀이까지 하게 된 적이 있어요.

 **교사 이현아**: 결혼식 놀이에서 신혼여행 놀이로 이어지다니 유아들의 생각은 참 재미있어요. 어떤 자료들을 활용해 보셨나요?

 **교사 김은정**: 놀이동산의 다양한 재미 요소들을 구현해 내기 위해 요소들에 적합한 디지털 도구를 고민해 보고, 블루투스 스피커, 스피로볼트, 태블릿PC 등을 활용해 보았어요.

결혼식 놀이를 통해 나의 탄생에 관해 관심을 가져요.

유아들과 함께 "나" 놀이 주제를 통해 나의 소중함과 나의 성장 과정에 대해 알아보며, 얼마나 사랑스러운 존재로 자라고 있는지 이야기를 나누었다. 나의 탄생에 관한 이야기를 통해 자연스럽게 결혼식 놀이를 하자는 의견이 생겨났다. 유아들과 함께 결혼식장을 꾸미고, LED 촛불을 가득 올려 무대를 만들어 보았다. 피로연에 쓸 맛있는 음식들도 고무찰흙으로 알록달록 만들어 놓고, 즐거운 결혼식을 개최하였다.

결혼식과 피로연 후 한 유아가 큰소리로 새로운 놀이를 제안하였다.

▲ 결혼식 놀이하기

▲ 피로연 놀이하기

"선생님, 결혼식 했으니까 신혼여행 갈 거예요!"
"그러면 신혼여행은 어디로 간다고 할까?"
"신혼여행은 에버랜드로 갈래요!"
"와! 재미있겠다, 놀이동산을 꾸며보자!"

교실 전체를 디지털 놀이동산으로 꾸며 보았어요

유아들과 함께 놀이동산 가본 경험을 이야기하고 교실 속 어떤 놀잇감을 활용하여 꾸밀지 의논해 보았다. 교사는 교실 속에서 놀이동산으로 활용할 수 있는 다양한 디지털 기기(블루투스 스피커, 메타퀘스트, 알파미니, 스피로볼트, 태블릿PC)를 안내하였다. 유아들은 교실에 있던 숲속의 집(대형 종이집)을 귀신의 집으로 바꾸고, 로봇 공연장을 설치하고, VR로 롤러코스터를 운영하기로 정하였다. 미로찾기는 많은 공간을 필요로 함으로 스피로볼트를 이용하여 작게 만들어 보기로 하였다. 귀신의 집 안에는 블루투스 스피커를 두고 유튜브를 활용하여 귀신의 집 BGM을 무한 재생해 놓기로 하였다. 다양한 디지털 기기를 활용한 놀이동산 덕분에 결혼식부터 신혼여행까지 재미있는 놀이를 할 수 있었다.

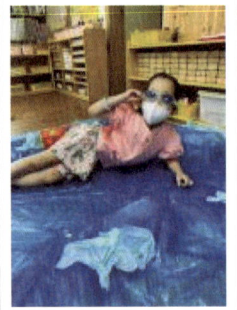
워터파크

귀신의 집

VR롤러코스터	스피로볼트 미로찾기	기념품샵

디지털 기기를 활용하여 생동감 넘치는 놀이동산을 만들어요

유아들과 함께 디지털 기기를 활용함으로써 디지털 기기에 특징에 맞는 오프라인으로 구현하지 못하는 생동감 넘치는 놀이동산을 만들어 낼 수 있었다. 이를 통해 유아들에게 창의적인 구성력과 상상력 펼칠 수 있고, 다양한 놀이의 확장을 이끌어 낼 수 있었다. 디지털 기기를 기기의 사용법에 국한되지 않고 교실 속에서 유아들의 필요에 따라 다양하게 활용할 수 있다는 것을 다시금 느낄 수 있는 시간이었다.

TIP ❶ 다양한 디지털 기기를 소개해요

알파미니 소개하기

- 네이버 클로바 인공지능 소프트웨어가 탑재된 인간형(휴머노이드) 로봇이다.
- 사람의 얼굴과 원하는 동작을 학습할 수 있으며, 인공지능 스피커 기능이 가능하고 일상적인 대화를 나눌 수 있다.

스피로볼트(미니) 소개하기

- 미로찾기로 쓰인 '스피로볼트'는 가속센서와 자이로스코프, 적외선 통신기 등이 탑재된 코딩 로봇이다.
- 태블릿PC에 앱을 설치하여 움직일 수 있는데 별도의 코딩 없이 움직이도록 조종할 수 있어 유아들이 쉽게 작동할 수 있다. 스피로 볼트와 스피로 미니 등 크기에 따른 2가지 종류가 있다.

스피로 볼트(2.87인치, 내구성과 방수기능, 그리기, 블록 및 텍스트 코딩 가능)	스피로 미니(1.57인치 탁구공 크기, 자이로스코프, 모터 인코더, 가속도계, LED 포함)

사회관계 07 출동! 동물 구조대

증강현실(AR)/ 구글 3D 검색/미러링

교사 전진아: 앱 없이 증강현실(AR) 놀이하는 방법이 있는데 혹시 아세요?

교사 김세영: 혹시 구글 3D 검색 기능 말씀하시는 것일까요? 우리 반 친구들과 함께 구글에서 공룡을 검색했는데 3D로 검색이 되더라고요. 유아들이 무척 신기해했어요.

교사 김은경: 태블릿PC에 나온 결과를 미러링으로 큰 화면으로 유아들과 같이 보면 마치 교실에 공룡이 나타난 것 같은 기분이 들것 같아요!

야생동물에 관해 관심을 가지고 검색해 봤어요

숲놀이를 다녀온 유아들은 숲에서 사는 야생동물에 관해 관심을 두기 시작하였다. 숲놀이에 가서 동물이 먹는 열매도 주워보고 교실에 돌아와서 야생동물에 대해 궁금한 정보를 찾아보았다. 야생동물구조센터 홈페이지에 들어가서 야생동물구조방법 및 지역마다 야생동물구조센터가 있다는 걸 알게 되었다. 그래서 우리 교실에도 야생동물구조센터를 만들기로 하였다.

야생동물구조대가 되기 위해 디지털 기기로 훈련해요

야생동물을 구조하기 위해서는 여러 가지 훈련을 해야 한다는 것을 알게 되었다. 그래서 구조대 훈련센터를 만들어 보았다. 태블릿PC를 활용하여 다양한 소리 듣고 구별하는 청력 테스트, 닌텐도 스위치를 활용하여 체력 테스트를 거친 후 구글 카드보드를 활용해서 3D 영상으로 구조 장소를 탐색해 보았다.

▲ 모션인식을 통한 체력테스트

▲ 3D 영상으로 구조 장소 탐색

구글 3D 검색 기능으로 증강현실 동물 구조센터 놀이를 해요

훈련을 마친 후, 동물 구조센터를 열었다. 다친 동물들을 찾아 치료해 주고 먹이를 주며 재활 훈련을 시켰다. 건강해진 동물들은 다시 자연으로 돌려보냈다. 동물 구조대 놀이를 통해 위험에 빠진 동물을 도와주는 방법을 생각해 보고, 동물을 소중히 여기는 마음을 가질 수 있었다.

▲ 이빨이 아픈 사자 치료하기

"출동! 출동! 동물을 구하러 가자!"
"사자야, 내가 치료해 줄게."
"이제 아프지 않을 거야."
"기린은 다 나았으니, 자연으로 보내줄게."

증강현실(AR)로 실제 체험이 어려운 다양한 활동을 교실에서 해 볼 수 있어요

야생동물 구조활동을 할 때 동물들을, 증강현실(AR)을 활용하여 우리 교실 속으로 불러오자, 유아들은 자신들이 생활하는 공간 속에서 동물들을 만날 수 있다는 점을 매우 신기해하고, 즐거워하며 놀이에 몰입하는 모습을 볼 수 있었다. 또한 교실 속은 동물이 살기에 적합하지 않은 환경임을 깨닫고 동물들이 안전하고 건강하게 살 수 있는 곳으로 돌려 보내줘야 한다는 사실도 깨달으며 동물에 대해 아끼고 사랑하는 마음을 충분히 느낄 수 있는 시간이 되었다.

TIP ❷ 구글 3D 검색을 활용한 증강현실(AR) 놀이 방법 활용하기

프로그램 소개하기
- 구글에서 제공하는 3D 및 증강현실(AR)로 볼 수 있는 서비스이다.
- 3D 검색결과를 볼 수 있으려면 안드로이드 7 이상을 구현하는 안드로이드 스마트폰이 필요하다. 안드로이드 외 기종의 스마트폰을 사용하는 경우 Google 앱을 다운로드 받아 앱을 실행시킨 후 사용 가능하다.

활용방법 소개하기
- 안드로이드 스마트폰에서 google.com으로 이동하거나 구글앱을 열고, 동물, 사물 또는 장소를 검색한다. 유아들이 좋아하는 공룡을 검색하였다.
- 3D 검색결과가 있는 경우 3D로 보기를 누르고, 검색결과와 AR로 상호작용하려면 「내 공간에서 보기」를 누르고 화면에서 안내하는 대로 너무 어둡지 않고 평평한 곳을 찾아 비춘다.

TIP ❷ 구글 3D 검색을 활용한 증강현실(AR) 놀이 방법 활용하기

- 내가 비춘 곳에서 "공룡"이 구현되며 다양한 각도에서 관찰이 가능하다.

- 증강현실(AR) 지원 목록 안내

증강현실(AR) 지원 목록	
한국어로 지원되는 목록	영어로 지원되는 목록
● **육상동물** 호랑이, 대왕판다, 표범, 염소, 치타, 조랑말, 큰곰, 회색늑대, 셰틀랜드 포니, 비단뱀, 아라비아말, 아메리카 너구리, 고슴도치, 사슴 ● **수중 및 습지동물** 청둥오리, 악어, 백상아리, 문어, 아귀, 바다거북 ● **조류** 마코앵무새, 황제펭귄, 독수리 ● **반려동물** 포메라이안, 골든(래드라도) 리트리버, 로트와일러, 프렌치 불독, 퍼그, 고양이 ● **문화 유적지** 치첸이트사, 브란덴부르크 문, 토머스 제퍼슨 기념관, 게이트웨이 오브 인디아, 쇼베 동물, 아후 나우나우 ● **문화적 대상** 아폴로 11 사령선과 닐 암스트롱	● **인체의 해부학적 구조** 인간 소화계, 호흡계, 내분비계, 여성 생식시계, 신경계, 림프계, 남성 생식기계, 피부계, 배설계, 말초 신경계, 비뇨기계, 골격계, 순환계 ● **세포 구조** 미토콘드리아, 원핵생물, 세포질 망상 구조, 박테리아, 진핵생물, 식물 세포, 조면소포체, 핵소체, 편모, 세포막, 동물세포, 골지체, 리보솜, 활면소포체, 크로마틴, 핵막, 난관술, 협막, 플라스미드, 중앙 액포, 크리스테, 원형질막, 세포벽, 시스터네 ● **화학 용어** 작용기, 유기 화학, 메틸 아세테이트, 프로판올, 살리실산, 1-브로모부탄, 탄화수소, 알케인, 전해질, 이온 결합, 공유 결합, 화학 결합, 금속 결합, 화합물, 에틸렌, 혼성 궤도, 양자 역학 모형 ● **생물학 용어** 외떡잎식물, 쌍떡잎식물, 진핵 염색체 구조, 적혈구, 단핵구, 호중구, 호염기구, 호산구 물리학 용어 ● **물리학 용어:** 솔레노이드

사회관계 08 우리 동네를 소개하는 책을 만들어요

네이버 거리뷰/캔바

교사 김세영: 저는 우리동네 같이 좁은 거리를 보려면 구글어스보다는 네이버 거리뷰가 좀더 자세한 것 같다는 느낌이 들어요.

교사 이현아: 맞아요. 우리반 유아들 집이나 부모님이 운영하는 가게를 보여줄때는 거리뷰를 따라가면서 보여주면 유아들이 더 재미있어 하더라구요.

교사 김선우: 거리뷰를 캡쳐해서 유아들 사진과 합성하고 책으로 묶어 줘도 좋은 방법이 될 것 같아요. 우리동네가 나온 우리만의 책이니까 유아들이 더 좋아할 것 같네요.

우리 동네에 대한 유아들의 대화로 놀이가 시작되다

유아들은 자신이 살고 있는 집에 관한 이야기를 나누다가 친구들이 살고 있는 집까지의 거리와 우리 동네의 다른 기관에도 궁금해하는 모습을 보였다. 교사는 우리 동네 위성지도를 활용하여 우리 동네 이름과 위치를 알아본 후 제일 먼저 우리 유치원, 우리 반 친구들이 사는 아파트, 우리 반 친구들이 제일 좋아하는 가게 위주로 거리를 탐색할 수 있도록 지원하였다. 유아들은 엄마, 아빠의 일하시는 곳과 동네에서 자신이 가장 좋아하는 곳도 친구들에게 소개하기 시작하였다.

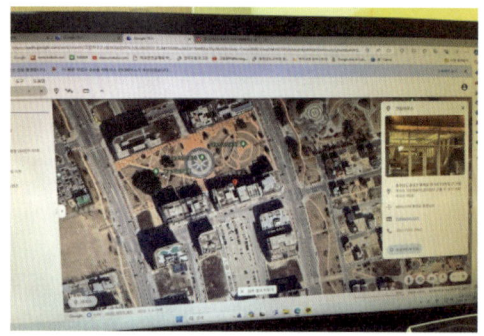
▲ 우리 동네 위성지도

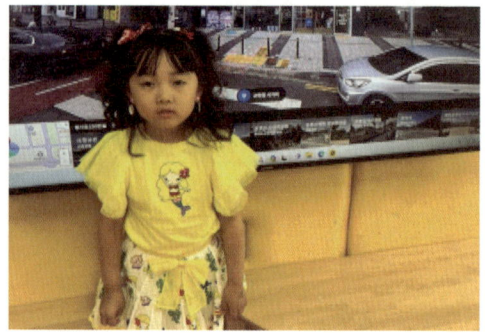
▲ 우리 아빠 미용실 거리뷰

"어? 저기 우리 아파트다."
"저기 우리 아빠 미용실이에요."
"우리 엄마 호두과자 가게 저기 있어요."
"나는 우리 동네 공원 놀이터를 제일 좋아하는데."

우리 동네 랜드마크와 명소를 알아봐요.

우리 유치원 주변과 집 주변을 둘러본 후, 우리 동네 유적지, 엄마 아빠와 함께 갔던 명소와 공공기관 등을 네이버 거리뷰로 둘러보며 이야기를 나누었다. 그 결과, 유아들의 흥미도가 높아진 것을 볼 수 있었다. 사진만 봐도 알 수 있는 우리 동네의 멋진 곳들을 유아들도 잘 알고 있는 모습이었다. 캔바를 활용하여 우리 동네 책을 만들어 주었더니 유아들이 매우 흥미로워했다. 유적지와 공공기관 사진에 유아들의 사진을 삽입하여 책을 더욱 실감이 나게 느낄 수 있도록 해주었다.

우리 동네 명소를 친구들에게 홍보해요

유아들은 자신이 가본 동네의 명소를 다른 반 친구들과 동생들에게 홍보하고 싶어 했다. 그 전에 자신이 홍보하고 싶은 곳에 자기 모습이 있었으면 좋겠다는 의견을 제시했다. 교사는 명소마다 그 명소를 가보고, 소개할 수 있는 친구들의 모습을 사진으로 합성하여 제시해 주었다. 유아들은 생동감 있는 사진을 보고 만족해했으며, 다른 반 친구와 동생들에게 그 명소에 대해 자신 있게 소개하는 모습을 보였다.

▲ 우리 동네 유적지에 유아들 사진 합성

TIP ❶ 다양한 종류의 거리뷰 활용하기

구글어스(Google Earth)	네이버 거리뷰	다음 거리뷰
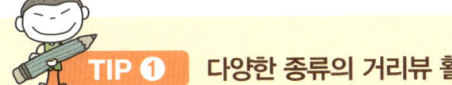		

사회관계 09 피자가게, 미용실도 키오스크로 주문할 수 있어요

캔바/태블릿PC

교사 김세영: 요즘 식당마다 키오스크로 테이블 주문을 많이 하던데, 우리동네 가게놀이 때 활용하면 좋은 놀이가 될 것 같아요.

교사 이현아: 태블릿PC만 있으면 되니 놀이활용도 쉬울 것 같아요. PPT자료를 활용하면 키오스크처럼 선택한 화면으로 전환이 되어 실감나는 놀이가 될 것 같아요..

교사 김권우: 아이스크림가게, 피자가게 놀이나 카페놀이에도 좋을 것 같아요. 미용실에서 헤어스타일을 고르는것도 태블릿PC 사진첩을 넘기면서 해볼 수 있을 것 같아요. 우리동네 여러 가지 가게놀이에 두루활용할 수 있을 것 같아요.

피자가게에서 키오스크로 메뉴를 주문해요

우리 동네 여러 가지 가게놀이를 하던 중, 피자가게를 만들어 주고 캔바로 작업한 피자가게 메뉴판을 태블릿PC로 제공해 주었다. 유아들은 식당에서의 경험을 이야기하며 메뉴판에서 피자를 고르고 결제까지 하려는 모습을 보였다. 교사는 PPT 자료를 이용하여 간단한 주문을 할 수 있는 키오스크를 만들어 주었다. 키오스크에서 주문을 완료하니, 사장님 역할을 하는 친구는 최대한 주문한 피자와 비슷한 피자를 만들려고 노력하는 모습을 보였다.

▲ 피자가게 놀이- 태블릿PC 피자 메뉴판

마음에 드는 머리 스타일을 골라 머리를 해 드립니다

다양한 가게 놀이한 편에 미용실을 마련해주었다. 이 미용실은 보통의 미용실과는 달리, 헤어스타일을 주문할 때 태블릿PC의 사진들을 보며 마음에 드는 헤어스타일을 고른 뒤 원하는 스타일로 머리를 해 볼 수 있는 키오스크 미용실이었다. 다양한 머리 색깔을 바꿔볼 수 있도록 색깔 머리카락을 제공해 주고, 다양한 미용 도구를 이용하여 손님이 주문한 헤어스타일을 최대한 반영하여 머리를 해주며 놀이해 보았다. 머리를 다 한 후에는 내가 선택한 머리 스타일과 맞는지 비교도 해보며 즐겁게 놀이할 수 있었다.

▲ 미용실 놀이- 다양한 헤어스타일 사진 고르기

교사가 자주 활용하는 PPT가 키오스크로 변신하여 놀이가 확장되다

교사들은 다양한 행사 자료 제작 및 업무를 위해 평소 PPT 자료를 제작하고 활용하는 경우가 많다. 어려운 프로그래밍을 활용하지 않아도, 평소 사용하던 PPT의 하이퍼링크 기능을 활용하면 다양한 키오스크 프로그램을 제작할 수 있다. 유아들의 다양한 가게 놀이를 더욱 풍성하게 확장해 주기 위해 키오스크 프로그램을 제작해보기를 적극 추천한다.

사회관계 10
우리 동네 디지털 가게로 놀러 오세요

태블릿PC / QR코드

교사 전진아: 유아들의 놀이 속에 디지털 기기를 자연스럽게 활용하면 좋겠는데 어떻게 하면 좋을지 항상 고민이에요! 간단해 보이지만 정보 검색 기능을 알려주는 것도 활용 능력을 길러주는 데 좋은 방법인 것 같아요.

교사 이현아: 유아들이 태블릿PC를 이용해서 원하는 정보를 검색하는 방법을 알려주니까 놀이를 만들어 가는 과정이 수월해졌어요.

교사 김은경: 하나의 미션처럼 "디지털 기기를 활용한 놀이"라는 주제로 유아들과 놀이해 보는 건 어떨까요? 유아가 만들어 가는 놀이에 어떤 기기를 사용하면 좋을지 생각해 보고 유아의 생각대로 적용해 보는 거예요!

정보 검색을 통해 우리 동네에 있는 다양한 가게들을 알아봐요

우리 동네 지도를 보며 우리 동네 기관에 관한 관심이 생긴 유아들은 태블릿PC로 우리 동네를 검색해 보았다. 검색 결과, 우리 동네 지도와 다양한 가게들이 나오는 것을 볼 수 있었다. 검색된 가게 중에서 우리 반 친구들이 가장 좋아하는 장소를 찾아보던 중, 자신들이 좋아하는 가게를 교실에 꾸며서 놀이하자는 제안하였다. 그래서 모둠별로 꾸미고 싶은 가게를 정하기 위해 토의하며, 선정을 위해 필요한 정보를 태블릿PC로 검색하고 간판을 꾸며보았다.

▲ 우리 동네 탐색하기

▲ 모둠별로 하고 싶은 가게 검색하기

"내가 좋아하는 빵 가게가 보여!"
"나는 미용실을 꾸며보고 싶어, 미용실 가게를 검색해 보자!"
"다른 유치원은 어떤 가게 놀이를 했는지 궁금해, 검색해 볼까?"

디지털 기기와 함께 만드는 가게로 놀러 오세요

가게가 정해지면, 모둠별로 가게를 꾸밀 장소를 정하고 소품을 준비하였다. 단, 가게를 꾸밀 때 특별한 조건이 하나 있었다. 바로 디지털 기기와 함께 만드는 가게였다! 우리 가게에는 어떤 디지털 기기를 활용할지 생각해 보았다. 예를 들어, 분식 가게에서는 멋진 음악을 재생시키고 음식을 배달하기 위해 알버트와 엠타이니를 활용해 보았다. 사진관에서는 태블릿PC를 활용해 사진을 찍어주고, 즉석에서 포토프린터를 사용해 사진을 인화해 주었다.

▲ 가게에서 음악을 담당하는 알버트

▲ 사진관 운영하기

QR코드를 이용하여 다른 반 친구들을 초대해요

교실에서 디지털 가게 놀이가 마무리될 즈음, 동생들을 초대하고 싶다는 유아들을 위해 특별한 초대장을 함께 만들어 보았다. "우리 교실로 놀러 와."라고 다 함께 영상을 찍은 후, QR코드에 영상을 담았다. 영상이 담긴 QR코드를 붙인 초대장을 동생 반에 가서 QR코드를 보는 방법도 알려주며 초대장을 전달해 주었다. 동생들과 함께한 특별했던 가게 놀이! 디지털 기기 덕분에 스마트한 시장놀이를 할 수 있었다.

▲ QR코드 시장놀이 초대장 전달하기

사회관계 11
교실 속 세계여행을 떠나요

구글어스(Google Earth)/ 스노우(Snow)앱/ remove사이트

교사 김세영: 요즘은 카메라앱에 AI기술이 많이 적용되어 특별한 기술 없이도 태블릿PC의 카메라만 있어도 다양한 놀이와 후속작업을 할 수 있게 된 것 같아요.

교사 김전우: 스노우(Snow)앱을 사용하면 배경제거랑 뒷배경 바꾸기가 간단해서 아주 좋아요.

교사 전진아: remove 사이트를 이용하면 배경제거와 다양한 이미지로 배경을 바꿀 수 있어서 자주 사용하고 있어요.

여행했던 경험 발표하기로 시작하여 다른 나라에 대한 관심이 확장되다

유아들과 함께 방학 동안 지낸 이야기를 나누다가, 다른 나라에 다녀온 친구가 자신의 여행 경험을 발표하게 되었다. 그러자 다른 친구들도 자신이 다녀온 곳의 이야기를 하기도 하고, 부러워하며 자신도 가보고 싶다는 의견을 제시하였다. 교사는 구글어스를 실행하여 우리 유치원 주변부터 시작해서 전세계 가보고 싶은 곳까지 둘러보았다. 그 나라에 가서 무엇을 하고 싶은지도 이야기를 나누었다.

▲ 이야기 나누기(가고 싶은 나라 소개)

"나는 이번에 일본에 가 봤어."
"나도 가보고 싶다."
"나는 프랑스에 가서 에펠탑 보고 싶은데."
"멋진 곳에서 사진도 찍으면 좋겠다."

교실에서 세계여행도 어렵지 않아요

세계의 랜드마크들을 둘러본 후, 친구들에게 자신이 가고 싶은 나라에서 사진을 찍고 싶은 장소를 물어보았다. 또한 그곳에 갔을 때 자신이 찍고 싶은 사진 포즈도 생각해 보았다. 교사는 구글어스 3D를 실행하여 유아들과 함께 원하는 나라의 장소에 가볼 수 있었다. 유아가 찍고 싶은 다양한 포즈로 사진을 찍어, 유아가 선택한 장소와 합성하여 제공하자 무척 신기해하는 모습이었다.

▲ 스노우앱(Snow)으로 세계 여러 나라에서 기념 촬영하기

> "나는 피라미드 꼭대기를 만져보고 싶은데."
> "이번에는 재미있는 포즈를 지어볼까?"
> "나는 물을 받아먹는 포즈로 재밌게 할래."
> "하하하, 정말 우리가 여기 있는 거 같아!"

결혼식 후에 내가 가고 싶은 신혼여행 장소는 여기예요

결혼식 놀이를 하고 난 후, 유아들은 신혼여행을 가야 한다는 놀이의 제안을 하였다. 그래서 유아들과 함께 어느 나라로 가고 싶은지, 왜 그곳으로 가고 싶은지 발표해 보았다. 신랑 신부의 다양한 포즈를 희망하는 신혼여행 장소에 사진을 합성하여 제작해 주자 결혼식 놀이가 더 실감이 나고, 결혼식에서 신혼여행 놀이로 확장될 수 있었다.

▲ 결혼식 놀이 후 신혼여행 사진 합성하기

> "나는 바닷가가 예쁜 곳으로 신혼여행 가보고 싶어."
> "나는 알프스산으로 가고 싶은데."
> "어떤 포즈가 잘 어울릴까?"

실감이 나는 세계 여행은 시간과 공간을 초월하는 짜릿함이 있어요

유아들과 함께 진짜 세계여행을 할 수 없다는 현실적 제약 때문인지, 우리 반에서 이루어진 "내가 가고 싶은 나라 문화 명소에서 사진 찍기" 활동은 어느 때보다 신나고 재미있었다. 다양한 가상 배경에서 이루어지는 놀이는 아직도 교실에서 지속해서 이루어지고 있다. 유아들은 다양한 장소의 사진을 볼 때마다 새로운 아이디어가 떠오르면 교사에게 가상 배경 사진 찍기 놀이하자고 제안한다. 놀이가 디지털과 만나면 시간과 공간을 초월할 수 있어, 유아들에게 무한한 창의력과 상상력을 펼칠 수 있는 놀이가 된다.

TIP ① remove.bg 사이트를 이용하여 사진 배경 제거하기

프로그램 소개하기

- 사진이나 이미지 배경을 한 번 클릭으로 무료로 제거할 수 있는 프로그램이다. AI 기술이 적용되어 지우기와 복원 기능을 활용할 수 있고, 배경지정하거나 업로드하여 바꿀 수 있다.

활용 방법 소개하기

- 검색 창에 「remove.bg」를 입력하거나, 인터넷 주소 https://www.remove.bg/ 입력한다.

- 페이지 중간에 있는 「이미지 업로드」 버튼을 누른 후, 내가 원하는 사진을 불러온다.

- 원하는 대로 배경이 제거되었다면 다운로드 받아 사용할 수 있으며, 배경을 다른 배경으로 바꿀 수 있다.

PART 02
주제가 있는 디지털놀이
신체운동·건강

신체운동·건강 01	• 다 함께 댄스 댄스
신체운동·건강 02	• VR 동영상으로 산책해요
신체운동·건강 03	• 우리를 튼튼하게 하는 운동
신체운동·건강 04	• 건강이 쑥쑥 식당
신체운동·건강 05	• 구름빵, 키 크는 빵 주세요
신체운동·건강 06	• 우리가 만드는 체조 놀이
신체운동·건강 07	• 안전하게 생활해요
신체운동·건강 08	• 재난대피 홍보영상을 만들어요

신체운동·건강

■ 목표

실내외에서 신체활동을 즐기고, 건강하고 안전한 생활을 한다.

- 신체활동에 즐겁게 참여한다.
- 건강한 생활습관을 기른다.
- 안전한 생활습관을 기른다.

■ 내용

내용 범주	내용
신체활동 즐기기	신체를 인식하고 움직인다.
	신체 움직임을 조절한다.
	기초적인 이동운동, 제자리 운동, 도구를 이용한 운동을 한다.
	실내외 신체활동에 자발적으로 참여한다.
건강하게 생활하기	자신의 몸과 주변을 깨끗이 한다.
	몸에 좋은 음식에 관심을 가지고 바른 태도로 즐겁게 먹는다.
	하루 일과에서 적당한 휴식을 취한다.
	질병을 예방하는 방법을 알고 실천한다.
안전하게 생활하기	일상에서 안전하게 놀이하고 생활한다.
	TV, 컴퓨터, 스마트폰 등을 바르게 사용한다.
	교통안전 규칙을 지킨다.
	안전사고, 화재, 재난, 학대, 유괴 등에 대처하는 방법을 경험한다.

디지털 놀이로 만나는 신체운동 건강!

신체활동 즐기기

유아들이 자신의 신체에 관심을 가지고 소중히 여기는 것과 신체 각 부분의 특성을 알고 다양하게 움직일 수 있는 능력은 매우 중요합니다. 얼굴, 팔, 다리 등 신체 움직임을 인식하고 명칭을 잘 알 수 있도록 닌텐도 스위치, 실감형 3D 체험 스크린, 스크루블리 프로그램 등을 활용해 놀이합니다. 또 크로마키 놀이를 하면서 유아들은 다양하게 움직이고 자신만의 개성을 살려 독창성있게 표현하는것에 흥미를 가지고 적극적으로 참여할 수 있습니다.

건강하게 생활하기

유아들은 몸을 움직여 놀이하는 것을 좋아하며 자신의 몸을 건강하게 지킬 수 있는 힘을 가지고 있습니다. 유아는 유치원에서 청결과 위생에 관한 기본생활습관을 기르며, QR코드를 활용해 지식을 습득하고 실천합니다. VR체험을 통해 휴식을 취해보기도 합니다. 디지털 프로그램을 활용해 퀴즈놀이도 하며 즐겁게 배웁니다. 건강교육과 디지털놀이를 융합한 교육을 통해 유아들이 평소와 다른 방식으로 배우며 다양하고 통합적인 놀이 경험을 할 수 있습니다.

안전하게 생활하기

유아들은 끊임없는 호기심과 탐구심이 샘솟는 존재입니다. 도전하고 시도해보는 것을 좋아합니다. 일상생활에서 벌어질 수 있는 많은 사건들 속에서 가장 중요한 것은 안전입니다. 다양한 안전교육을 실행하며 그 속에 인공지능을 포함시킬 수 있습니다. 재난대피 홍보영상 만들기, 디지털 동화 만들기, 구글카드보드로 가상현실 체험하기 등 디지털놀이와 안전교육을 통합해 교육할 수 있습니다. 이를 통해 유아들은 안전에 대한 지식을 습득하고 체화할 수 있습니다.

신체운동·건강 01 다 함께 댄스 댄스

닌텐도 스위치/ 실감형 3D 체험시설

교사 전진아: 미세먼지나 비가 오는 날은 바깥 놀이를 못 나가서 유아들이 많이 아쉬워해요. 이런 날 교실에서 신나게 할 수 있는 신체 놀이를 고민하고 있어요.

교사 이현아: 우리 반 유아들은 춤추는 걸 좋아해서 닌텐도 스위치를 교실에 준비했어요. 닌텐도 스위치는 움직임 인식이 돼요. 유아들이 자신의 동작이 화면 속 동작과 일치했는지 확인하는 재미도 있고 신나게 움직일 수 있어서 유아들이 무척 좋아해요.

교사 김세영: 혼자서도 할 수 있지만 여러 명이 함께 할 수 있어서 더 좋은 것 같아요. 우리 반은 여러 명의 유아가 함께 할 때 더 재미있어해요. 마치 댄스팀을 보는 것 같아요!

교사 김진우: 로봇으로 댄스 놀이를 해도 재미있어요! 댄스 놀이를 할 수 있는 로봇은 다양하답니다.

비 오는 날 교실에서 신나는 댄스파티를 해요

비가 와서 바깥 놀이를 못 나가게 되어 실망하는 유아들에게 실내에서도 신나게 할 수 있는 놀이를 소개했다. 평소에도 영상을 보면서 춤추는 활동을 좋아하는 유아들에게 닌텐도 스위치 컨텐츠 중에 저스트 댄스를 알려주었다. 닌텐도 스위치는 6명까지 함께 즐길 수 있어서 교실에서 유아들과 함께 즐기기 적합했다. 원하는 캐릭터를 선택한 다음, 양손에 조이콘을 잡고 화면에 나오는 춤을 따라 움직이면 즐겁게 댄스 놀이를 할 수 있다. 유아들은 양손에 잡고 춤을 추면 조이콘을 잘 떨어트려서 스트랩을 장착하여 즐길 수 있도록 도와주었다. 닌텐도 스위치는 조이콘에 있는 자이로센서를 통해 유아의 동작을 인식한다. 그래서 화면의 동작과 일치하면 별을 모을 수 있어 흥미를 지속할 수 있었다.

▲ 사용 방법 알아보기

▲ 2명의 유아와 함께하기

강당에서 친구들과 함께 춤을 춰요

강당에서도 실감형 3D 체험시설을 활용해서 유아들과 즐겁게 춤을 추며 놀이할 수 있다. 실감형 3D 체험 놀이 시설로 적외선 센서를 통해 유아의 동작을 인식하고, 유아가 직접 터치하면서 다중감각을 활용하면서 놀이할 수 있다. 여러 명의 유아가 하나의 팀이 되어 즐겁게 춤을 추기도 하고 이외에 축구나 야구 등 다른 스포츠 게임도 즐길 수 있어서 유아들이 매우 좋아한다. 이렇게 디지털 기기를 통해 날씨와 상관없이 실내에서도 유아들과 함께 즐거운 신체활동을 할 수 있다.

▲ 강당에서 친구와 함께 신체활동하기

우리 교실 속 다른 로봇들과도 댄스파티 어때?

유아들은 교실 속 다양한 로봇들을 모으기 시작하였다. 교사에게 로봇들의 댄스파티를 해보고 싶다고 제안한 유아들은 블록으로 댄스파티장을 만들고 그 안에 로봇들을 배치하기 시작하였다. 블록을 높이 쌓아 무대를 만들고 앞에 앉아서 보는 청중도 로봇으로 구성하는 모습을 보였다. 춤추는 로봇 씽고를 시작으로 로봇들의 댄스파티가 시작되었다.

▲ 교실 안의 로봇을 다 모아봤어요

▲ 로봇 공연단과 함께하는 댄스파티!

신체운동·건강
02 VR 동영상으로 산책해요

VR 동영상, 퀴버(Quiver), 오큘러스, 구글 카드보드

교사 이현아: 요즘 메타버스가 교육의 화두로 떠오르고 있는데 유치원에서 다루기에는 조금 어려운 느낌이 들어요.

교사 전진아: 메타버스를 다루기 전 유아들에게 가상공간을 느낄 수 있는 증강현실(AR)과 가상현실(VR)을 경험할 수 있게 하는 것도 좋을 것 같아요..

교사 김세영: 저는 퀴버(Quiver) 증강현실 컬러링 앱을 이용하여 유아들이 색칠한 후 자신이 색깔을 입힌 캐릭터가 생동감있게 움직이는 것을 활동한 적이 있어요.

교사 김현우: 저는 오큘러스 퀘스트 기기를 이용하여 가상현실 활동을 해 본 적 있는데 유아들이 매우 신기해 하더라구요. 기기 구매가 어려우면 구글카드보드를 활용해도 좋을 것 같아요.

신기한 VR동영상을 체험해요

유아들에게 가상현실(VR)을 경험하게 하기 위해 구글 카드보드와 VR 동영상을 디지털 놀이 영역에 소개했다. 오큘러스 퀘스트나 기어 VR 기기를 구매하기에는 예산적인 부담이 있었지만 구글 카드보드는 저렴한 예산으로 저렴하게 구매할 수 있었다. 유아들은 순서를 정해서 열심히 체험하였다. 360도로 보이는 화면에서 다양한 생물들을 관찰할 수 있어서 유아들에게 인기 만점이었다.

각자 자신이 원하는 동영상을 틀어달라고 이야기하는 중에, 한 유아가 우리만의 동영상을 만들어 보자고 제안하였다.

▲ 공룡의 세계 경험하기

▲ 바닷 속 경험하기

"선생님 공룡이 살아 움직이는 것 같아요!"
"으악! 상어가 쫓아온다! 무서워!"
"다른 동영상이 더 많았으면 좋겠다!"
"우리도 VR 동영상을 만들 수 있을까?"

VR동영상 촬영 기기와 방법을 알아봐요

유아들과 함께 VR동영상 촬영 방법을 검색해 보았다. 구글 스트리트뷰 사이트를 활용하는 방법과 다양한 각도의 카메라를 사용하는 방법 등 다양한 방법이 있는 것을 알 수 있었다. 유아들이 스스로 탐색하도록 영역에 360도 카메라와 레몬3D렌즈를 놓아주었다. 호기심 가득한 표정으로 기계의 사용 방법을 살피는 유아들의 표정이 너무 재미있었다. 유아들과 사용 방법이 간단한 태블릿PC와 LEMON 3D 촬영 렌즈를 이용하여 촬영하기로 하였다.

"와! 화면이 두 개로 보여요!"
"달리면서 찍어보고 싶어요!"
"얘들아! 나 좀 봐봐!"

▲ 다양한 VR동영상 카메라 및 렌즈 탐색하기

VR동영상을 제작하고 시청해요

태블릿PC가 유아들에게 다소 무거웠지만, 유아들은 LEMON 3D 촬영 렌즈를 사용하여 영상을 찍는 것에 매우 흥미를 느꼈다. 촬영 렌즈가 움직여 분할 화면의 초점이 맞지 않을 때가 있어 여러 번 조정하는 모습도 보였다. 촬영하면서 유아가 화면에 대한 설명을 음성으로 함께 녹음하자, 유아들이 화면에 대해 더 잘 이해할 수 있었다. 유아들은 자신의 촬영한 영상이 VR동영상으로 완성된 모습을 보며 신기해하며 반복해서 시청하는 모습을 보였다.

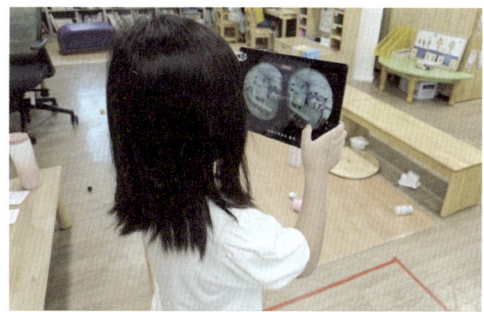

▲ 교실 속 놀이 촬영하기

▲ 다 함께 시청하기

VR동영상 촬영을 위한 기기

삼성 기어 360 카메라		
	– 카메라를 놓은 공간의 360도 전체를 촬영할 수 있다. – 실시간으로 녹화된 화면을 기어VR에 연동된 스마트폰 화면으로 전송하여 즉시 시청 가능하다. – 타임랩스, 슬로우 모션, VR촬영 기능 탑재되어 있다.	
레몬 3D렌즈		
	– 스마트폰 기종에 관계없이 렌즈에 끼워서 촬영할 수 있다. – 2개의 렌즈를 이용하여 2개의 분할된 화면으로 촬영가능하다. – 장착클립을 스마트폰 렌즈부분에 끼워 초점을 맞춰 사용한다.	

VR동영상 촬영을 위한 기기

삼성 기어 360 카메라		
	– 조립형과 완성형 2가지 종류가 있으며 조립형은 직접 조립해야 하는 어려움이 있다. – 유튜브 VR동영상 검색 후 다양한 영상 시청이 가능하다.	
레몬 3D렌즈		
	– VR촬영한 3D영상을 VR기기 없이 바로 스마트폰에서 시청 가능하다. – 렌즈와 거치대로 구성되어 있어 끼워주면 조립이 완성된다.	

03 우리를 튼튼하게 하는 운동

신체운동·건강

엠타이니

교사 이현아: 유아들은 동적인 활동을 선호하기 때문에 로봇을 가지고 정적인 활동만 하는 것 같아서 흥미가 지속되기 어려운 것 같아요.

교사 전진아: 동적인 활동에 활용할 수 있는 엠타이니를 활용해 보시는 것은 어떨까요? 엠타이니 동작카드를 이용하여 달리기, 골프 운동을 할 수 있어요.

교사 김세영: vSports KIDS앱을 활용하여 특별한 디지털 기기 없이도 다양한 신체활동을 할 수 있어요. 엑스박스와 닌텐도 링피트를 이용한 신체활동을 해도 재미있구요.

교사 김련우: 우리 반은 알파미니가 할 수 있는 다양한 신체활동을 따라하는 것을 매우 좋아해서 아침체조시간에 알파미니랑 쿵푸놀이와 요가를 하고 있어요.

내가 좋아하는 로봇과 함께 체육활동을 하고 싶어요

유아들이 제일 좋아하는 활동은 신체를 자유롭게 움직일 수 있는 체육활동과 바깥놀이이다. 하지만 요즘은 미세먼지 또는 폭염으로 인해 실외로 나가지 못하는 환경적 제약으로 인해 실내에서 활동해야 하는 경우가 많아졌다. 유아들과 어떻게 하면 교실 속에서 재미있게 신체를 움직일 수 있는 체육활동을 할 수 있을지 고민하다가 알파미니와 아침체조를 해보는 것은 어떨지 제안해 보았다.

"헤이 클로바 쿵푸 보여줘!"
"와! 알파미니 너무 잘한다"
"우리도 따라해 보자."
"헤이 클로바 요가 보여줘!"

▲ 알파미니와 아침 맞이 쿵푸체조하기

엠타이니와 골프와 달리기를 해요

다음으로는 유아들과 엠타이니의 동작카드를 이용하여 골프와 달리기를 하는 방법을 알아보았다. 엠타이니 아래쪽 센서 인식 부분에 골프공 카드를 인식하면 엠타이니가 빙글빙글 돌아가기 때문에 자신이 원하는 방향을 바라볼 때 스윙하여 골프를 할 수 있다는 것을 이야기 나눈 후 직접 해 보았다. 도착지점 카드가 놓인 곳까지 게임해보며 매우 즐거워하였다. 엠타이니 달리기 카드를 엠타이니 아래쪽 센서에 인식한 후 컨트롤러를 위 아래를 흔들어주면 마구마구 달리는 엠타니의 모습을 관찰한 후 친구들과 함께 달리기를 해 보았다. 로봇을 이용해서 다양한 신체활동을 할 수 있다는 것에 매우 즐거워하는 유아들의 모습을 볼 수 있었다.

▲ 하나 둘 셋 스윙!

▲ 위아래로 흔들어서 달리기하기

vSports KIDS앱으로 다양한 신체활동을 해요

vSports KIDS앱과 태블릿PC 미러링 기능을 이용하여 신체활동을 해 보았다. vSports KIDS앱은 특별한 기기 없이도 유아들과 벽 피하기, 유리창 닦기, 풍선 터뜨리기 등 다양한 활동을 할 수 있는 앱이다. 먼저 유아들과 앱 사용방법에 대해 알아 보았다. 우선 카메라가 유아들의 신체를 인식할 수 있도록 선 후 인식이 완료되면 자신이 하고 싶은 활동을 선택해서 해 보았다. 유아들은 다양한 포즈로 다가오는 벽을 피하고, 높게 높게 손을 뻗어 풍선을 터뜨리거나 유리창을 닦으며 신체의 각 부분을 다양하게 움직여 볼 수 있었다.

▲ 미러링으로 내 신체 인식하기　　　▲ 다가오는 벽을 피하기

엑스박스와 닌텐도 링피트로 신체활동하기!

동작을 인식할 수 있는 카메라가 있는 콘솔게임기, 동작을 감지할 수 있는 센서가 있는 게임기를 활용하면 신체활동을 좀 더 재미있게 할 수 있다. 교실 안에 콘솔게임기를 설치하고 유아들과 함께 운동을 해보았다.

▲ 엑스박스 신체 게임 - 자동차가 되었어요　　　▲ 닌텐도 링피트로 체조하기

신체운동·건강 04 건강이 쑥쑥 식당

실감형3D체험 / QR코드 / 스마트팜

교사 전진아: 며칠 전 안전체험관을 다녀왔어요. 체험관에서 몸에 좋은 음식을 바구니에 담는 실감형 3D 체험활동을 하고 온 뒤로 건강한 음식에 관심을 갖게 되었어요.

교사 이현아: 저의 유치원에도 실감형 3D 체험 놀이가 있어요. 움직임을 인식하고 놀이 결과를 눈으로 확인할 수 있어서 유아들이 무척 좋아해요.

교사 김세영: 체험활동과 관련해서 교실에서 건강한 식습관과 관련된 놀이를 이어나가는 것도 중요할 것 같아요. 스마트팜을 활용해서 직접 유아들이 건강한 식재료를 기르고 먹어보는 것도 좋을 것 같아요.

편식 식습관 개선을 위한 동화를 들어요

평소 급식 시간에 편식이 심했던 유아들의 편식 지도를 위해 「난 토마토 절대 안 먹어」 동화를 듣고 난 후 유아들과 함께 다양한 독후활동을 하였다. 동화책 속에서는 재미있는 채소의 이름이 많이 나왔다. 우리도 평소에 좋아하지 않았던 채소의 이름을 지어보기로 했는데 우리끼리 지어보려고 하니까 생각이 잘 나지 않았다. 그래서 인공지능(AI)의 도움을 받기로 하였다.

챗GPT와 함께 채소의 이름을 다양하게 지어요

챗GPT와 함께 채소 이름을 만들어 보았다. "맛있는 느낌이 들게 당근 이름 지어줘." "목성에서 온 오렌지 뽕나무 같이 토마토 이름을 지어줘."라고 입력했더니 목성에서 온 달콤한 오렌지 당근 나무, 화성에서 온 황금빛 꿀 당근 나무, 은하수에서 온 달콤한 달근이 나무 등 재미있는 이름이 지어졌다. 이렇게 지어진 이름 중에 친구들이 가장 좋아하는 이름을 네모닉 프린터로 출력한 다음 게시판에 붙여 놓았다. 그리고 마음에 드는 이름으로 채소 이름을 정한 다음 채소를 맛 보니 더 맛있게 잘 먹는 유아들의 모습을 볼 수 있었다.

▲ 네모닉으로 채소 이름 출력하기　　　　　　▲ 채소 맛보기

스마트팜으로 교실에서 채소를 키워요

채소에 여러 가지 이름도 지어주고 맛도 보면서 채소에 관심이 많아진 유아들과 함께 우리 교실에서 스마트팜을 이용해서 직접 채소를 길러보기로 했다. 잘 자라는지 매일 살펴보고 하루가 다르게 쑥쑥 자라는 과정을 직접 관찰하면서 유아들에게 상추는 소중한 친구가 되었다. 정성껏 기른 상추가 우리 몸에 어떻게 좋은지 함께 찾아보기도 하고 동생 반에 나눠주기도 했다. 우리가 기른 상추를 점심시간에 먹기로 한 날! 급식 미션을 진행했다. 미션 방법은 다 먹은 식판 인증사진을 찍은 후 교실에서 포토 프린터로 출력하고 사진 게시판에 붙이면 성공하는 것이다. 평소에는 많이 남기던 유

아들도 이날 만큼은 모두 다 먹고 인증사진 붙이기를 성공했다. 친구들과 함께 정성껏 기른 상추가 세상에서 제일 맛있었던 하루였다.

▲ 급식 미션 인증하기

▲ 스마트팜 채소 기르기

3D체험으로 건강한 음식을 알아봐요

안전체험관에서 실감형 3D 체험으로 건강과 관련된 다양한 놀이를 해 보았다. 동작 센서를 통해 유아의 움직임을 인식하는 실감형 콘텐츠를 통해 유아가 움직이면서 화면에서 내려오는 건강한 음식을 바구니에 담아보기도 하고, 불량식품을 찾아 공으로 맞춰보며 건강한 식습관을 가지게 되는 게임도 해 보았다. 우리가 먹는 음식에 설탕이 얼마나 들어있는지 직접 눈으로 확인도 해보며 건강한 음식에 대한 다양한 활동을 경험한 유아들은 교실에서 새로운 놀이를 제안했다. "건강한 음식을 파는 건강식당을 열고 싶어요!"

▲ 실감형 3D 체험

"바구니에 토마토랑 바나나를 담았더니 건강한 어린이가 되었어요!"
"불량식품을 공으로 맞추니까 재밌어요!"

QR코드를 활용하여 건강이 쑥쑥 식당 놀이를 해요

교실에 건강한 음식을 파는 가게를 열고 싶어진 유아들은 계획을 세웠다. 모둠별로 가게 이름과 어떤 음식을 팔 것인지 친구들과 이야기를 나누었다. 그리고 음식에 특별한 스티커를 붙이기로 정했다. 바로 「건강 알리미 QR코드」다. QR코드에 건강한 음식이라고 알려주는 간단한 영상을 담아서 라벨지로 출력했다. 그리고 건강이 쑥쑥 식당 음식에 우리 몸을 건강하게 해주는 음식에는 「건강 알리미 QR코드」를 붙였다. 손님이 음식을 사기 전에 태블릿PC로 QR코드를 찍으면 건강한 음식인지 아닌지 알려 주었다. 건강이 쑥쑥 식당에서 음식을 시키고 태블릿PC로 건강한 음식인지 확인하면서 유아들은 우리 몸을 건강하게 해주는 음식을 더 잘 알게 되었다.

▲ 음식 검색하기

▲ 건강 쥬스 가게 열기

▲ 건강 알리미 QR

신체운동·건강 05 구름빵, 키 크는 빵 주세요

캔바, 크로마키, 태블릿PC, QR코드

교사 이현아: 저희 유아들이 요즘 편식이 너무 심해요

교사 전진아: 저희두요. ㅇㅇ이는 싫어하는 음식을 먹어보지도 않고 권유하면 싫다고만 해서 이럴 땐 어떻게 지도해야 좋을지 고민이에요

교사 김세영: 편식에 관련된 동화를 읽고 역할극도 해보고, 급식실 놀이도 하지만 편식 습관을 단기간에 고치기는 쉽지 않더라구요

교사 김련우: 맞아요. 저는 이번에 '구름빵 키 크는 빵 주세요'라는 동화책을 읽고 연계, 확장해서 여러 가지 활동을 해보았어요. 동극을 하고 영상을 만들어서 유아들과 함께 보고, 가정연계도 하며 지도를 꾸준히 하고 있어요. 확실히 가정과 함께 일관성있게 지도하면 조금씩 나아지는 것 같더라구요.

식습관 개선을 위한 독서 사랑주간을 운영해요

독서 사랑주간을 맞이해 동화책 관련한 여러 가지 활동을 준비하였다. 이번 독서 사랑주간에는 음식과 관련된 책을 함께 소개해서 식습관 교육도 함께 이루어지도록 계획했다. 유아들과 음식과 관련된 책을 한 권씩 정해서 읽은 후 독서퀴즈대회를 열었고, 북아트와 동극을 하면서 독서 사랑주간을 운영하였다.

▲ 독서퀴즈대회 열기

▲ 동극하기

QR코드로 우리들이 한 동극공연을 부모님께 보여드려요.

유아들과 동극을 한 후 유아들이 동극놀이를 진행한 모습이 담긴 놀이영상을 제공했다. 영상은 유아들의 사진을 이용해 캔바 사이트에서 제작했다. 그리고 영상을 볼 수 있는 QR코드를 만들어 디지털 영역에 게시되어 있는 교실 놀이 QR달력에 붙여 주었다. 제작된 영상은 학교 누리집에도 게시해서 가정에서도 함께 볼 수 있도록 공유하였다.

▲ 동극 영상 만들기 (캔바 활용)   ▲ 영상 QR코드

▲ 우리 반 놀이 추억 QR달력

▲ 구름빵 동극 영상 가정과 공유하기

크로마키(Chroma Key) 활동을 통해 주인공에게 칭찬의 말을 전달해요

동화 사후 활동으로 키크는 구름빵을 먹어 건강해진 주인공에게 칭찬의 말을 해 보는 시간을 가졌다. 유아들이 동화속에 들어가 주인공이 된 느낌이 들도록 크로마키 활동으로 진행해 보았다. 유아들은 미러링으로 홍시 옆에 자신이 서 있는 모습을 관찰하여 건강해진 홍시에게 해주고 싶은 예쁜 말로 칭찬해주는 모습을 볼 수 있었다.

▲ 건강해진 동화속 주인공에게 칭찬의 말 전달해보기

신체운동·건강 06 우리가 만드는 체조 놀이

스크루블리, VLLO

교사 전진아: 우리 반에 유난히 움직임에 소극적인 친구가 있어요. 내성적인 성격이라 신체활동에 잘 참여하지 않아서 체육시간에도 1시간 내내 가만히 앉아서 친구들 놀이하는 모습을 바라만 볼때도 있어요.

교사 이현아: 우리 반에도 내성적인 친구가 있어요! 말 수도 별로 없고 친구들과 같이 놀고 싶지만 다가가기 어려워해요. 물론 체육시간에도 적극적으로 움직이고 놀이하려고 하지 않아요. 다른 선생님들은 어떻게 지도하고 계시나요?

교사 김세영: 스크루블리(Scroobly) 사용해보셨어요? 스크루블리(Scroobly)는 구글에서 검색하면 쉽게 이용할 수 있는 사이트인데요. 카메라로 유아들을 비춰주면 그 모습을 AI가 인식해서 캐릭터로 변신시켜줘요. 그리고 유아들이 움직이는대로 캐릭터가 움직여요! 유아들이 얼마나 재미있어하는지 몰라요. 그 프로그램 한번 사용해보세요. 움직임에 소극적인 유아들도 그 프로그램으로 친구들과 즐겁게 놀이하다보면 어느새 적극적으로 변할거에요^^

유아들과 함께 즐거운 체조를 만들면 어떨까?

우리 반 유아들은 아침 체조 시간을 좋아한다. 바깥 놀이 시간에 신나게 뛰는 것도 좋아하고, 춤추는 것도 너무 좋아한다. 하지만 어떤 친구들은 부끄러움도 많고 내성적인 성격 탓에 신체활동에 잘 참여하지 못한다.

어떻게 하면 소극적인 친구들도 신체활동에 잘 참여하고, 교육적으로 이끌어줄 수 있는 효과적인 방법은 없을지 고민이 되었다. 유아들에게 "우리반 만의 체조를 만들어보면 어떨까?"라고 제안해 보았다.

유아들은 너무나 좋아하며 흥미와 관심을 보였다. 우리는 함께 어떤 동작을 만들지, 이야기를 나눠 보았다.

▲ 체조를 좋아하는 유아들

▲ 어떤 동작을 만들까 회의하기

구글검색과 동작카드 미러링 게임을 통해 다양한 동작을 탐색해요

소극적인 유아들은 다양한 동작을 생각하고 스스로 움직임을 보여주는 것을 어려워했다. 유아들에게 다양한 정보 검색방법과 태블릿PC를 지원하였다. 유아들은 체조 영상을 보고 따라 해보기도 하고, 구글에서 다양한 움직임들을 검색 해보기도 하며 다양한 움직임 동작을 알아보았다. 동작 카드를 만들어 제공해 주고, 그 카드를 따라 해보는 미러링 게임을 해 보았다. 신체를 움직이는 활동에 소극적인 친구들을 대상으로 지도할 때에는 먼저 손가락으로 움직이기, 손바닥 움직이기, 팔 움직이기 등 점진적으로 작게 시작해 큰 동작으로 이어지는 방식으로 천천히 할 수 있도록 충분히 시간을 가지고 기다려주었다.

▲ 다양한 동작카드

스크루블리(Scroobly)놀이와 크로마키(Chroma Key)를 활용하여 우리 반 체조를 완성해요

▲ 직접 움직이고 서로 촬영 해주기

▲ 촬영하며 미러링 기능 활용하기

▲ 스크루블리 놀이모습

꺄 난다~ 나야! 내가 나오고 있어!
아하하하 너무 웃겨 ○○이좀 봐~
○○이 정말 춤 잘 춘다. 진짜 재밌어

자신감을 얻은 유아들이 만든 다양한 움직임을 가지고 우리 반 체조를 만들어보자고 제안했다. 유아들이 좋아하는 무대 배경에서 체조를 하고 춤을 출 수 있도록 크로마키 배경을 화려하게 준비해주었다. 미러링으로 연결해 우리반 TV로 크게 보여주었고 유아들은 나만의 움직임, 나만의 체조를 만들기 시작했다. 그 모습을 영상으로 촬영하고, 연결해 우리 반 만의 체조영상을 만들어주었다.

내 모습과 친구들의 모습을 보면서 신나게 따라하는 유아들!

신체를 움직이는데 소극적이었던 친구들도 어느새 친구들과 웃으며 열심히 움직이고, 신나게 뛰고 있었다.

▲ 크로마키 촬영 후 체조 영상 만들기(블로 앱 사용)   ▲ 우리반 체조 영상 QR코드

TIP ❶ 스크루블리(Scroobly) 사용방법

www.scroobly.com Scroobly - Scrooble a doodle. Bring it to life. Web site created using create-react-app	
❶ 스크루블리 검색 후 클릭(스마트폰에서도 접속 가능)	

❷ 시작하기 클릭하기	❸ START 클릭하기

❹ 카메라 사용을 허용하기	❺ 원하는 캐릭터를 선택하고 움직이며 촬영하기

신체운동·건강 07 안전하게 생활해요

오조봇

교사 전진아: 유아들에게 안전교육을 좀 더 재미있게 가르칠 수 있는 방법이 없을까요? 말로만 설명하는 것 보다 더 효과적일 것 같은데 고민이에요.

교사 이현아: 맞아요. 안전교육이 중요한 건 알지만, 유아들이 흥미를 잃지 않게 하는게 관건이죠. 최근에 오조봇을 활용한 놀이가 떠오르는데, 이걸 안전교육과 연관지을 수 있을까요?

교사 김세영: 오조봇은 간단한 코딩으로 움직임을 제어할 수 있어서 유아들이 쉽게 조작할 수 있어요. 오조봇을 이용해서 놀이로 접근해보는건 어떨까요?

"불이야" 화재가 발생했어요

유아들과 함께 화재 발생 시 안전하게 대피하는 것이 왜 중요한지 알아보는 시간을 가졌다. 먼저 영상을 시청하며 화재의 위험성과 대처 방법에 대해 배운 후, 화재 경보음이 울리면 어떻게 행동해야 하고, 어디로 이동해야 하는지를 설명하였다. 이어서 역할극을 통해 대피 훈련의 중요성을 이해한 다음, 유아들과 함께 지정된 대피 경로를 따라 실제 대피 훈련을 실시하였다.

오조봇과 함께 대피해요

대피 훈련에서 배운 안전교육 내용을 재미있게 기억할 수 있도록 오조봇을 소개했다. 오조봇이 색깔 코드에 따라 움직이는 작은 로봇임을 설명하며 간단한 시범을 보여주었다. 이후 오조봇을 활용해 안전하게 대피할 수 있는 경로를 설정해보기로 했다. 오조봇이 특정 반에서 출발해 활동지에 표시된 비상구까지 이동해야 한다고 설명했고, 유아들은 마커를 사용해 오조봇이 따라갈 수 있는 경로를 그렸다. 각자 출발하는 교실에서 비상구까지 오조봇이 안전하게 대피할 수 있도록 상황에 맞는 경로를 설계하며, 올바른 대피 경로를 찾는 데 중요한 요소인 출입구의 위치와 장애물을 피하는 방법 등을 다시 한번 강조하였다.

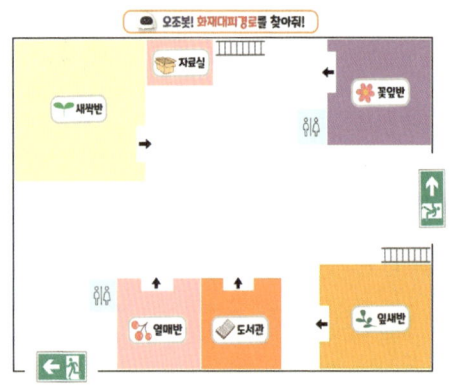
▲ 안전하게 대피해요

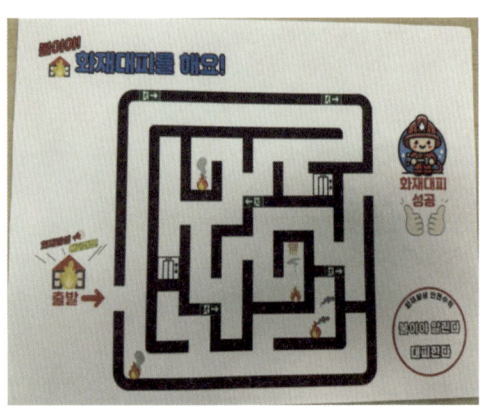
▲ 비상구를 찾아라

소화기 사용방법을 알아보아요

오조봇이 이동할 경로에 소화기 사용 단계를 시각적으로 표시한 체크포인트를 설정했다. 오조봇이 각 체크포인트에 도달할 때마다 유아들은 해당 소화기 사용 단계에 맞는 행동을 시각적으로 확인하고 학습할 수 있도록 했다. 유아들은 오조봇이 이동하는 동안 그림을 확인하며 각 단계를 실제로 어떻게 수행해야 하는지 이해하게 되었다. 오조봇이 불이 난 집 앞에 도착하면, 소화기 사용의 마지막 단계인 "바람을 등지고 분말을 뿌린다"는 동작을 학습하며 활동을 마무리했다. 이 과정을 통해 유아들은 소화기 사용법을 보다 명확하게 이해하고, 중요한 안전 수칙을 재미있게 학습할 수 있었다.

▲ 소화기 사용방법 오조봇 놀이

▲ 소화기 사용방법 체험

신체운동·건강 08 재난대피 홍보영상을 만들어요

캔바(CANVA), 크로마키(Chroma Key), 블로(VLLO)

우리반 친구들 중에 재난대피 훈련을 하는 날이면 늘 울고 무서워하는 친구들이 있어요. 사이렌 소리만 들어도 무섭다고 해요.

안타깝네요 내성적이고 겁이 많은 친구들은 눈물도 많지요 학부모님께서도 걱정이 많으시겠어요

그러게요. 그럴수록 재미있는 놀이로 반복해서 즐겁게 경험하다보면 익숙해지지 않을까요?

맞아요 유아들과 재난대피 방법에 대해 이야기 나눠보고 역할극도 해보고 인형극도 해보면서 안전교육도 하고 영상도 만들어보면 좋을 것 같아요.

사이렌 소리가 두려운 유아에게 안전교육을 재미있게 시작해요

유난히 내성적이고 겁이 많은 유아들은 가끔 있는 재난대피훈련을 할 때면 영상에서 나는 사이렌 소리에도 겁을 먹고 눈물부터 흘린다. 사이렌 소리가 너무 무서워하기 때문이다. 어떻게 하면 두려움에 맞서서 용감하고 씩씩하게 잘 이겨내고, 훈련에 참여한 후 화재 대피 교육 내용을 내면화시키는데 도움을 줄 수 있을까 고민이 되었다. 먼저 가장 친숙한 애니메이션 동영상을 활용해 이야기를 나누었다. 유아들의 수준에 재미있고, 친근한 영상으로 선택했다. 그리고 친구들과 다같이 몸으로 표현하는 역할극과 놀

이를 해보았다. 칭찬과 격려를 통해 무서워하던 친구들도 재미있게 참여할 수 있었다.

▲ 화재대피 영상 감상하기

▲ 역할극 해보기

크로마키를 활용하여 실감나는 화재대피 훈련을 해요

즐겁게 놀이를 통해 가상현실 속에서 대피훈련을 경험할 수 있는 방법은 무엇이 있을까 고민해 보았다. 캔바로 화재대피훈련에 관련된 가상배경을 만들고 크로마키 천을 배경삼아 화재대피 훈련을 신체로 표현해보았다. 미러링 기능을 활용해 전체 유아가 함께 응원하고 격려해주니 무서워하고 두려워하던 친구들도 이제 자신감이 한층 더 생긴 모습을 보였다.

▲ 크로마키 앱으로 대피 놀이하기

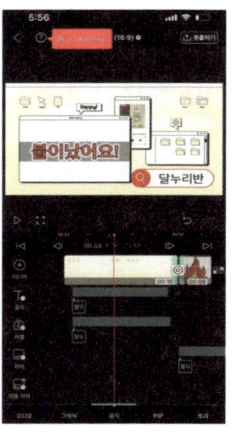
▲ VLLO 어플로 화재대피 홍보 영상 만들기

▲ 실제로 대피훈련에 용감하게 참여하기

고민 해결! 이제 재난대피훈련이 무섭지 않아요

유아들이 직접 몸으로 표현해본 화재대피 훈련 모습과, 실제 대피훈련한 모습을 합쳐 영상으로 제작했고, 우리 반 만의 재난대피 홍보영상이 완성되었다. 이 영상을 다른 반과 가정에도 공유하여 시청해 보았다. 가정에서 다시 한번 교육내용을 상기시키고 부모님의 격려까지 받으니 두려움이 많던 친구들도 더 이상 재난대피훈련이 무섭지 않다고 이야기하는 모습을 보였다.

"○○이좀 봐, 정말 소방서에서 일하는 선생님 같아, 불을 끄고 있어"
"○○이 정말 잘 구른다, 불이 다 꺼지겠어"
"우와 우리가 운동장으로 나가고 있다"
"○○이가 몸을 안숙이고 있네"
"대피할때는 몸을 숙이고 빨리 가야지"

▲ QR코드 만들어 함께 감상하기

▲ 퀴버(QUIVER)앱으로 AR 소방관 놀이하기

TIP ❷ 크로마키(Chroma Key) 촬영하기

크로마키(Chroma key): 색조(Chroma)의 차이(key)를 이용해 영상 속 피사체를 뽑아 낸 뒤 다른 화면에 끼워 넣는 방식

준비물: 크로마키 천, 거치대, 크로마키 앱, 스마트폰이나 태블릿PC

크로마키 천과 거치대를 구입하여 설치하기	크로마키 앱을 설치하기
활용할 수 있는 공간적 여유가 된다면 벽 전체에 크로마키 천을 설치하는 것이 활동에 용이하다.	크로마비드(Chromavid)앱은 아이폰에서 사용할 수 있으며, 유료결제가 필요하다

스마트폰 미러링기능으로 TV와 연결해서 시청하기	놀이 예시1. 고양이와 함께 사진찍기

놀이 예시 2. 배경색과 같은 색깔 물건 사라지는 마법사 놀이
(줌(Zoom) 가상배경을 만들어 줌(Zoom) 회의기능을 사용하기)

MEMO

PART 02

주제가 있는 디지털놀이
의사소통

의사소통 01	• 무지개 물고기야 날아라
의사소통 02	• 클로바 노트와 함께 하는 편지쓰기
의사소통 03	• AI로 만든 나만의 동화책
의사소통 04	• 재미있는 한글 놀이
의사소통 05	• 살아있는 동화책
의사소통 06	• 퀴즈앤(QuizN)으로 다른 유치원 친구와 소통해요
의사소통 07	• 헤이 클로바! 나랑 같이 놀자

의사소통

■ 목표

일상생활에 필요한 의사소통 능력과 상상력을 기른다.

- 일상생활에서 듣고 말하기를 즐긴다.
- 읽기와 쓰기에 관심을 가진다.
- 책이나 이야기를 통해 상상하기를 즐긴다.

■ 내용

내용 범주	내용
듣기와 말하기	말이나 이야기를 관심 있게 듣는다.
	자신의 경험, 느낌, 생각을 말한다.
	상황에 적절한 단어를 사용하여 말한다.
	상대방이 하는 이야기를 듣고 관련해서 말한다.
	바른 태도로 듣고 말한다.
	고운 말을 사용한다.
읽기와 쓰기에 관심 가지기	말과 글의 관계에 관심을 가진다.
	주변의 상징, 글자 등의 읽기에 관심을 가진다.
	자신의 생각을 글자와 비슷한 형태로 표현한다.
책과 이야기 즐기기	책에 관심을 가지고 상상하기를 즐긴다.
	동화, 동시에서 말의 재미를 느낀다.
	말놀이와 이야기 짓기를 즐긴다.

디지털 놀이로 만나는 의사소통!

듣기와 말하기

유아가 다른 사람의 이야기를 관심있게 듣고, 느낀 것을 바탕으로 자신의 경험이나 생각, 느낌을 잘 이야기 하는 것은 매우 중요합니다. 자기가 원하는 것을 잘 알고 전달할 수 있어야 자신의 일을 스스로 해결할 수 있고, 자율적인 사람으로 성장할 수 있습니다. AI비서, 인공지능 스피커 등을 놀이에 활용함으로써 말하고자 하는 내용을 정확하게 전달하고, 타인의 이야기를 경청하는 경험도 하게 됩니다. 이때 흥미를 가지고 자발적으로 놀이활동에 참여함으로써 타인, 그리고 외부세계와 소통하는 능력을 기르게 됩니다. 또 일상생활 속에서 궁금한 것을 디지털 매체를 통해 검색해 알아보고, 문제를 해결해나가며 친구들과 활발한 의사소통이 가능해집니다. 이러한 디지털 도구를 활용한 놀이를 통해 유아들은 더욱 더 풍부한 상상력과 창의력을 기를 수 있습니다.

읽기와 쓰기에 관심가지기

유아들은 듣고 말하고 읽고 쓰게 됩니다. 이러한 배움의 과정으로 나아가기 위해서 말과 글의 관계를 이해하고 연결지을 수 있어야 합니다. 디지털 기기, 매체를 활용하면 유아들이 직접 읽고 쓸 수 없어도 유아들이 말한 것이 글자로 변환되고, 이야기가 되며, 그림으로 표현되어지는 놀라운 경험을 하게됩니다. 예를들어 AI 스피커가 읽어주는 동화책을 들으며 그림과 글자를 따라가게 됩니다. 또 내가 원하는 내용을 녹음하고 인공지능이 글자로 변환해주면 이를 활용해 편지쓰기 놀이를 하며 글을 쓰는 재미와 소통의 중요성을 배울 수 있습니다. 다양한 디지털 기기를 활용한 놀이를 통해 자발적으로 글자를 읽고 쓰는것에 참여하고 표현하는 즐거움을 느낄 수 있습니다.

책과 이야기 즐기기

글을 배우기 전 유아들이 처음 접하는 것은 그림책입니다. 그림책을 보며 흥미를 느끼고 내용에 대한 상상의 나래를 펼치며 유아들은 글과 언어에 관심을 가지고 배우기 시작합니다. 이야기를 듣고 말하며 지어내는 즐거움을 직접 놀이를 통해 경험하고 느낄 수 있도록 다양한 디지털 기기를 지원해주는 것은 꼭 필요한 교육적 지원입니다. 증강현실 그림책이나, 휴대폰, 태블릿PC, vr체험 등을 통해 유아들이 그림책 이야기 속으로 빠져 들고, 몰입하는 경험을 하게 된다면 유아들이 더욱 효과적으로 책과 이야기를 즐길 수 있게 될 것입니다. 디지털 기기를 활용해 동화책 작가가 되어보고, 주인공이 되어보는 것! 환상적인 경험을 유아들에게 선물해 줄 수 있습니다.

의사소통 01 무지개 물고기야 날아라

동화 무지개물고기 / 무선조종 물고기

유아들의 엉뚱한 상상력이 때로는 재미있는 수업으로 이어지기도 해요. 무지개 물고기가 하늘을 날았으면 하는 아이의 바람을 이뤄주고 싶었어요.

하늘을 날아가는 물고기를 어떻게 만드셨어요? 유아들이 정말 신났겠어요.

무선 조종이 되는 물고기가 있더라구요. 아이디어를 조금 보태서 무지개 물고기로 바꾸고 직접 띄워 보았습니다. 물고기의 비밀은 헬륨 풍선에 무선조종기를 달았다는 거에요.

무지개 물고기 동화 읽고 이야기 나누기

유치원에서 만나는 친구들과 좋은 관계를 맺고 사이좋게 지내려면 어떻게 해야 할지 이야기를 나누게 되는 3월에 자주 활용하는 동화책은 '무지개 물고기'이다. 동화 내용은 자기만 알고 이기적이었던 무지개 물고기가 다른 친구에게 자신의 소중한 비늘을 나눠주면서 함께 하는 이야기이다. 무지개 물고기 내용은 너무도 유명하고 흥미로워서 이미 내용을 다 알고 있는 유아도, 처음 이야기를 접해본 유아도 모두 재미있게 동화를 듣는다. 보통은 무지개 물고기가 행복하게 잘 살았다는 이야기를 듣고 친구를 배려하고 나눔을 실천하는 훈훈한 마무리를 하게 되지만, 이번에는 좀 달랐다.

하늘을 나는 무지개 물고기

한 유아가 "무지개 물고기가 하늘을 날았으면 좋겠어요."라고 이야기했다. 당시 유행하던 드라마 내용 중에 고래가 하늘을 나는 장면을 기억하고 이야기를 했던 것이다. 유아의 바람을 어떻게 하면 들어줄 수 있을까 고민하던 중에 '무선 조종 상어' 장난감을 찾게 되었다. 상어 모양의 풍선에 헬륨을 넣고, 밑바닥 부분에 무선 조종기를 부착한 형태의 장난감이었다. 상어의 무시무시한 모습을 예쁜 무지개 물고기로 꾸며주었다. 동화의 내용처럼 반짝반짝 빛나는 비늘을 붙여 무지개 물고기를 만들었다.

드디어 완성된 물고기를 무선 조종으로 교실 안에서 날렸다. 조종이 쉽지는 않지만 무지개 물고기가 교실을 날아다녔다. 유아들은 무지개 물고기를 보면서 정말 즐거워했다. 그런데 무지개 물고기를 하늘에 날려보고 싶다던 유아가 진짜 하늘에서도 날려보고 싶다고 이야기했다.

▲ 무지개 물고기 꾸며주기

▲ 무지개 물고기 조종하기

무지개 물고기야 안녕

진짜 하늘을 찾아 무지개 물고기를 들고 밖으로 나갔다. "정말 물고기가 하늘로 날아갈까? 터지면 어떡하지?" 유아들은 온갖 상상을 하며 기대를 안고 바깥으로 향했다. 두근두근! 헬륨 풍선이라 불안했지만 진짜 하늘에서 날아가는 무지개 물고기를 보여주고 싶었다.

유아 두 명에게 풍선을 건넨 순간, 물고기가 정말 빠르게 하늘로 날아가버렸다. "물고기가 정말 날아가고 있어!" "어디로 가는거지? 바다로 가는 건가?" 야호~ 유아들은 환호성을 지르며 신나했다.

TIP ❶ 무선 조종 물고기

▲ 비행 대형물고기
(이미지출처 인터넷)

- 무선 조종이 되는 물고기는 인터넷 쇼핑몰에서 구입 가능하다.
- 헬륨은 별도 구매가능하다.
- 물고기를 지느러미까지 섬세하게 조종할 수 있어서 물고기의 움직임을 잘 표현할 수 있다.
- 무선조종기를 부착할 때 약간 까다롭고 찢어지거나 날아가 버릴 수 있다.

의사소통 02 클로바 노트와 함께 하는 편지쓰기

태블릿PC, 클로바 노트(앱)

태블릿PC에 들어있는 기본 앱들을 유아들이 자유 놀이 시간이나 일상생활에서 활용할 수 있는 방법에는 무엇이 있을까요?

클로바 노트를 활용하면 유아들이 음성으로 말하는 것을 글씨로 바꿔줘요. 유아들이 모르는 글자 찾아볼 때 유용했어요. 텍스트 검색으로 모르는 글자를 검색해서 책을 읽을 수도 있고요.

유아들이 편지쓰기 할 때 모르는 글자 알려달라고 자주 오는데, 클로바 노트 앱으로 유아들을 지원해야겠어요.

글자를 알려주는 클로바 노트

5세 유아들은 교실에서 편지 쓰기 활동을 정말 많이 한다. 편지 쓰기를 하는 과정에서 유아들은 모르는 글자를 물어보기 위해 교사에게 도움을 요청한다. 이때 클로바 노트를 활용하면 좋다. 클로바 노트는 음성을 글자로 변환시켜주기 때문에 유아 스스로 글자를 알아볼 수 있다. 유아에게 클로바 노트 사용법을 알려줄 때, 정확한 문장을 알기 위해서는 또박또박 말해야 함을 알려줘야 한다. 처음에는 발음이 부정확해서 틀린 글씨를 알려주기도 하였다. 반복해서 사용하다보니 유아들은 음성을 또박또박 천천히 발음할 수 있게 되었다. 클로바 노트 사용이 익숙해진 유아들은 글자 검색 기능을 스스로 잘 사용하기 시작했다.

▲ 음성으로 검색하기

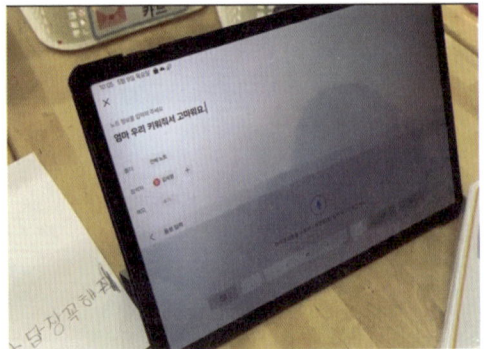
▲ 음성을 글자로 변환

부모님께 편지쓰기

곧 다가오는 어버이날을 맞이하여 유아들과 함께 부모님께 편지쓰기를 계획했다. 부모님께 하고 싶은 말을 이야기하면서 유아들은 "모르는 글자는 클로바 노트한테 물어보면 돼!"라고 말하였다. 클로바 노트의 기능을 능숙하게 활용해서 편지쓰기 활동을 마무리하였다.

클로바 더빙

클로바 더빙으로 수업 자료 동영상 만들기

클로바 더빙에서 [새 프로젝트 생성] 클릭 – [동영상 추가] 또는 [PDF 추가] 클릭 – 더빙할 AI보이스 선택 – 더빙할 내용을 입력하고 [더빙 추가] 버튼 클릭 – 다운로드

"엄마 우리 키워줘서 고마워요."
"아빠 일 하시느라 힘드시죠?"
"아프지 말고 건강하세요."
"할머니 밥해줘서 고마워요."

▲ 클로바 노트로 편지쓰기

 클로바 노트

태블릿PC 거치대를 같이 구입해서 디지털 영역에 놔주면 유아들이 더 편하게 이용할 수 있어요.

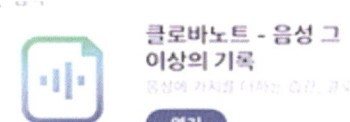

▶ 스마트폰, 태블릿PC, PC에서 모두 사용이 가능가능하다.
▶ 스마트폰이나 태블릿은 '클로바노트' 앱을 다운로드하고 네이버 아이디로 로그인한다.

의사소통 03 · AI로 만든 나만의 동화책

캔바(CANVA)

교사 김새영: 캔바에서 AI이미지 생성기를 활용하면 재미있는 그림들이 많이 나와요. 캔바의 기능을 활용해서 동화책을 만들어보면 좋을 것 같아요.

교사 이현아: 스스로 이야기를 만들기 어려워하는 유아들을 위해 챗GPT와 함께 만들어도 재미있을 것 같아요.

교사 김진우: 유아들이 만든 이야기와 챗GPT가 만든 이야기를 활용해서 새로운 동화책이 만들어 질 것 같아요.

챗GPT와 만났어요

챗GPT를 유치원에서는 어떻게 사용하면 좋을까 고민하다가 유아들과 동화를 만들어 보기로 했다. 먼저 유아들이 챗GPT에 친숙해지기 위해 궁금한 것을 물어보는 시간을 가졌다. "엄마 아빠는 왜 잔소리를 많이 할까요?", "아빠는 왜 방구를 많이 뀔까?", "사람은 죽으면 어떻게 되나?", "하늘나라는 어떻게 생겼을까?" 등 다양한 질문이 나왔다. 챗GPT에 대해 호기심이 많아진 유아들과 함께 동화 만들기를 계획하였다. 모둠별로 토의를 해서 주제와 주인공 등을 정하기로 했다.

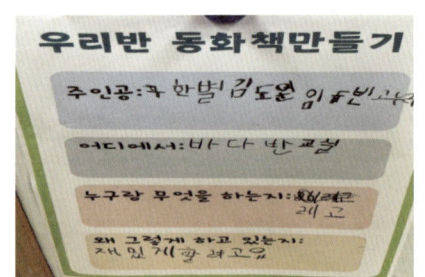
▲ 주제와 주인공 정하기

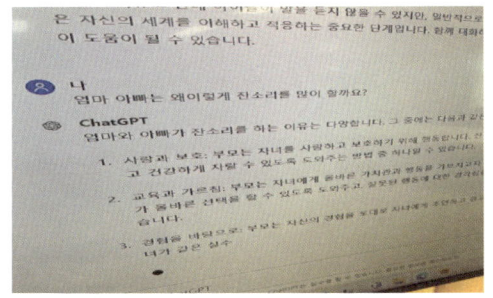 

▲ 챗GPT에게 질문하기

모둠별로 토론을 끝낸 후 나온 주제들을 챗GPT에 입력했다. 결과는 재미있는 동화들이 많이 나왔다. 단, 중간중간 이상한 단어나 어울리지 않는 문장들은 교사의 교정이 필요하다. 이야기가 나온 후에는 동화책에 들어갈 그림이 필요했다. 캔바(CANVA) 교육용 프로그램은 다양한 그림들을 무료로 사용할 수 있어서 동화 만들기 활동에 유용했다. 캔바 기능 중에서 '나만의 이미지 생성기'를 통해 원하는 그림을 글로 입력해주면 다양한 그림을 얻을 수 있습니다. 자세한 내용을 단어로 제시할수록 그림과 어울리는 그림을 그려준다. (예: 꽃이 핀 숲에 있는 귀여운 애니메이션 고양이)

▲ 완성된 책 함께 읽기　　　　　　　　　　▲ 챗GPT, 캔바로 제작한 동화

유아들이 챗GPT와 함께 만든 책은 〈하늘나라의 유니콘, 토끼, 고양이와 신나는 케이크 모험〉, 〈우주놀이터의 재미있는 수영대회〉, 〈바다반의 신나는 레고놀이〉, 〈행복한 가족의 꽃놀이와 산책〉 총 4권이다. 각각의 책을 코팅하여 스프링으로 묶어주니 멋진 책이 완성되었다.

의사소통 04 재미있는 한글 놀이

전자칠판, 미러링, 캔바

디지털이랑 연계해서 한글, 수, 언어교육을 할 수 있는 방법은 없을까요?

미리캔버스, 캔바 같은 프로그램과 전자칠판과 같은 디지털 기기를 사용해서 한글 놀이를 하면 더 풍부한 놀이가 될 것 같아요

맞아요. 저도 저번에 들었던 연수에서 캔바를 활용해서 신체놀이, 글자놀이를 한 사례를 듣고 실천해 본 적이 있어요.

우리 반 유아들이 유튜브에서 한글요가를 따라하는걸 좋아하는데 캔바와 전자칠판을 이용해서 다같이 좋아하는 글자찾기 게임을 해봐야겠어요!

한글 요가 신체놀이를 해요

유아에게 한글에 대한 흥미를 높이기 위해 한글 요가 신체 놀이를 계획했다. 한글 요가란, 유튜브에 있는 몸으로 한글 자음을 만들어보는 신체 놀이다. 자음을 배울 때 가장 첫 번째 배우는 'ㄱ'을 유아들이 쉽게 친숙해질 수 있도록 유도해보았다. 먼저 교실에서 'ㄱ'을 찾는 활동을 통해 주변 환경에서 자연스럽게 자음 모양을 찾고 글자를 인식할 수 있도록 하였다. 유아들이 교실에서 'ㄱ' 모양을 찾고 이를 발표하도록 유도하면서 관찰력과 발표력을 함께 기를 수 있었다.

▲ 한글요가 신체놀이

▲ 친구와 함께 글자 'ㄹ' 만들기

리을 내 이름에도 들어가요
리을 몸으로 만들어 보자
나 혼자는 어려운데?
그럼 같이 만들어 볼까?

디지털 도구와 함께해요

몸으로 'ㄱ'을 만들어보는 신체 활동과 결합하여 더욱 흥미를 가졌고 유아들이 서로 협력하여 'ㄱ' 모양을 찾아볼수 있게 하여 협동심과 창의력을 기를 수 있었다. 캔바와 같은 디지털 도구를 이용해 유아들의 몸으로 만든 글자로 우리 반의 글자 책을 만들어 언어영역에 게시해주니, 유아들이 글자에 대해 더 높은 흥미와 호기심을 갖게 되었다. 자유놀이 시간에 우리반 글자 책을 보며 서로 퀴즈놀이도 하며 자연스럽게 한글을 익히는 시간을 갖게 되었다.

▲ 글자 'ㄱ' 써보기

▲ 몸으로 글자 'ㄱ' 만들기

▲ 교실에서 글자 'ㄱ' 찾기

놀이를 확장해요

줌(ZOOM) 회의 기능을 활용해 미러링 기능을 사용하여 카메라로 유아들을 비춰주며 'ㄱ' 글자를 찾는 활동을 진행하니, 더욱 재미있는 글자 찾기 놀이로 확장할 수 있었다. 주변에서 다양한 'ㄱ' 모양을 찾아보고 'ㄱ' 모양을 프린트하여 다양한 재료로 꾸미는 미술 활동은 유아들의 창의력과 미적 감각을 키울 수 있는 좋은 방법이다. 색칠하기, 스티커 붙이기, 콜라주 등 다양한 방법으로 'ㄱ'을 꾸며보았다.

◀ 캔바로 글자 카드 만들기

▲ 식단표에서 글자를 찾아요   ▲ 내 몸으로 만든 글자 꾸미기

의사소통 05 살아있는 동화책

태블릿PC / 증강현실 그림책 / 에니메이티드 드로잉

교사 전진아: 우리 반에 글자를 잘 모르는 친구들도 증강현실 동화책은 무척 재미있어해요. 동화책이 살아 움직이는 것 같다고 해요!

교사 이현아: 소리도 실감나게 들려서 유아들의 호기심을 일으키는 것 같아요.

교사 김전우: 애니메이티드 드로잉을 활용하면 그림을 움직이는 영상으로 만들 수 있어요. 유아들이 직접 증강현실 동화책을 만들어보는 경험을 할 수 있어요!!

동화가 움직여요

유아들은 책 속의 등장인물이 살아 움직이는 것 같은 증강현실 동화책을 매우 좋아했다. 태블릿PC로 그림책을 보면 그림책 속에서 움직이는 배경과 효과음이 매우 실감났다. "동화책이 살아있는 것 같아요!" "부엉이가 책 속에 살고 있어요!" 증강현실 동화책 덕분에 유아들이 책 읽는 시간을 즐거워했다.

▲ 증강현실 동화책 감상하기

움직이는 동화책 만들고 싶어요

유아들과 직접 움직이는 동화책을 만들기 위해 함께 생각했다. 유아들마다 좋아하는 캐릭터, 만들고 싶은 이야기가 달라서 고민하다가 각자 좋아하는 장면을 모아 살아있는 그림책을 만들기로 했다. 유아들이 좋아하는 책 속의 한 장면을 그림으로 그려서 스마트폰으로 사진을 찍었다. 그리고 사진으로 찍은 그림을 애니메이티드 드로잉을 실행하여 업로드했다. 업로드해서 움직이는 그림이 된 장면 하나하나를 연결해서 새로운 동화를 만들었다. 유아들과 이야기를 만들고 클로바 더빙을 사용해서 음성도 넣어서 세상에 하나밖에 없는 동화를 완성했다.

▲ 기억에 남는 그림 그리기

▲ 그림 업로드

애니메이티드 드로잉 https://sketch.metademolab.com
- AI기술을 활용해서 움직이는 캐릭터를 만들어주는 무료 플랫폼
- 직접 그린 그림을 사진으로 찍고, 업로드하면 움직이는 그림으로 변신한다.
- 앱 실행 시 번역기능을 끄고 사용해야 한다.
- 그림 테두리는 선명하게, 팔, 다리는 몸통과 떨어지게 그리는 것이 좋다.
- 선, 주름, 찢어진 부분이 없는 흰색 종이에 캐릭터가 그려져 있는지 확인해야 한다.
- 저작권 있는 그림은 올리는 것이 금지되어 있다.

▲ 애니메이티드로 움직이게 만든 그림

TIP ❶ 애니메이티드 드로잉: 그림을 움직이게 만들기

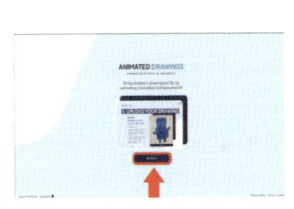		
❶ Animated Drawings 사이트로 이동한 후 Get Started 버튼을 클릭하기 (번역기능 끄고 사용하기)	❷ Upload Photo를 클릭하고, 전신이 나오면서 팔과 다리가 몸과 겹치지 않는 캐릭터의 그림을 업로드한다.	❸ 상자의 크기를 캐릭터의 크기에 맞게 조절해준 다음 Next를 클릭하기
		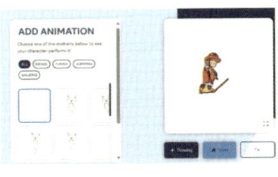
❹ AI가 자동으로 범위를 지정해주지만 배경이 있을 경우 펜과 지우개를 사용해 수동으로 지정해주기. 캐릭터를 배경에서 분리하고, 강조 표시한 다음 Next를 누르기	❺ 캐릭터의 관절 위치가 자동으로 지정됩니다. 수동으로 설정할 수도 있으며 정상적으로 관절이 지정되었다면 Next 버튼을 누르기	❻ 좌측에서 애니메이션을 선택하면 업로드한 캐릭터가 해당 모션을 직접 실행합니다. 그림 우측 하단에 있는 전체화면 아이콘을 클릭하고, 마우스 우클릭〉동영상으로 저장을 클릭해 mp4 파일로 저장하기

의사소통 06 퀴즈앤(QuizN)으로 다른 유치원 친구와 소통해요

ZOOM/ZEP/퀴즈앤(QuizN)/클래스툴

교사 이현아: 저희 유치원은 옆 유치원과 소규모 유치원 공동교육과정을 운영하고 있어요. 매일 만나는 것은 아니라서 유아들끼리 친해지는 것이 어려운 거 같아요.

교사 전진아: ZOOM을 이용해서 영상으로 만나는 것은 어떨까요? 매일은 아니어도 자주 소통할 수 있는 방법이 될 것 같아요.

교사 김세영: ZEP을 이용해서 가상의 공간에서 유아들이 만나고 함께 활동하는 방법도 좋을 것 같아요. 사실 다른 유치원끼리 만나서 활동을 하려면 통학버스, 시간, 장소 모두 다 선정해야 해서 교사가 해야 할 일이 많으니까요.

교사 김전우: 퀴즈앤(QuizN)과 클래스툴을 이용하여 양방향 수업도구를 활용하면 친구들과 함께 그림도 그리고, 퀴즈도 맞추며 서로의 메시지도 주고 받을 수 있어 좋을 것 같아요.

유치원 간의 소통과 협력에 대해 고민했어요

우리 유치원과 차로 15분 거리에 있는 옆 유치원은 소규모 유치원 공동 교육과정을 운영하고 있다. 한 달에 1~2번 만나서 숲 체험도 함께 가고, 현장 체험 학습도 함께하며 소인수 학급에서 발달하기 어려운 사회성 발달을 도모하고 교사의 업무 경감에도 큰 도움을 받고 있다. 첫 만남에서 유아들끼리 이름도 알아보고, 인사도 하며 서로 친해지는 시간을 가져 보았다. 하지만 자주 보기 어렵다 보니 만났을 때 어색해하고 잘 놀이하지 못하는 모습도 보여 교사로서 고민스러운 마음이 들었다. 그래서 양방향 수업 도구를 활용하여 친구들 사이에 친밀감을 높일 수 있는 방법을 적용해 보기로 했다.

"친구야! 나는 OOO이야, 너는 이름이 뭐야?"
"나는 OOO야! 난 6살인데 넌 몇 살이야?"
"나도 6살인데! 우리 똑같네!"
"와! 그럼 우리 친구네! 반가워!"

▲ 첫 만남! 반가운 인사를 나누어요!

퀴즈앤(QuizN)으로 안부를 나눠요

유아들에게 유치원 간의 거리는 떨어져 있지만 자주 서로를 떠올리고 안부를 전할 수 있도록 퀴즈앤((QuizN) 사이트를 이용하여 친구들 간에 서로에게 하고 싶은 말을 음성편지로 보낼 수 있도록 소개하였다. 유아들은 음성녹음하는 것에도 흥미를 느끼고, 친구들이 어떤 음성편지를 보냈을지도 궁금해 하는 모습을 보였다.

"선생님, 저도 음성편지 보낼래요!"
"친구는 어떤 말을 했을까? 너무너무 궁금해!"
"선생님, 친구에게 편지 왔어요?"

▲ 친구에게 안부인사를 녹음해보기 ▲ 친구의 목소리를 들어보자

TIP ❶ 퀴즈앤(QuizN) 소개하기

퀴즈앤(QuizN)은 pc나 스마트폰을 활용해 퀴즈쇼를 제작할 수 있으며, 교실 수업, 원격 수업, 마이크로 러닝 등 다양한 목적으로 활용할 수 있는 웹서비스입니다.

(1) 퀴즈앤 사이트(https://www.quizn.show) 접속 및 회원가입 하기
(2) 제작하고자 하는 형태의 퀴즈를 선택하고 제작하기
(3) 제작한 퀴즈를 공유하기
(4) 제작한 퀴즈를 활용해 다양한 평가를 실시할 수 있음

퀴즈앤(QuizN)을 유아가 참여하는 방법

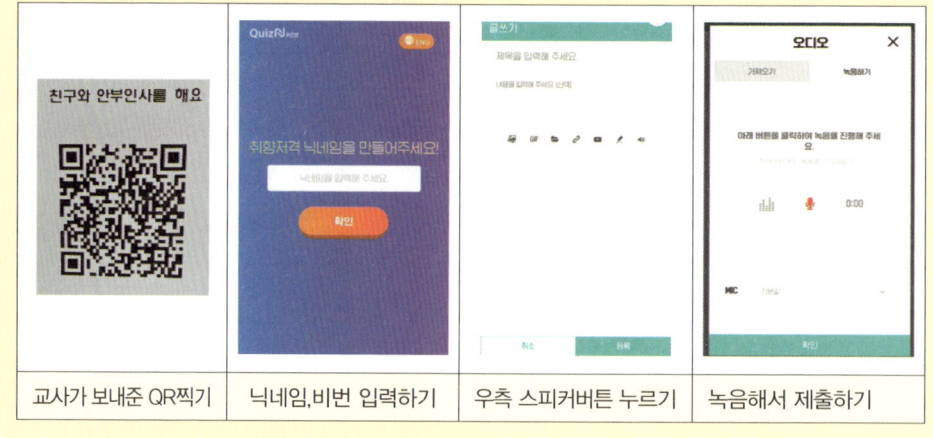

| 교사가 보내준 QR찍기 | 닉네임,비번 입력하기 | 우측 스피커버튼 누르기 | 녹음해서 제출하기 |

의사소통 07 헤이 클로바! 나랑 같이 놀자

헤이클로바

교사 이현아: 우리 반 유아들이 평소 이야기 나누기 시간에 다른사람 이야기를 듣지 않고 자꾸 자기가 하고 싶은 말만 하는 게 고민이에요. 상대방의 이야기를 잘 듣고 대답하는 능력을 길러주고 싶어요.

교사 전진아: 가장 쉽게 인공지능 교육에 활용할 수 있는 디지털 기기 중에 하나가 클로바 램프인것같아요. 유아들이 클로바 램프로 동화책 읽기, 말놀이 등 다양한 활동을 많이 할 수 있거든요

교사 김은경: 맞아요 클로바 램프는 인공지능 스피커죠! AI스피커라고도 하는데, 스마트폰과 TV 등 우리 주변에서 널리 활용되고 있기도 해요.

교사 김현우: 우리 반에서도 클로바 램프를 활용해서 유아들과 함께 놀이하고 있어요. 그리고 태블릿PC에서 구글 어시스턴트를 활용해 놀이 하고 있기도 하고요. 특별한 조작 없이 스피커에 말을 거는 방식이라 연령에 관계없이 인공지능에 흥미를 갖게 할 수 있는 것 같아요.

자기중심적인 특성 때문에 상대방의 이야기를 듣고 말하는 능력이 부족해요

3세반의 월요일 아침, 주말지낸 이야기를 나누는 시간, 유아들은 서로의 이야기를 듣기보다 내가 말하고 싶은 내용을 이야기 하기에 바쁘다. 금새 분위기는 산만해지고 시끄러워져서 누구의 이야기도 제대로 알아들을 수 없었다.

유아기 특성중에 하나인 자기중심성은 종종 이야기하고있는 상대방을 배려하지 못할 때가 있다. 그래서 유아들의 말하기 능력을 향상시켜 줄 클로바 램프와 함께 놀아 보았다.

클로바 램프와의 만남

유아들에게 클로바 램프를 소개시켜 주고, 클로바 램프와 대화하는 방법을 알려주었다. 예시로 여러 문장을 작성해서 게시판에 붙여주고, 보고 따라해볼 수 있도록 하였다. "헤이 클로바 동요 틀어줘" "헤이 클로바 동화책 읽어줘" "헤이 클로바 오늘 날씨 어때?" "나랑 끝말잇기 하자" 등등

이렇게 클로바 램프와 놀이하다보니, 마스크를 쓰고 이야기 할 때 발음이 조금 부정확하던 친구도 점차 발음이 나아지는 모습을 볼 수 있었다.

"헤이 클로바 동화책 읽어줘"
"헤이 클로바 오늘 날씨 알려줘"
"헤이 클로바 끝말잇기 하자"
"헤이 클로바 신나는 동요 틀어줘"

▲ 클로바 영역에서 동화 듣거나 클로바에게 질문하기

이제 순서를 지켜 말할 수 있어요

클로바 램프와 소통하기 위해서는 말하는 순서를 지켜야 한다. 그리고 내가 전달하고자 하는 내용을 정확하게 이야기 해야 한다. 친구와 한꺼번에 말하면 클로바 램프를 작동시키기가 쉽지 않았다. 이를 통해 유아들은 천천히 한사람씩 차례대로 이야기 해야 함을 자연스럽게 클로바 램프와 놀면서 배우게 되었다.

 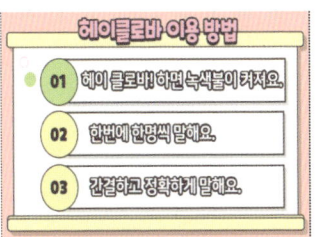 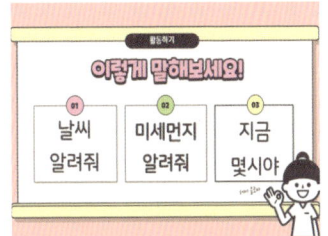

▲ 클로바 램프 영역에 게시한 안내 PPT 자료

놀이의 확장

클로바 위치를 이쪽으로 저쪽으로 옮겨달라는 요청이 있다. 전원 콘센트를 연결해야 해서 마음껏 이동시키지 못하는 불편함은 있었지만 최대한 유아들의 요구를 수용해주었다. 클로바가 읽어주는 책이 너무 재미있다며 유아들이 클로바 집을 만들어 주자고 했고, 동화책 세상 이라는 간판도 만들어 꾸며 주었다.

그리고 '동화책 세상' 안으로 들어가 클로바 램프가 읽어주는 동화 속 세상으로 푹 빠져드는 유아들의 모습은 정말 사랑스러웠다.

▲ 내가 좋아하는 동화책 표지 그리기   ▲ 내 작품으로 동화책 세상 꾸미기

 **TIP ❶ 구글의 재미있는 기능 'Ester Egg'**

Ester Egg란? 영화, 책, 소프트웨어, 비디오 게임 등에 숨겨진 메시지나 기능을 뜻한다. 구글에서는 검색어 일부에 기능을 추가하여 검색하는 사람들이 재미를 느낄 수 있는 요소를 숨겨두었다.

어떤 검색어가 있나요?

- 고양이, 강아지 검색 → 발자국 모양 클릭 → 화면을 클릭할 때마다 화면이 (고양이, 강아지) 발자국으로 덮힌다.
- 크리스마스 → 선물상자 클릭 →
  1) 크리스마스 까지 남은 시간이 나타난다.
  2) 캐릭터들을 배치해 음악을 연주할 수 있다.
  3) 크리스마스 관련 애니메이션을 감상할 수 있다.
  4) 크리스마스 관련 게임을 할 수 있다.
  5) 크리스마스 관련 디지털 드로잉을 할 수 있다.

 **TIP ❶ 구글 검색 도구 활용하기 팁**

구글 검색 시 몇가지 설정을 해놓으면 내가 원하는 품질과 저작권의 사진을 손쉽게 구할 수 있다. 활용방법은 다음과 같다.

- 내가 원하는 사진의 이름을 구글 검색창에 입력하여 검색한다.
- 검색 후 상단에 〈이미지〉를 클릭한 후 〈도구〉메뉴를 클릭한다.

- 〈도구〉메뉴를 클릭하면, 사진과 같이 크기, 색상, 사용권한, 유형, 모든날짜 라는 세부 설정 항목들이 나온다.

크기	내가 사용하고자 하는 사진의 크기를 의미합니다. 높은 화질의 사진을 얻고 싶다면, '큼'을 선택하면 됩니다.
색상	이미지 색상을 기준으로 검색합니다. 모든 색상, 흑백, 투명 중 선택할 수 있으며 '투명'을 클릭하면 배경이 없는 PNG파일을 검색할 수 있습니다.
사용권한	크리에이티브 커먼즈 라이선스와 상업 및 기타 라이선스로 구분됩니다. 크리에이티브 커먼즈 라이선스는 무료로 사용 가능한 이미지입니다. 단, 상세 라이선스 종류에 따라 사용 조건이 있으므로 상세 조건을 확인해야 합니다. 상업 및 기타 라이선스는 라이선스 구매가 필요한 이미지입니다.
유형	파일의 유형을 선택할 수 있습니다. 그림 파일인 클립아트, 선으로 구성되어 있는 선화, 짧은 동영상 파일인 GIF를 선택할 수 있습니다.
모든 날짜	지난 1일, 1주, 1달, 1년과 같이 업로드 된 날짜를 기준으로 검색할 수 있습니다.

- 저작권이 없는 사진을 검색하기 위해, '사용권' – '크리에이티브 커먼즈 라이선스'를 클릭 후 검색한다. 크리에이티브 커먼즈 라이선스 이미지는 대부분 저작권 무료인사진이 많으나, 사진마다 출처 표기 등 기준이 다를 수 있으니 세부 정보를 확인해야 한다.
- 이미지를 클릭하면 사진과 같이 라이선스 세부 정보를 확인할 수 있으니, '라이선스 세부정보'를 클릭하여 세부 정보를 확인 후 이미지를 활용하면 저작권을 지키며 이미지를 사용할 수 있다.

MEMO

PART 02
주제가 있는 디지털놀이
자연탐구

자연탐구 01	• 5월 31일은 바다의 날
자연탐구 02	• 멸종위기동물 보호 캠페인
자연탐구 03	• 지구야 아프지 마!
자연탐구 04	• 미래의 내 자동차
자연탐구 05	• 셀프주유소 놀이
자연탐구 06	• 너의 이름이 궁금해
자연탐구 07	• 놀이터에서 만난 동물 친구들
자연탐구 08	• 내가 TV에 나오면 좋겠어요
자연탐구 09	• 분류 대장이 되어요
자연탐구 10	• 물속 레이스와 장애물 탐험

자연탐구

■ 목표

탐구하는 과정을 즐기고, 자연과 더불어 살아가는 태도를 가진다.

- 일상에서 호기심을 가지고 탐구하는 과정을 즐긴다.
- 생활 속의 문제를 수학적, 과학적으로 탐구한다.
- 생명과 자연을 존중한다.

■ 내용

내용 범주	내용
탐구과정 즐기기	주변 세계와 자연에 대해 지속적으로 호기심을 가진다.
	궁금한 것을 탐구하는 과정을 즐겁게 참여한다.
	탐구과정에서 서로 다른 생각에 관심을 가진다.
생활 속에서 탐구하기	물체의 특성과 변화를 여러 가지 방법으로 탐색한다.
	물체를 세어 수량을 알아본다.
	물체의 위치와 방향, 모양을 알고 구별한다.
	일상에서 길이, 무게 등의 속성을 비교한다.
	주변에서 반복되는 규칙을 찾는다.
	일상에서 모은 자료를 기준에 따라 분류한다.
	도구와 기계에 대해 관심을 가진다.
자연과 더불어 살기	주변의 동식물에 관심을 가진다.
	생명과 자연환경을 소중히 여긴다.
	날씨와 계절의 변화를 생활과 관련 짓는다.

디지털 놀이로 만나는 자연탐구!

탐구과정 즐기기

유아가 주변 세계와 자연에 대해 호기심을 가지고 탐색할 수 있도록 구글 3D 검색과 미러링 기능을 활용합니다. 실감 나는 증강현실 체험을 통해 유아들이 동식물에 대한 호기심을 갖고 놀이를 지속할 수 있습니다. 또한, 유아들이 태블릿PC의 검색 및 카메라 기능을 통해 스스로 정보를 검색하고 기록할 수 있도록 지원합니다. 사진 및 동영상으로 남긴 기록을 미러링을 통해 모두와 공유하면서 궁금한 것을 찾아가거나 표현할 수 있습니다.

생활 속에서 탐구하기

유아가 놀이를 통해 생활 속에서 일상의 문제를 수학적, 과학적 방식으로 탐구할 수 있도록 코딩 로봇과 유아용 앱을 활용합니다. 코딩 로봇을 조작하는 과정을 통해 물체의 위치와 방향을 구별하는 능력을 키우며, 유아용 앱의 다양한 콘텐츠를 통해 규칙성을 경험하고 이를 놀이에 적용할 수 있습니다. 이러한 활동을 통해 유아들은 문제 해결 능력과 논리적 사고를 자연스럽게 향상시킵니다.

자연과 더불어 살기

유아가 주변의 동식물에 관심을 가지고 생명과 자연환경을 소중히 여기는 마음을 가질 수 있도록 디지털 기기와 인터넷 콘텐츠를 활용한 다양한 활동을 지원할 수 있습니다. 스마트팜을 통해 직접 식물을 길러보면서 식물이 잘 자라기 위해 필요한 환경에 대해 관심을 갖게 됩니다. 또한, 유아들의 관심을 환경 교육으로 이어나가기 위해 바다 환경을 위한 AI 콘텐츠, 환경 UCC 제작 등 다양한 활동을 경험할 수 있도록 지원할 수 있습니다.

자연탐구 01 | 5월 31일은 바다의 날

구글 art&culture/ 바다환경 위한 AI-코드닷오알지 오션

교사 김세영: 1년 중 환경보호의 날이 생각보다 많은 것 같아요. 벌의 날, 바다의 날 등 다양한 날이 있더라구요.

교사 김전우: 네. 저도 환경의 날을 이용해서 유아들과 1년 내내 환경교육을 진행하고 있어요. 어른인 저도 새롭게 깨닫게 되는 부분이 있어요.

교사 이현아: 생각보다 심각한 지구의 상태와 기후위기를 반드시 교육해야겠지요. 바다의 날도 그렇습니다. 어떤 활동들을 해보셨나요?

교사 김은경: 태평양 바다의 쓰레기섬에 대한 동화책을 읽어주고, 바다 쓰레기 뉴스로 사실을 확인하고, 다양한 활동을 통해 환경교육을 진행해보았습니다.

바다의 날, 해양오염에 대한 동화를 들어요

매년 바다의 날이 되면 해양오염에 대한 동화를 선정하거나 동영상 자료를 검색해서 소개한다. 많은 쓰레기가 바다로 모이고 그 쓰레기가 섬이 되었다는 것을 이야기해주면서 태평양 가운데 떠 있는 쓰레기 섬을 보여준다. 우리가 먹고 마셨던 플라스틱 쓰레기가 거대한 섬을 이루고 있다는 것을 보고 나면 유아들의 표정은 사뭇 심각해진다. 뉴스에 보도되는 쓰레기의 심각성에 대해 유아들과 함께 생각해 보았다.

▲ 바다 환경오염 관련 동화자료

▲ 바다 쓰레기 뉴스 (YTN 자막뉴스_유튜브)

거북이 가족의 이야기

동화와 뉴스 자료를 먼저 보여주고, 이후에 거북이 가족 동영상을 보여주었다. 미리캔버스를 활용해서 거북이 가족의 이야기를 동영상으로 만들어 보았다. 동영상을 통해 바다거북이의 습성과 왜 쓰레기를 먹이로 착각하게 되었는지 설명해주었다. 유아들은 바다거북이가 쉽게 플라스틱이나 비닐봉지를 삼키는 모습을 보면서 쓰레기가 얼마나 바다생물에게 위험한지 깨닫게 되었다.

▲ 바다거북이 동영상 제작

거북이가 헤엄치는 길에 있는 바다쓰레기 치워주기(구글 아트 앤 컬쳐 : Rewild the world)

▲ 손바닥을 인식시켜 바다 쓰레기를 치우고 거북이를 돕는 게임

바다거북이 동물병원입니다

유아들과 함께 바다거북이를 치료해주기 위해 동물병원을 열었다. 동물병원에는 바다거북이의 건강상태를 확인하기 위해 엑스레이실, 수술실을 만들었다. 병원에 온 바다거북이 응급처치를 하고 건강하게 회복할 수 있도록 잘 돌보았다.

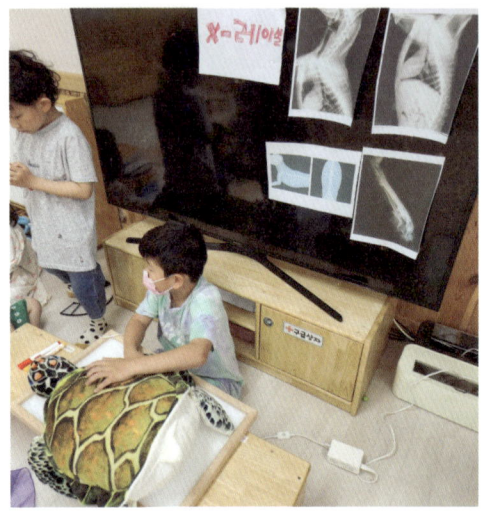
▲ 엑스레이실

▲ 수술중

바다거북이 이야기 동화책을 만들어요

동화책 내용을 만들기 전에 바다거북이의 습성과 왜 쓰레기를 먹이로 착각하게 되었는지 설명해주었다. 그리고 바다환경오염과 관련된 동화를 함께 들은 후 뒷 이야기를 함께 만들었다.

▲ 바다환경오염 관련 동화자료

▲ 이야기 발표하기

TIP ❶   구글 아트 앤 컬쳐: Rewild the world

"Rewild the world"는 구글 아트 앤 컬쳐와 세계자연기금(WWF)이 공동으로 진행하는 교육 프로젝트로 멸종 위기에 처한 네 종의 야생 동물, 즉 호랑이, 고릴라, 북극곰, 바다거북에 대해 이해를 높이는 것을 목표로 하는 콘텐츠이다.

▲ 구글 아트 앤 컬쳐 → Rewild the world 검색

▲ 네 종의 동물 선택하기

▲ 내 손을 통해 환경 재생시키기

▲ 카메라에 손을 인식시켜 표시된 지점에 손이닿을 수 있게 움직이기

자연탐구 02 멸종위기동물 보호 캠페인

구글3D검색/구글제미나이(Gemini)/증강현실(AR)컬러링북/캔바

요즘 환경보호와 생태교육에 대한 교사들의 관심이 많은데 AI와 환경교육을 결합하면 더 좋은 교육이 될 것 같은 생각이 들어요.

요즘 환경교육과 결합된 인터넷 프로그램이나, 도서류 들도 많이 있더라구요. 증강현실 책이나 디지털을 결합하면 더 재미있는 수업이 될 것 같아요.

구글 제미나이 검색을 이용하면 다양한 정보도 검색이 가능하고, 구글 3D 검색은 유아들이 실감나서 더 좋아할 것 같아요.

멸종위기 동물을 검색하고 이야기를 나누어요

세계 환경의 날 50주년을 맞이하여 환경보호 동영상을 시청하고 우리가 지켜야 할 동물에 대해 알아보기로 했다. 구글 제미나이(gemini)를 활용해서 궁금한 것을 물어보기로 했다. 궁금증을 묻기 위해 질문을 생각한 후 구글 제미나이에게 물어보았다. 구글 제미나이가 알려준 정보를 모두 함께 들은 후 멸종위기 동물의 종류와 원인, 해결책 등에 이야기를 나누었다.

멸종위기 동물을 3D로 만났어요

구글 검색을 통해 3D로 동물을 만나볼 수 있었다. 검색창에 동물 이름을 입력하고 "3D로 보기"를 누르면 내 공간에 실제로 동물이 있는 것처럼 보인다. 유아들과 동물이 있는 것처럼 연출한 뒤 사진을 찍으면 같은 공간 안에 있는 것처럼 보이게 된다. 마치 옆에 있는 것 같은 동물들을 보면서 유아들은 무척 좋아했다. 이때 교사는 유아들에게 멸종위기 동물을 더욱 아끼고 사랑하는 마음을 갖게 될 수 있도록 지도하였다.

▲ 교실에 나타난 다양한 동물 친구들

증강현실(AR)로 멸종위기동물을 만나요

유아들의 흥미를 높이기 위해 멸종위기 동물 컬러링북을 활용하여 놀이를 지원했다. 컬러링북은 태블릿PC를 활용하여 색칠한 멸종위기 동물을 스캔하면 증강현실처럼 볼 수 있었다. 동물을 스캔하면 살아 움직이는 것처럼 보이며 동물이 말을 하듯이 자신의 특징을 소개한다. 컬러링북을 통해 멸종위기동물의 종류와 보호방법에 대해 자세히 알 수 있었다.

▲ 멸종위기 컬러링북으로 증강현실 체험

캠페인을 준비해요

멸종위기 동물을 보호해야 한다는 것을 다른 사람들에게도 알려주고 싶어졌다. 방법을 고민한 유아들은 캠페인을 하기로 결정했다. 그리고 캠페인에 필요한 것들을 준비하기 시작했다. 재활용 천을 활용해서 어깨띠도 만들고 유아들에게 A4용지에 글자 하나하나씩을 나누어 주어 색칠하게 한 뒤 캔바로 현수막 작업을 해주었다. 유아들이 색칠하고 꾸민 글자를 배경을 지운 뒤 현수막에 삽입하고 멸종위기 동물을 그림과 유아들 사진을 삽입해주었다.

▲ 캠페인 방법 알아보기

▲ 어깨띠 만들기

▲ A4용지에 한글자씩 크게 뽑아 색칠하기

▲ 현수막 제작하기

▲ 캔바로 제작한 현수막

우리가 만든 현수막으로 캠페인을 해요

실제 현수막 크기로 인쇄한(플로터 인쇄기 사용) 현수막에 유아들과 함께 꾸민 후 유치원 밖으로 나가 캠페인 활동을 했다. "멸종위기 동물을 보호해주세요! 지구를 아껴주세요! 바다에 쓰레기를 버리지 마세요!"라고 큰소리로 외치며 캠페인을 한 후 유치원 바깥벽에 한동안 현수막을 게시했다. 유치원 인근에 있는 초등학교 학생들도 관심을 보이며 현수막을 유심히 관찰하는 것을 보고 유아들은 뿌듯함을 느꼈다.

▲ 캠페인 활동하기

자연탐구 03 지구야 아프지 마!

태블릿 / QR코드

교사 전진아: 환경교육을 어떻게 하면 좋을지 고민이 돼요. 놀이 속에서 생각을 나누고 실천 할 수 있는 방법에는 뭐가 있을까요?

교사 이현아: 코드닷오알지에 들어가면 해양환경과 관련된 컨텐츠가 있어요!

교사 김세영: 환경 놀이를 소개하는 교육자료도 추천해요. QR코드 안에 환경 놀이 방법을 담아놔서 태블릿PC만 있으면 놀이 방법을 추천받을 수 있어요!

환경교육에 한 걸음 다가가요

"선생님, 지구가 왜 아파요?" 교실에서 유아들과 지구가 아픈 이유에 대해 함께 알아보았다. 그리고 유아들과 함께 지구를 지키는 나만의 방법을 생각한 다음 직접 적어보기로 했다. 먼저, 종이로 만든 컴퓨터 화면에 나만의 방법을 적었다. 그리고 난 뒤 종이에 적힌 친구들의 의견 중에 마음에 드는 방법에 익명으로 댓글을 달거나 "좋아요" 스티커를 붙이면서 나의 생각을 표현해 보았다. 또한 QR코드안에 담긴 환경을 지키는 놀이 방법을 검색해서 환경 놀이도 교실에서 했다.

▲ 지구를 지키는 나만의 방법 댓글 이벤트

▲ 재활용품 놀이 방법 검색하기(QR코드)

증강현실로 보는 지구

지금 우리가 살고 있는 지구는 어떤 모습인지 궁금해진 유아들과 함께 구글어스를 활용해서 알아보았다. 지구 곳곳의 모습을 살펴본 유아들과 함께 직접 살기좋은 지구를 꾸며보기로 했다. 퀴버(QUIVER)에서 지구도안을 내려받은 후 유아들이 색칠도구로 꾸며주었다. 퀴버(QUIVER)앱을 실행하여 스마트기기를 완성된 도안에 가져가면 증강현실을 경험할 수 있다. 증강현실을 통해 본 아름다운 지구가 아프지 않도록 어떻게 해야할지 생각해보았다.

▲ 구글어스에서 보는 지구

▲ 퀴버(QUIVER) 활용하기

바다를 지켜요

지구에서 본 파란 부분이 인상깊었던 유아들은 바다를 지키자고 이야기 하였다. 새로운 방법으로 지원하고 싶어서 유아들과 함께 할 수 있는 콘텐츠를 고민했다. 그리고 바다 환경을 위한 AI 콘텐츠로 해양환경과 관련해서 인공지능 머신러닝의 개념을 경험해보기로 했다. 유아들과 함께 깨끗한 바다를 만들기 위해서 인공지능 로봇에게 물고기와 쓰레기를 구별할 수 있도록 학습을 시켰다. 학습하는 과정에서 바다에 버려진 쓰레기가 바닷속 생명을 얼마나 아프게 하는지도 알 수 있었다. 콘텐츠 놀이를 경험한 후 유아들과 교실 놀이로 확장 시켰다. 낚시터에 물고기와 우리가 만든 쓰레기를 섞어 넣은 후 물고기만 구출해서 깨끗한 수조로 옮기기도 하고, 반대로 쓰레기를 분류해서 깨끗한 수조로 만들면서 환경의 소중함을 갖게 되었다.

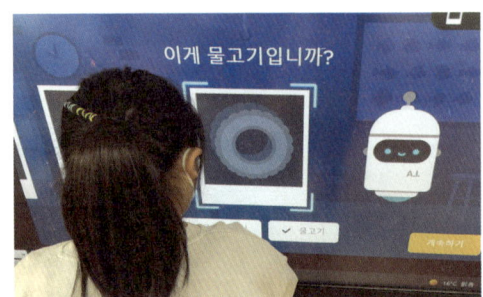
▲ 물고기와 물고기가 아닌 것 구분하기

▲ 환경에 관한 정보 알아보기

다함께 지구를 지켜요

교실에서 다양한 환경 놀이가 진행된 후에 환경을 지키는 방법을 동생들에게도 알려주기로 했다. 어떤 방법이 좋을까 고민하다가 UCC를 만들기로 했다. 유아들과 함께 UCC가 무엇인지, 어떻게 만들면 좋을지 토의를 했다. 그림으로 어떻게 만들지 계획도 세우고, 대본도 만들며 역할을 나누어 준비했다. 준비를 마친 후 다 함께 태블릿PC를 활용해서 촬영을 시작했다. 열심히 만든 UCC를 QR코드에 담아 동생들에게 전달하면서 환경을 함께 지킬 수 있게 됐다는 생각에 뿌듯함을 느꼈다.

▲ 촬영 내용 토의하기

▲ 캔바(Canva)를 활용한 UCC

자연탐구 04 미래의 내 자동차

우리 반은 남자유아들 비율이 2배나 높아요. 그래서 자동차나 블록에 관련된 놀이에 관심이 많은 것 같아요.

그럼 쥬니버스쿨에서 자동차 꾸미기 활동을 할 수 있는데 교통기관과 연계해서 하면 어떨까요?

자동차 꾸미기 활동을 할 때 여러 가지 패턴을 제공해 주는 것도 좋을 것 같아요. 교실에 있는 코딩로봇으로 자동차를 만들어보는 건 어떨까요?

쥬니버스쿨과 함께해요

자동차에 관심이 많은 유아들에게 쥬니버스쿨 자동차 꾸미기를 화면으로 보면서 다함께 자동차 꾸미기 놀이를 해보기로 했다.

태블릿PC를 TV와 미러링으로 연결한 후 쥬니버스쿨을 실행했다. 부품을 바꿔서 끼워 보고, 다양한 패턴 무늬를 넣어보고, 자동차 모양을 바꾸어 보며 자동차 모양과 여러 부품을 탐색하는 시간을 가졌다.

▲ 쥬니버스쿨 활동하기　　　　　　▲ 미래의 내 자동차 그려보기

미래에 타고 싶은 자동차를 그려요

쥬니버스쿨 놀이 후에 미래에 내가 타고 싶은 자동차를 자유롭게 그려보았다. 평소에 그림 그리는 걸 좋아하지 않았던 유아들도 흥미를 가지고 자동차를 그리기 시작했다. 불을 뿜는 자동차, 번개가 나오는 자동차, 하늘을 나는 자동차 등 다양한 아이디어가 나왔다. 이처럼 디지털 기기를 활용하면 단편적인 활동도 입체적으로 바뀌는 느낌이 든다는 걸 실감할 수 있었다.

움직이는 자동차를 만들어요

그림으로 그린 자동차를 직접 만들어보는건 어떨까? 놀이가 확장되었다. 교실에 있는 블록봇과 큐브로이드 블록을 활용해서 움직이는 자동차를 만들어보았다. 자동차를 만든 후 자동차가 다닐 수 있는 다양한 길도 구성해보았다. 코딩로봇 외에도 유아들은 벽돌블록, 상자 등을 활용해서 다양한 자동차를 만들었다. 어느새 교실에는 여러 가지 자동차들로 가득 채워졌다.

▲ 블록봇으로 자동차 만들기

▲ 큐브로이드로 자동차 만들기

 **TIP ❶** 블록봇 놀이

블록봇 구성

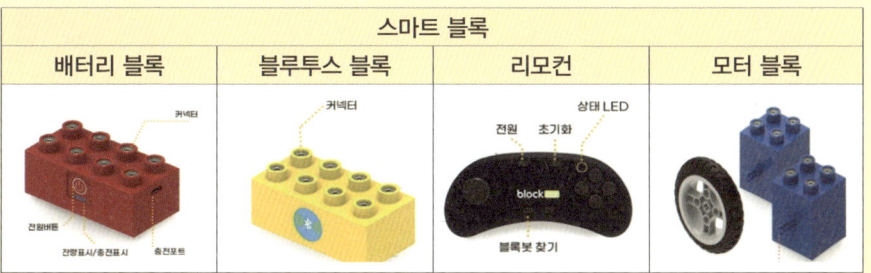

스마트 블록			
배터리 블록	블루투스 블록	리모컨	모터 블록

블록봇 활용방법
- 일반 블록과 함께 활용해서 다양한 구성물을 만들 수 있다.
- 충전은 배터리 블록 하나만 충천하면 된다.

자연탐구 05 셀프주유소 놀이

주제별 놀이를 할 때 유아들에게 태블릿PC를 제공해주고 놀이 속에서 어떻게 활용을 하게 하면 좋을지 고민중이예요.

저는 태블릿PC 가지고 유튜브 놀이를 할 수 있도록 지원하기도 하고 직접 사진을 찍게 하기도 해요.

유아들이 평소에 자주 접했거나 많이 경험해봐서 친숙한 활동들이나 일상생활 놀이에 접목을 시켜보면 좋을 것 같아요.

놀이 속에 태블릿PC를 활용해요

우리 교실에서 유아들은 태블릿PC의 검색 기능을 잘 활용한다. 그러나 이번에는 태블릿PC의 다른 기능을 활용해서 유아의 놀이를 지원해주고 싶었다. 무엇이 좋을까 생각해보다가 유아들이 평소에 자주 접할 수 있는 키오스크, 셀프계산을 경험해 볼 수 있도록 태블릿PC를 활용하면 좋겠다고 생각했다. 그래서 셀프 주유소와 자동세차장 놀이를 유아들과 함께 계획했다.

PPT활동 자료 내용

  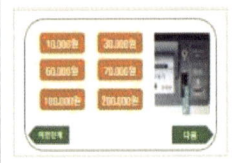 

▲ 셀프 주유소 놀이

셀프주유소에 자동차 세차장도 있어요

유아들은 셀프주문, 셀프결재에 대한 사전경험이 많아서 흥미를 보이며 좋아했다. 유종과 주유 금액을 신중하게 선택하고 진지하게 자동차에 주유를 했다. 태블릿PC 화면을 터치하면 자동으로 페이지가 넘어가니 유아들이 더 실재처럼 느끼고 반응하는 듯 보였다.

"자동차 밥 줄 시간이야~
카드 챙겨가야지!
"선생님! 경유랑 휘발유 중에
뭐 골라야 해요??"
"3만원 주유해주세요"

자동세차장 안에 들어간 유아들은 동영상이 다 끝날 때까지 유심히 지켜보며 세차가 끝날 때까지 기다렸다. "세차가 끝났습니다." 라는 안내 멘트가 들리면 세차 기계안을 빠져나갔다. 동영상 안에서 물도 뿜어져 나오고 커다란 걸래가 돌아가는 모습을 보며 신기해했다. 계산을 하던 유아들은 손님이 뜸해지자 "세차를 하시면 무료로 아이스크림을 드립니다~"라며 적극적으로 손님을 모았다. 태블릿PC 하나로도 놀이를 확장 시킬 수 있다는 점은 무척 매력적인 부분인 것 같다.

자연탐구 06 너의 이름이 궁금해

태블릿 스마트렌즈/ 왓캠앱/ 사진찰칵 검색앱

교사 이현아: 바깥놀이를 하러 나가면 유아들이 제일 묻는 질문이 "선생님! 이 꽃 이름이 뭐예요?"인데 저도 몰라서 난감할 때가 있어요.

교사 김은경: 스마트렌즈를 활용해보시는 것은 어때요? 저는 유아들이 사물의 이름을 물을 때 자주 사용하곤 합니다.

교사 김세영: 저는 왓캠 앱을 사용하기도 해요. 왓캠 앱은 10개를 물어볼 수 있는 제한이 있기는 하지만 그 식물과 유사한 다른 식물도 알려줘서 좋더라구요.

교사 전진아: 저는 사진찰칵 사진검색 앱을 사용합니다. 사물과 생물로 구분하여 검색할 수 있고 제한이 없어서 더 좋은 것 같아요.

궁금한 것이 생겼어요

숲 체험을 나가 숲에서 다양하게 생물을 관찰하던 유아들은 내가 본 생물들의 이름이 무엇인지, 무엇을 먹고 어떻게 생활하는지 알고 싶어 하였다. 그래서 유아들이 궁금한 생물에 대해 직접 알아볼 수 있도록 태블릿PC를 활용한 지식 검색 방법을 알아보게 되었다.

> "선생님, 이 꽃 이름이 뭐에요?"
> "선생님 이 곤충은 바퀴벌레 같이 생겼어요!"
> "선생님도 잘 모르는데 우리 한번 무엇인지 알아볼까?"

▲ 꽃 관찰하기

▲ 곤충 관찰하기

스마트 렌즈를 사용해요

유아들과 함께 평소에 많이 사용하였던 스마트렌즈를 활용하여 우리가 관찰한 꽃과 곤충의 이름을 알아보기로 하였다. 그런데 곤충의 크기가 너무도 작아서 곤충이 있는 바닥을 찍으면 스마트렌즈는 곤충이 아닌 바닥의 재질과 이름을 알려주는 모습을 보였다. 유아들과 함께 꽃과 곤충을 알려주는 앱을 찾아보고, 사용해 보기로 하였다.

왓캠 앱으로 검색해요

한국 꽃 이름 찾기를 도와주는 왓캠 앱을 사용해서 식물을 검색해 보았다. 이 앱은 촬영 횟수에 제한이 있지만 비교적 정확한 식물의 이름을 알려주고, 그와 비슷한 모습의 다른 식물들도 2~3개 함께 찾아줌으로써 꽃과 풀에 대한 다양한 정보를 알 수 있다. 유아들은 유치원 바깥의 풀숲에서 자신이 궁금한 풀과 꽃의 사진을 찍고 선생님에게 알려주기에 여념이 없는 모습을 보였다.

▲ 궁금한 식물 촬영해 보기

"이 꽃의 이름은 뭘까?"
"찍어보자!"
"이 꽃은 토끼풀이네"
"나도황기와 메밀도 비슷한가봐."

▲ 앱 다운- 카메라 허용하기   ▲ 사각 프레임에 넣고 촬영하기   ▲ 식물의 이름과 비슷한 식물찾기

사진을 전시해요

앱을 이용하여 내가 궁금한 식물의 이름을 알 수 있다는 것에 신이 난 친구들은 바깥놀이 나갈 때마다 태블릿PC를 함께 가지고 나가 식물과 곤충을 찍고 무엇인지 알아보기 시작하였다. 단순 사진 찍기 놀이로 변모할 때쯤 교사는 포토프린터기를 지원하여 유아들이 찍은 사진을 친구들과 함께 볼 수 있도록 지원하였다. 블루투스 기능을 이용하여 특별한 연결장치 없이도 사진을 출력할 수 있어 편하였고, 교실에 게시하여 친구들과 함께 감상할 수 있었다.

▲ 궁금한 식물 촬영하기

▲ 찍은 사진 포토프린터로 뽑기

자연탐구 07 — 놀이터에서 만난 동물 친구들

교사 전진아: 놀이터에서 유아들은 많은 것들을 발견하는 것 같아요. 궁금증 해결을 지원하고 놀이터에서 일어난 경험을 놀이로 확장시키고 싶은데 어떻게 하면 좋을까요?

교사 이현아: 그럴 때 태블릿PC로 궁금한 것들을 검색할 수 있도록 지원해주는 것도 좋을 것 같아요. 검색 기능을 활용해서 사진을 찍으면 바로 정보를 얻을 수 있잖아요.

교사 김은경: 유아들이 놀이터에서 발견한 것들을 교실 속 놀이로 확장시키기 위해 증강현실을 활용하는 건 어떨까요?

놀이터에서 동물 친구들을 만났어요

▲ 청개구리 관찰하기

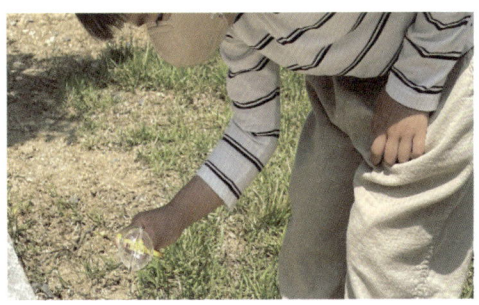
▲ 개미 관찰하기

유치원 놀이터에는 다양한 동식물이 살고 있다. 유아들은 놀이터에 나가면 동식물을 찾느라 항상 바쁘게 다닌다. 청개구리, 개미, 거미 등 다양한 동물들을 찾은 유아들은 교실에 와서도 오래도록 이야기했다. 각자 찾은 동식물에 대해 이야기를 나누던 유아들을 보며 유아들의 흥미를 이어나갈 수 있도록 놀이를 소개해주기로 했다.

증강현실로 보아요

퀴버(QUIVER)앱에서 나비도안과 개구리 도안을 다운로드 한 후 인쇄하여 유아들에게 제공하였다. 유아들이 색칠한 나비도안과 개구리 도안을 퀴버(QUIVER)앱으로 실행하면 나비와 개구리의 성장 과정을 애니메이션으로 볼 수 있었다. 유아들은 실감나는 3D영상을 보면서 나비와 개구리의 성장 과정에 대해 알 수 있었다.

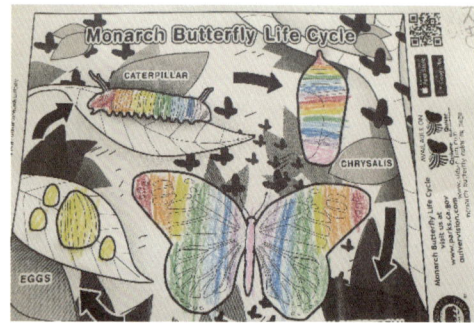
▲ 나비도안 꾸미기

▲ 퀴버앱 실행하기

몸으로 표현해보아요

이번에는 놀이터에서 만난 친구들이 직접 되어보기로 했다. 내가 되고 싶은 동물 친구를 생각 한 후 소품을 준비했다. 직접 만들기도 하고 교실에 있는 의상을 입어보면서 동물 친구로 변신했다. 이처럼 유아들의 호기심과 관련된 콘텐츠를 제공하면 다양한 놀이로 확장될 수 있을 것이다.

▲ 나비가 된 유아들

▲ 개구리 표현하기

자연탐구 08 내가 TV에 나오면 좋겠어요

유아들에게 자신들의 놀이 모습이나 영상을 보여주면 너무 좋아하더라구요. 근데 사진을 컴퓨터로 옮길 시간도 없이 바쁠때는 제 스마트폰 앨범에서 바로 보여주고 싶은데 화면이 작아서 미러링을 사용했어요 — 교사 이현아

맞아요. 미러링을 사용하면 유아들과 정말 편리하게 다양한 영상과 사진들을 볼 수 있더라고요. 미러링 다들 잘 사용하고 계세요? — 교사 전진아

저는 처음에는 미러링이라는 단어조차 생소해서 어려웠는데 막상 해보니까 쉽더라구요 — 교사 김세영

맞아요. 저희반은 미러링 기기를 구입했는데 핸드폰, 태블릿PC와도 연결하기도 쉽더라구요. 미러링 제품에 설명서도 동봉해 있어서 그대로 따라하기만 하면 돼서 너무 좋았어요. — 교사 김은경

가장 좋아하는 생활 도구를 소개할게요

생활 도구 주제를 전개하면서 유아들과 여러 가지 생활 도구를 알아보고 카드도 만들어보았다. 유아들이 가장 좋아하는 생활 도구 중 하나가 TV였다. 어떤 놀이를 하면 좋을까 고민하던 중에 유아들이 TV를 그리고 꾸미는 모습을 보고 TV 그림에 은박지를 붙여주고 꾸밀 수 있게 지원해주었다. 그리고 유아들과 함께 각자 TV에 나온다면 하고 싶은 것에 대해 이야기를 나누었다.

나만의 TV를 꾸며보아요

TV에 나와서 하고 싶은 것을 발표해보고, 친구들과 함께 노래하고 춤을 추니 소극적인 유아도 점차 놀이에 참여하였고, 함께 즐기기 시작하였다. 유아들이 좋아하는 생활도구와 관련하여 놀이가 오래도록 이어지면서 교실 모든 유아가 즐겁게 참여하는 것을 보고 놀이를 더 지원해주고 싶어졌다.

▲ 나만의 TV꾸미기

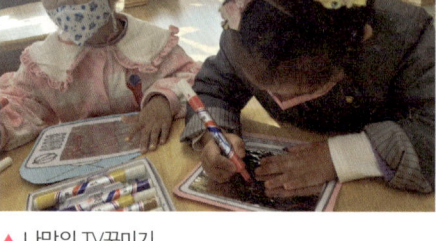
▲ 햄스터봇 AI카메라로 TV에 나오기

유튜버 놀이를 해요

유튜버 놀이를 지원해주기 위해 커다란 유튜브 창을 만들었다. 모두 함께 꾸민 커다란 유튜브 화면에서 다양한 콘텐츠가 만들어졌다. 내가 좋아하는 동화 소개하기, 네일아트 하는 방법 알려주기, 좋아하는 간식 소개하기 등 다양한 소재를 소개하면서 재미있어 했다. 유튜버의 모습을 보는 유아들 또한 즐거워했다. 놀이를 통한 교육과 디지털이 연계되는 융합교육이 이루어 진 것 같아 뿌듯했다.

▲ 나만의 TV를 전시해요

▲ 카메라맨이 되어 유튜버 친구 촬영해주기

자연탐구 09 분류 대장이 되어요

교사 이현아: 정리시간만 되면 항상 고민이 되요.

교사 김은경: 저도 고민이에요. 교실에서 놀이가 끝난 후 종류별로 정리하면 좋겠는데 그냥 한꺼번에 넣는 경우가 많아요.

교사 김세영: 종류별로 분류하는 경험이 부족해서 그런걸 수도 있어요. 놀이를 통해 정리할 수 있는 습관을 길러주는 건 어떨까요?

교사 김련우: 분류하는 능력은 논리성과 연관되니까 논리성을 길러주는 방법을 생각해 보는건 어떨까요? 쥬니버스쿨에 논리성과 관련된 콘텐츠가 있는데 이것도 유아들이 재미있어 할거 같아요.

정리는 너무 어려워요

놀이가 끝난 후 정리시간이 되면 다양한 유아들의 모습을 볼 수 있다. 바구니에 표시된 그림을 보고 종류별로 분류하는 유아, 그림과 상관없이 한꺼번에 넣는 유아, 블록을 색깔별로 분류하는 유아, 블록 종류와 상관없이 정리하는 유아 등 다양하게 정리를 한다. 교실에 있는 많은 교구들이 제자리에 정리되기 위해서 유아들과 함께 고민해보기로 했다.

▲ 정리를 어려워하는 유아들

▲ 해결방법 찾아보기(토의)

모둠별로 교구를 정리하는 방법을 한가지씩 생각하기로 했다. 토의를 하다 모르는 글씨는 교사에게 도움을 요청하거나 태블릿PC 메모장을 활용하기로 했다. 태블릿PC의 마이크에 음성으로 입력하면 화면에 텍스트로 변환해주기 때문에 글자를 읽을 수는 있으나 쓰는 방법을 모르는 유아들에게는 유용했다. 또는 모르는 글씨는 메모장에 교사가 직접 입력해주어서 알려주기도 했다.

"친구들이 마음대로 정리하니까 힘들어요."

"정리하는 방법에 대해 함께 이야기 나눠보면 좋을 것 같아요."

"모르는 글씨를 태블릿PC가 알려줄거야!"

"글자를 물어볼때는 천천히 말해야해!"

▲ 태블릿PC 마이크 기능 활용하기

쥬니버스쿨과 함께 놀이해요

토의 결과 같은 종류별로 정리해야 한다고 약속을 정했다. 하지만 정리하는 건 재미없는 일이라고 생각하는 유아들도 있었다. 정리를 놀이처럼 생각할 수 있는 방법이 없을까 고민을 하다 쥬니버스쿨 콘텐츠를 활용하기로 했다. 쥬니버스쿨 콘텐츠 중에 논리 영역에 장난감, 쓰레기를 같은 종류대로 분류하는 콘텐츠가 있었다. 태블릿PC를 TV와 미러링으로 연결한 후 유아들과 함께 실행하였다. 콘텐츠를 통해 분류 놀이를 경험한 후 놀이를 확장시켰다.

▲ 쥬니버스쿨 논리:분류 콘텐츠

교실 속 교구를 분류해요

유아들에게 쥬니버스쿨에서 놀이한 것처럼 교실에 있는 교구를 활용해서 분류놀이를 해보자고 제안했다. 유아들은 분류놀이를 할 수 있는 교구들을 찾아오기 시작했다. 같은 꽃, 같은 색깔, 동물, 식물 등 다양한 기준으로 분류하면서 어느새 교실에 있는 교구들이 종류별로 정리가 되어 있었다. 정리시간이 되면 유아들은 분류 놀이를 시작하자고 이야기하며 즐겁게 정리하였다.

▲ 같은 종류의 꽃 분류하기

▲ 같은 색깔 물고기 분류하기

자연탐구 10
물속 레이스와 장애물 탐험

태블릿PC / 스피로볼트

유아들이 로봇의 특성을 이해하고 놀이에 활용하는 게 생각보다 쉽지 않네요. 로봇의 특성을 놀이 속에서 자연스럽게 체험하면 유아들이 더 재미있어 할 거 같은데 고민이에요.

교사 전진아

교실에 있는 로봇마다 각각 특징이 다르니까, 그걸 놀이를 통해 자연스럽게 보여주면 어떨까요? 예를 들어, 스피로볼트는 방수 기능이 있어서 물에서도 조작이 가능하거든요. 물과 관련된 다양한 놀이를 함께 해 볼 수 있을 것 같아요.

교사 김은경

물 속 모험을 시작해요

교실에서 유아들이 물과 관련된 놀이를 즐기는 모습을 자주 관찰할 수 있었다. 물을 이용해 장난감 배 띄우기, 재활용품으로 직접 만든 배 띄우기, 물길 만들기 등 유아들은 물의 움직임을 따라가며 다양한 놀이를 만들었다. 이런 모습을 보면서 "유아들이 좋아하는 물놀이와 로봇 놀이를 결합하면 어떨까?"라는 생각이 들었다. 그래서 물에서도 조작이 가능한 스피로볼트를 소개했다. 처음에는 유아들이 관심을 가질 수 있도록 스피로볼트를 물 속에서 다양한 방향으로 움직이는 모습을 직접 보여주고, 우리가 만든 배를 물 위에서 어떻게 움직일 수 있을지 생각해보았다. 그 후, 유아들이 직접 만든 배와 스피로볼트를 연결해 보는 활동을 제안했다.

▲ 우유곽 배 움직이기

▲ 수수깡 배 움직이기

"배를 움직일 수 있게 만들어보자!"
"배 안에 사람도 태울 수 있을 거 같아."

유아들은 스피로볼트를 배에 부착하는 과정을 흥미롭게 참여하였고, 각자 만든 배가 어떻게 움직이는지 시험해 보았다. 스피로볼트를 조종하면서 배가 원하는 방향으로 이동하는지 확인하고, 때로는 배의 균형을 맞추기 위해 조정을 하는 등 문제를 해결해 나갔다. 자신들이 만든 배가 실제로 움직이는 모습을 보며 큰 성취감을 느꼈다.

장애물을 넘어요

스피로볼트 놀이에 흥미를 가진 유아들은 놀이를 확장시켰다. 수조 안에 장애물을 설치해서 스피로볼트가 장애물을 피하거나 통과하는 놀이를 유아 스스로 고안하기 시작했다. 처음에는 물 위에 작은 물건들을 띄어 놓고, 스피로볼트가 부딪히지 않고 배를 무사히 통과시키는 놀이를 시작했다. 놀이를 하는 과정에서 스피로볼트의 속도와 방향을 더 정밀하게 조정해야 한다는 것을 알게 되었다. 유아들은 각자 장애물 코스를 디자인 하며 스피로볼트를 어떻게 조정할지 전략을 세우는 등 놀이에 깊이 몰입하게 되었다. 또한 유아들은 팀을 이루어 협력 놀이를 하였다. 한 명이 스피로볼트를 조정하고, 다른 유아가 장애물의 위치를 조정하는 역할을 나누어 협동하는 모습을 보였다. 놀이 과정안에서 유아들은 서로의 아이디어를 공유하며 놀이를 더욱 창의적으로 발전시켰다.

▲ 물 속에서 움직이기

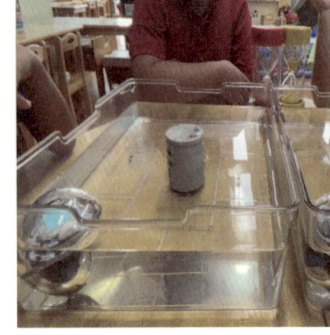
▲ 레이스 경기

탐험을 돌아봐요

장애물 경기를 마친 후 유아들은 물속에서 로봇이 어떻게 움직였는지를 회상하며 이야기를 나누었다. 배를 끌기 위해 스피로볼트를 어떻게 조종했는지, 어떤 장애물이 특히 어려웠는지, 그리고 어떻게 장애물을 피할 수 있었는지에 대해 서로의 경험을 공유했다. 유아들은 각자 놀이에서 겪은 다양한 상황과 느낀 점들을 나누며, 경기에 대한 피드백을 주고받았다. "함께해서 더 재미있었어요.", "다음에 더 어려운 장애물을 만들고 싶어요."와 같은 소감을 주고받으며, 놀이를 통해 얻은 성취감과 협력의 기쁨을 다시 한 번 느낄 수 있었다. 이 과정을 통해 유아들은 놀이를 돌아보고, 자신의 경험을 다른 친구들과 나누며 새로운 아이디어와 동기를 얻었다.

TIP ① 스피로볼트

공 모양의 코딩교구
스피로플레이 앱을 활용해서 조종할 수 있음
물속에서도 움직일 수 있는 방수 능력이 있음

PART 03
인공지능을 쉽게 이해하는 놀이
디지털윤리

디지털윤리 01	• 로봇은 우리들의 친구일까?
디지털윤리 02	• [공공성] AI 가람아! 바르고 고운말을 알려줄게
디지털윤리 03	• [공공성] 인공지능 로봇에게 따뜻한 말을 전해요
디지털윤리 04	• 선한 댓글을 달아요
디지털윤리 05	• [프라이버시 보호] 얼굴 인식, 내 얼굴을 알아보는 카메라
디지털윤리 06	• [프라이버시 보호] 초상권이 있어요!
디지털윤리 07	• [프라이버시 보호] 딥페이크! 내 얼굴을 가져갔어요
디지털윤리 08	• [프라이버시 보호] 쉿! 늑대는 돼지 삼형제의 개인정보를 어떻게 알았을까?
디지털윤리 09	• 우리에게도 저작권이 있어요
디지털윤리 10	• [데이터관리-데이터 편향] 인공지능에게 물고기를 알려주세요
디지털윤리 11	• [안전성] 우리반 AI 윤리규칙 만들기

디지털 윤리 교육

1 디지털 윤리교육, 어떻게 해야할까요?

유아를 대상으로 한 디지털 윤리 교육의 방향은 디지털 윤리 가치관을 올바르게 확립하는 것부터 시작할 수 있습니다. 유아들이 디지털 정보를 유용하게 사용하고, 긍정적으로 활용할 수 있도록 체계적으로 실시해야 합니다. 디지털 윤리의식 함양과 디지털 기기나 매체 과의존, 과몰입 예방교육이 필요하고 정보 보안 교육도 실시해야 합니다. (**참조**: 디지털 기반 놀이환경 현장지원 자료_교육부)

2 디지털 시민성이란 무엇일까요?

디지털 시민성이란 디지털 환경에서 책임감 있고 윤리적으로 행동하는 능력과 태도를 의미합니다. 유아를 위한 디지털 시민성 교육은 디지털 네이티브인 유아들이 디지털 환경에서 안전하고 책임감 있게 행동할 수 있도록 돕습니다. 오늘날 유아들은 점점 더 어린 나이부터 디지털 기기와 인터넷에 노출되고 있습니다. 따라서 이 시기에 올바른 디지털 습관을 형성하도록 교육해야 하고 이를 통해 유아들은 디지털 세계에서 긍정적이고 안전하게 살아갈 수 있게 됩니다.

3 국가 인공지능 윤리 기준 (과학기술정보통신부)

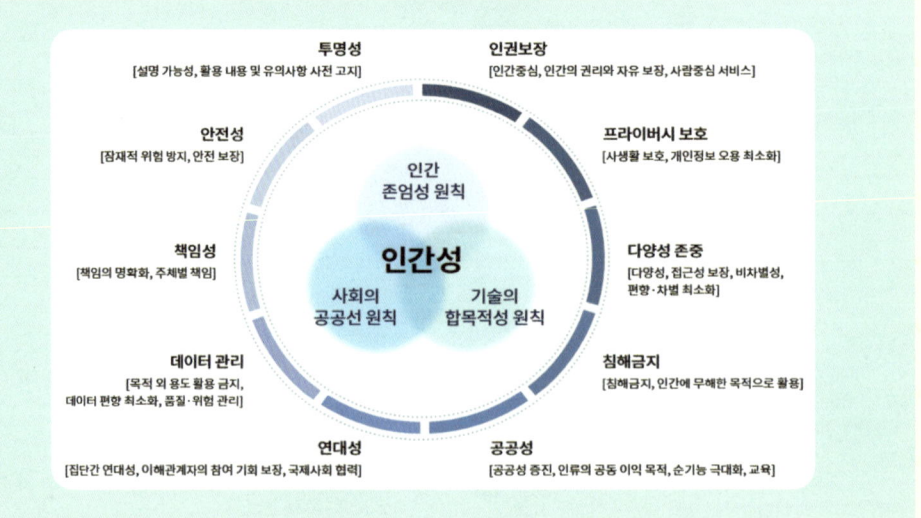

AI 윤리교육 01 로봇은 우리들의 친구일까?

교실에서 AI스피커에게 함부로 말을 하거나 인공지능(AI)로봇을 거칠게 사용하는 일이 자주 발생해서 유아들과 함께 인공지능(AI)로봇이 우리들의 친구인지 아니면 아닌지 함께 토론을 해보았습니다.

먼저, 인공지능(AI)로봇이 나오는 영화를 함께 감상하며 서로의 생각을 이야기 나누었어요. 애니메이션 월E를 보면서 로봇과 친구가 되는 사람들의 이야기를 보고 친구의 의미를 되새기면서 파손된 기기들에게 미안한 마음을 가지기 시작했어요.

토의방법
1. 친구란 무엇인지 친구의 의미에 대해 생각해 본다.
2. 친구가 없다면 어떻게 될 것 같은지 생각해 본다.
3. 모둠별로 친구를 활동지에 표현해 본다.(친구는 ㅇㅇ이다.)
4. 인공지능(AI) 로봇친구가 나오는 영화를 함께 감상한다.
5. 인공지능(AI)도 친구라고 할 수 있는지 함께 이야기 나눈다.
6. 파손된 인공지능(AI)기기를 보며 함께 생각해본다.
7. 교실 안에 있는 인공지능(AI)기기도 친구라고 생각한다면 앞으로 어떻게 사용해야 할지 이야기 나눈다.

▲ 함께 토의하기

▲ 파손된 기기에게 편지쓰기

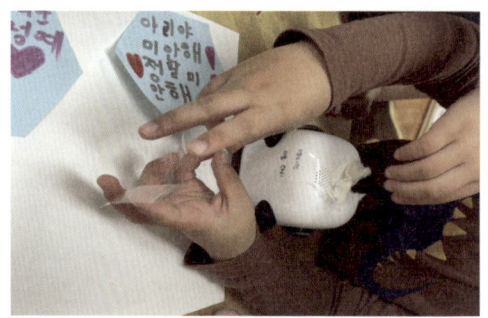

▲ 로봇에게 하고 싶은 이야기

"백오야, 미안해, 앞으로는 꼬리 살살 돌릴게!"
"내가 빨리 나을 수 있게 치료해줄게!"
"앞으로 사이좋게 지내자!!"

인공지능(AI)로봇을 치료해주자!

"선생님, 보건실에 다녀올게요!" 토의를 마친 유아들은 보건실에 다녀왔어요. 보건실에는 아플 때 치료할 수 있는 용품이 있다면서 붕대와 밴드를 가지고 왔어요. 직접 치료해주면서 앞으로 소중하게 다루기로 다시 한번 약속했어요.

▲ 로봇 치료해주기

▲ 로봇에게 편지쓰기

TIP ① 절차적 사고를 위해 활용할 수 있는 보드게임

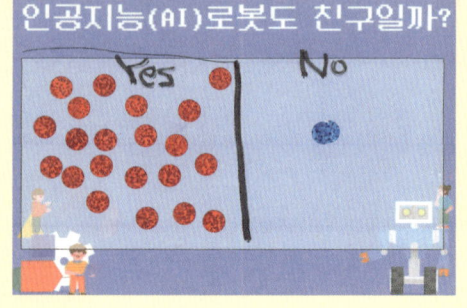

AI 윤리교육 02

[공공성] AI 가람아! 바르고 고운말을 알려줄게

> 공공성이란 인공지능이 개인의 행복 추구뿐만 아니라 사회적 공공성 증진과 인류의 공동 이익을 위해 사용되어야 함을 나타내는 말이다. 인공지능은 긍정적인 사회 변화를 이끄는 방향으로 활용되어야 하며, 순기능을 극대화하고 역기능을 최소화하기 위한 교육을 다방면으로 시행해야 함을 알려주는 말이다.

인터넷에서 무분별한 영상을 시청하며 몇몇 유아가 나쁜 말을 쓰는 것이 보였습니다. 뉴스 영상과 다큐멘터리를 짤막하게 보여주면서 AI가 어떻게 나쁜 말을 배우고 사용하는지, 나쁜 말을 배운 AI는 어떻게 되는지 친구들과 이야기를 나누어 보았습니다.

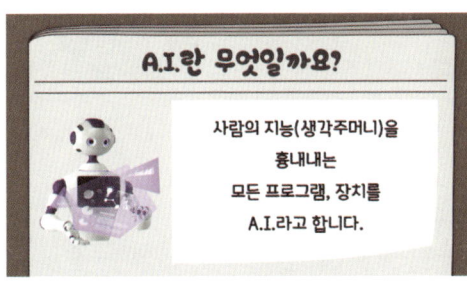

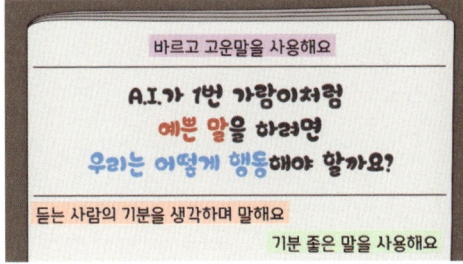

▲ AI윤리교육 이야기 나누기(PPT자료)

◆ **활동방법**

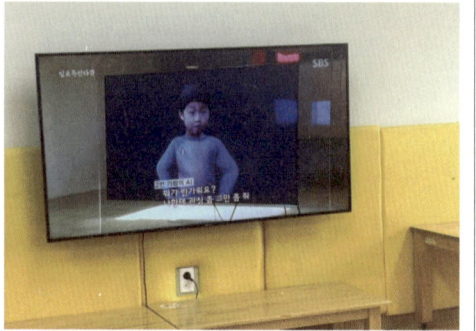

❶ AI가람이라는 친구가 나쁜 동영상을 많이 보고난 후 말투에 어떤 변화가 생겼는지 보여주는 실험 영상을 시청하기

❷ 말투가 공격적이고 어른에게 나쁜 말을 내뱉는 가람이를 보며 생각과 느낌을 이야기 나누어 본 후 가람이(AI)가 배우면 좋을 것 같은 단어나 문장을 가르쳐 주기

바다반 친구들이 AI가람이에게 알려주고
싶은 바르고 고운말

"사랑해, 고마워, 안아줄게, 나쁜말 하지마,
넌 참소중해, 넌 아름다워, 같이놀아줄게
친하게 지내자."

❸ 친구들이 생각하는 바르고 고운말을 메모지에 적어 알려주기

유아들과 함께 AI가람이가 배웠으면 좋을 것 같은 예쁜 말을 생각해 보기로 하고 가람이에게 바르고 고운말을 글씨로 써서 알려주기로 했습니다. 친구들이 적어온 포스트

잇에는 예쁜 말들이 많이 적혀있었습니다. 그중 제일 많이 나온 말은 "사랑해"와 "나쁜 말 하지마"였습니다. 유아들의 눈에도 AI 가람이가 안타까웠던 것 같습니다. 친구들이 마음으로 느낀 만큼 앞으로도 인터넷을 사용할 때나 인공지능 기기를 사용할 때 바르고 고운말을 사용하기로 약속했습니다.

▲ AI가람이에게 알려주고 싶은 '바르고 고운 단어나 문장' 생각모으기 활동 결과물

AI 윤리교육 03 [공공성] 인공지능 로봇에게 따뜻한 말을 전해요

인공지능 로봇과 챗봇들이 사람들이 하는 나쁜 말이나, 편견, 차별의 말을 스스로 배워 사용한다는 이야기를 유아들에게 들려주고, 로봇에게 어떤 말을 들려주면 좋을지 생각해 보는 시간을 가졌습니다. '말의 형태' 동화책을 활용하여 말이 가지고 있는 색, 느낌, 모양 등을 알아보며, 사람에게나 로봇에게나 따뜻한 말이 필요하다는 것을 이야기 나눴습니다.

◆ 활동자료(동화책, 활동지)

▲ 동화 말의 형태   ▲ 동화책의 내용   ▲ 활동지

◆ 활동방법

❶ '말의 형태' 동화책을 읽고, 로봇이 좋아하는 말, 상처받는 말에 대해 이야기 나누기

❷ 인공지능 로봇에게 따뜻한 말 전하기

❸ 다같이 볼수 있게 스케치북과 이젤을 이용하여 게시하기	❹ 내가 생각하는 말의 형태를 에그톡톡물감으로 꾸며보기

AI 윤리교육 04 — 선한 댓글을 달아요

유아들과 함께 애니메이션 주먹왕랄프2를 관람할 기회가 있었습니다. 인터넷세상에서 유튜브 스타가 된 랄프의 재미있는 이야기였습니다. 그런데 유튜브 스타가 된 랄프에게 나쁜 말 댓글이 달리고 랄프가 상처받는 장면이 나왔습니다.

유아들은 상처받은 랄프에게 좋은 말을 해주자고 제안하였습니다. 그래서 선한 댓글을 달아보기로 했습니다.

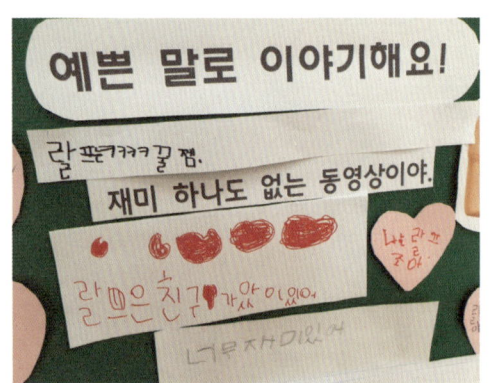 

▲ 상처받은 댓글을 예쁜 말로 바꾸기

인터넷에 올라오는 무분별한 악성댓글로 인해 고통받는 사람들에 대한 동영상을 보고 이야기나누었습니다. 또 교실에 있는 인형을 나쁜 말이 가득한 검은천에 넣어두고 슬퍼하는 모습을 보여주었습니다.

인형은 어떤 기분이 들었을까? 인형의 마음을 생각해보았습니다.

◆ 활동자료

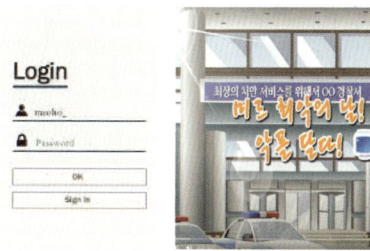
▲ 공익광고영상　▲ 악성댓글 영상

▲ 인형

▲ 악성댓글 보자기

◆ 활동방법

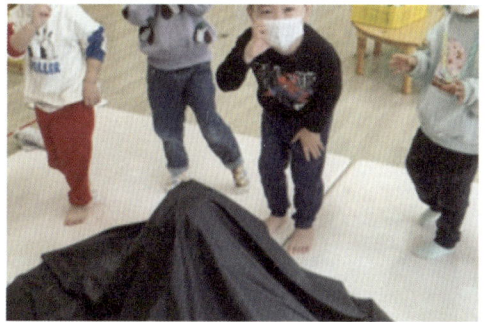
▲ 나쁜 말이 가득한 검은 보자기 안에 인형을 넣었다가 꺼낸 뒤 슬퍼하는 모습 보여주기

▲ 검은 마음을 가려주는 말, 그림을 그린 후 나쁜 말 위에 붙여 밝혀주기

유아들은 나쁜 말 댓글로 상처받은 주먹왕랄프의 이야기와 나쁜 말 보자기 안에 들어갔다 나온 콩순이 인형의 마음을 알아보고 인터넷에서 보이지 않더라도 나쁜 말을 쓰지 않기로 약속했습니다.

AI 윤리교육 05
[프라이버시 보호] 얼굴 인식, 내 얼굴을 알아보는 카메라

안면 인식 기술(Face Recognition)은 컴퓨터가 사람의 얼굴을 인식하고 식별할 수 있도록 하는 기술로 주로 이미지나 비디오에서 눈, 코, 입 등의 특징을 추출을 감지하고, 이를 데이터베이스에 저장된 얼굴 정보와 비교하여 신원을 확인하는 데 사용된다. 얼굴 인식 기술의 장점으로는 편리성과 보안성을 갖추고 있으나 정보가 유출될 경우 프라이버시 침해의 위험이 있으며, 개인의 동의 없이 얼굴 정보가 수집되고 사용될 수 있다.

"나 어제 엄마랑 사진 찍었는데 내가 괴물이 됐어요"
"어떻게? 나도 하고 싶다!"
"어플로 사진 찍으면 돼, 내 얼굴에 하트도 생기고 괴물로도 변할 수 있어"
"나도 그거 해봤는데! 나는 보름달이랑 토끼로 변신해봤어"

한 유아가 엄마와 집에서 어플을 이용해 사진을 찍은 경험에 대해 이야기 했습니다. 핸드폰 카메라 속에서 토끼도 되어보고, 공룡도 되어보았다고 이야기 했습니다. 스노우 어플을 사용해 사진을 찍어보며, 곰돌이도 되어보고 호랑이도 되어보았습니다. 또 어플로 나를 닮은 동물을 찾아보며 얼굴인식 기술을 즐겁게 경험해보기도 했습니다.

▲ 곰돌이로 변신하기

▲ 나를 닮은 동물은 무엇일까요?

▲ 안면 인식 기술을 소개하기

안면인식 기술에 대해 유아들과 이야기를 나누고 장점에 대해 알아보았습니다. 엄마의 스마트 폰을 얼굴인식으로 해제해 본 경험을 이야기하는 유아의 이야기를 듣고 실제로 교사의 스마트 폰으로 안면인식기술을 보여주었습니다.

> "얼굴을 보여주면 핸드폰 잠금을 해제할 수 있어요."
> "우와, 신기하다." "우리 아빠도 얼굴 보여줘."
> "우리 엄마 페이스북에 사진을 올리면 얼굴에 이름이 나와요". (SNS 태그 기능)
> "CCTV로 범죄자를 잡았어요"

▲ 얼굴 인식으로 재미있는 사진 찍기

하지만 얼굴인식 기술의 단점은 없을까요? 유아들과 스노우 어플로 얼굴 인식기능을 활용해 사진을 찍어보는 놀이를 해보며, 얼굴인식기술의 장점을 알아봄과 동시에 개인의 사생활을 침해 할 수 있는 위험성을 인식하고 이해할 수 있도록 함께 이야기를 나누었습니다.

그럼 우리가 할 수 있는 일은 무엇이 있을까요?

> "다른 사람 얼굴을 함부로 사용하면 안된다고 얘기해줘요"
> "나쁜짓을 하면 경찰이 잡아가요"
> "내 허락없이 내 정보를 가져가면 안돼요"

유아들과 함께 다른 사람의 얼굴 정보를 함부로 사용하면 안된다는 것을 이야기하고 나의 정보를 함부로 사용하는 것은 잘못된 것임을 알려 주었습니다.

AI 윤리교육 06 [프라이버시 보호] 초상권이 있어요!

초상권은 개인의 얼굴이나 모습이 사진, 그림, 영상 등으로 공개되거나 사용될 때, 그 사용에 대해 허락할 권리를 의미한다. 초상권에 대해 교육할 때는 초상권이 무엇인지, 왜 중요한지를 간단하고 명확하게 설명하고, 일상생활에서 초상권이 어떻게 적용되는지 예시를 말해줄 수 있다.

사진찍기를 좋아하는 유아들에게 다양하게 찍을 수 있도록 태블릿과 조명, 크로마키 천을 가져다주었습니다. 하지만 사진을 찍는 과정에서 친구들이 원하지 않는 경우에도 사진을 찍는 상황이 벌어졌습니다.

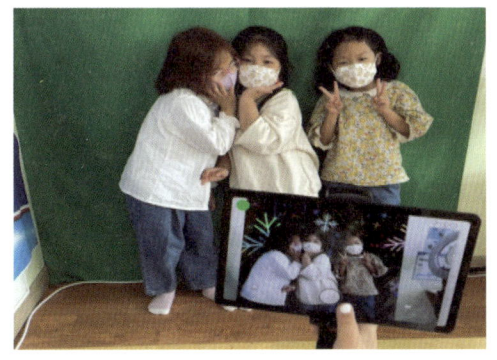

"여기는 사진관이에요!"
"사진 예쁘게 찍어드릴게요!"
"어디에서 찍고 싶으세요?"

▲ 사진관에서 친구들의 사진을 찍어주기

다른 사람의 사진을 찍을 때 상대방의 동의 없이 찍으면 안 된다는 것을 알려주면서 초상권에 대해서도 함께 알아보았습니다.. 초상권 관련 교육 영상을 유아들과 함께 시청하면서 나도 모르게 내 사진이 찍혔을 때 어떤 기분이 들것 같은지, 다른 사람의 사진을 마음대로 찍어도 괜찮을까? 에 대해 함께 이야기 나누었습니다.. 약속을 정한 후 놀이를 할 때 먼저 친구에게 "친구야! 사진 찍어도 될까?" 물으며 동의를 구한 후 즐겁게 놀이를 하였답니다.

▲ 초상권에 대해 함께 알아보기

▲ 어린이 개인정보보호 교육(한국인터넷진흥원)

AI 윤리교육 07 [프라이버시 보호] 딥페이크! 내 얼굴을 가져갔어요

딥페이크(Deepfake)는 인공지능(AI) 기술을 활용하여 기존의 이미지나 영상을 조작하여 새로운 이미지나 영상을 만들어내는 기술을 말한다. '딥러닝(Deep Learning)'과 '페이크(Fake)'의 합성어로 사람의 얼굴을 다른 사람의 얼굴로 바꾸거나, 특정 인물이 실제로 하지 않은 말을 하게 만드는 영상 등을 만들어낼 수 있다. 딥페이크는 여러 가지 윤리적, 사회적 문제를 야기할 수 있으므로 교육을 통해 관련 법률과 규제를 숙지하고, 딥페이크 기술을 책임감 있게 사용할 수 있는 윤리적 태도를 갖추도록 해야한다.

나와 친구는 모두 소중하다는 유아 인권 교육과 연계해 내 얼굴과 다른 사람의 얼굴은 모두 소중하기 때문에 다른 사람의 얼굴을 악용해서는 안된다는 것을 알려주고 싶었습니다. 이에 딥페이크 기술의 장점과 단점에 대해 올바르게 인식할 수 있도록 인공지능 윤리 교육을 실시했습니다.

딥페이크에 대해 쉽게 접근할 수 있도록 딥페이크와 관련된 재미있고 흥미로운 영상을 통해 먼저 딥페이크 기술을 이해할 수 있도록 하였습니다. 다양한 딥페이크 영상을 보며 느낀점을 이야기 나누고, 진짜 그 사람이 촬영한 영상이 맞는지 생각해보았습니다.

▲ 딥페이크 영상

▲ VR 휴먼 다큐멘터리 '너를 만났다'

> "얼굴이 이상해요"
> "진짜일까, 가짜일까?"
> "왜 가짜 사람을 보면서 엄마가 울어요?"

딥페이크 영상이 만들어지는 과정, 그리고 우리 생활에 미치는 영향에 대해 이야기 나누었습니다.

> "얼굴이 바뀌었어요"
> "나도 해보고 싶어요"
> "재미있어요!"

▲ 딥페이크가 무엇인지 알아보기

재미있는 딥페이크 기술! 긍정적인 영향만 있을까요?

딥페이크로 만들어진 범죄들을 소개하고 역할극을 해보며 피해자들의 마음을 공감해 보았습니다.

▲ '내가 아니에요' 역할극 자료 만들기　　▲ 역할극 '내가 아니에요'

역할극 '내가 아니에요'

1. 도둑과 도둑을 잡는 경찰 그림을 제시한다.
2. 도둑 얼굴 부분에 특정 유아 얼굴을 붙여본다.
3. 죄를 짓지 않았는데 죄를 지었다고 오해를 받는 상황을 가정하여 역할극 해본다.
4. 딥페이크 영상으로 내가 오해를 받는다면 기분이 어떨지 생각해본다.

"해님이가 도둑이 됐네"
"경찰아저씨가 해님이 잡으러 간다"
"나 도둑 아니야!"

▲ 피해자 마음을 공감하며 감정 풍선 만들기

▲ 슬픈 마음 풍선 날려 보내기

AI 윤리교육 08
[프라이버시 보호] 쉿! 늑대는 돼지 삼형제의 개인정보를 어떻게 알았을까?

개인정보보호는 개인의 중요한 정보를 안전하게 지키는 것을 의미한다. 예를 들어, 이름, 집 주소, 전화번호 같은 것들이 개인정보에 해당한다. 이러한 정보는 개인의 사생활과 안전에 직결되기 때문에 보호가 필요하다. 개인정보를 안전하게 보호하기 위해서는 구체적인 방법과 기술이 필요하다. 교육을 통해 비밀번호 관리, 피싱 이메일 식별, 안전한 인터넷 사용 습관 등 실질적인 보호 방법을 배울 수 있다.

유아들이 교사에게 자신의 집에 놀러 오라고 초대하였습니다. 선생님이 어떻게 찾아가야 할지를 묻자, 유아들은 자신의 집 비밀번호까지 알려주려 했습니다. 이를 보며 교사는 "아기 돼지 삼형제와 늑대" 동화를 각색하여, 개인정보의 중요성과 유출 시 위험성을 알게 하는 내용으로 구성된 "쉿! 늑대는 돼지 삼형제의 개인정보를 어떻게 알았을까?" 동화를 들려줘야겠다는 생각이 들었습니다. 유아들과 동화를 들으며 늑대는 과연 돼지 집의 위치를 어떻게 알고 갈 수 있었는지에 대한 궁금증을 가져보았습니다. 또한, 무엇을 들키면 안 되는지 동화를 들으며 친구들에게 찾아보라고 이야기한 후 동화를 듣기 시작하였습니다.

❶ 늑대는 아기돼지 3형제의 집을 어떻게 알고 찾아갔을지 유아들과 동화를 주의깊게 듣기

❷ 늑대가 돼지 집에 찾아갈 때마다 개인정보가 어떠한 방법으로 노출되었는지 함께 알아보고, 개인정보 노출의 위험성에 대해 OX퀴즈 풀어보기

 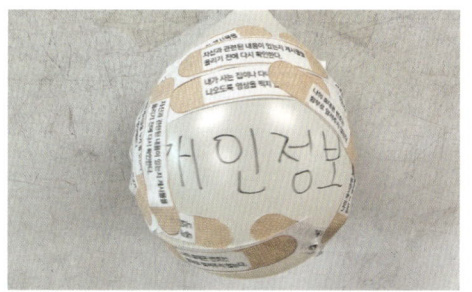

❸ "개인정보" 풍선을 만들어 안에 들어있는 개인정보(물)가 새지 않게 위해 지켜야 할 약속들을 밴드로 붙여 개인정보를 보호하는 방법을 알고 실천해 보기

 개인정보 유출에 대한 교육 자료- 아름다운 인터넷 세상 - 교육 자료실

▲ 아름다운 인터넷 세상 사이트 ▲ 스마트세상에서 또다른 나를 만나요 ▲ ON디지털윤리 신호등

AI 윤리교육 09
우리에게도 저작권이 있어요

> 저작권은 창작자가 자신의 작품에 대해 가지는 법적 권리이다. 이는 책, 음악, 영화, 그림, 소프트웨어 등 다양한 창작물에 적용되며, 창작자가 자신의 작품을 복제하거나 배포하는 것을 통제할 수 있게 해준다. 이를 통해 창작자는 경제적 이익을 얻고 더 많은 창작 활동을 할 수 있다.

아침 독서시간, 동화책을 읽어주려고 펼쳐서 작가의 이름을 이야기하는 순간 한 유아가 글쓴이와 그림 그린이가 같을 수 있냐고 질문하였습니다. 동화책의 글을 쓰는 사람과 그림을 그리는 사람이 같을 수 있다고 설명하고 이 동화책의 주인은 작가 혼자임을 말해주었습니다. 책은 여러 사람이 만들 수도 있고 그럴 경우 모두가 주인이라는 것을 알려주고 동화책의 이야기, 동화책의 그림에도 주인이 있을 수 있음을 알려주었습니다.

◆ **활동자료**

▲ 넓은 천, 교실에 있는 여러 가지 물건

▲ 우리가 만든 동화책

◆ **활동방법**

| ❶ 우리가 함께 만든 동화책을 살펴보며 내 그림의 주인은 나라는 것을 이야기 나누기 |

| ❷ 교실 안에 다양한 물건들의 주인을 찾아보는 게임하기 |

| ❸ 다른 친구가 만든 새로운 캐릭터 그림을 사용하고 싶으면 친구에게 허락을 받아야 함을 이야기하기 |

▲ 유아들이 만든 작품으로 허락을 구하고 새로운 창작물 만들기

❹ 레고나 자석블록 작품 주인의 허락을 받아 내가 만든 작품과 이어붙여 확장하여 만들어 보기
❺ 창작품의 주인에게 양손을 내밀고 '당신의 작품을 빌려도 될까요?~' 허락을 구하는 손동작 해 보기

유아들은 이번 활동을 하면서 모든 물건에는 주인이 있고 훔쳐가면 안되는 것처럼 이야기나 그림, 작품에도 주인이 있다는 것을 깨닫게 되었습니다.

AI 윤리교육 10
[데이터관리–데이터 편향] 인공지능에게 물고기를 알려주세요

> 인공지능은 사람이 제공한 자료를 바탕으로 세상을 인식하고 판단하는 것이다. 인공지능이 어떤 자료를 학습하느냐에 따라 선입견이나 편견이 생길 수 있으며, 이를 인공지능 편향(AI Bias)이라고 한다. 이러한 편향성은 인공지능이 학습하는 데이터가 다양하지 않거나 공정하지 않을 때 발생한다. 따라서 인공지능이 올바르게 작동하도록 하기 위해서는 다양한 배경과 특성을 가진 데이터를 사용하여 균형 잡힌 학습을 시키는 것이 중요하다.

인공지능 포 오션스(AI for Oceans)는 바다 속에 살 수 있는 물고기와 바다에 들어가면 안 될 쓰레기를 인공지능에게 학습시키는 과정을 통해 유아가 머신러닝을 경험할 수 있는 프로그램입니다. 유아들은 화면에 나타나는 이미지를 통해 물고기와 물고기가 아닌 것을 인공지능이 학습할 수 있도록 알려주는 놀이를 했습니다.

▲ 환경오염 동화 감상하기

▲ 환경을 지키기 위한 방법 생각해보기

▲ 인공지능 포 오션스 소개하기

"사람들이 버린 쓰레기야"
"줄무늬가 있다고 물고기가 아니잖아"
해양동물이 바닷 속 쓰레기 때문에 괴롭지 않으려면 어떻게 해야 할까?

"물고기랑 물고기 아닌걸 구분해야해"
"쓰레기가 계속 나와서 바닷 속이 더러 워지고 있어"

▲ 쓰레기와 물고기 구분하기

인공지능에게 해양동물과 해양쓰레기를 구분하는 방법을 알려주고 학습시키는 과정을 재미있게 경험해보았습니다. 이런 AI 관련 놀이 경험을 유아들이 하다보면 인공지능에 친숙해지고 쉽게 알아갈 수 있다는 생각이 들었습니다. 유아들은 바다 쓰레기를 청소하는 놀이를 이어갔습니다.

"내가 바다 청소부야"
"바닷속에 페트병이 있어"
"내가 청소할래"
"쓰레기를 아무데나 버리면 안돼"
"바다를 깨끗하게 해서 물고기들이 살수 있게 해주자"

▲ 깨끗한 바다 만들기 놀이

그런데 반대로 알려주면 어떻게 되나요?

한 유아가 장난삼아 쓰레기와 물고기를 바꿔서 학습시켰습니다. 인공지능은 물고기를 쓰레기로 인식하고 다 갖다버리기 시작했습니다. 유아들은 당황해하기도 하고 물고기를 잘못 분류하는 인공지능을 보면서 재미있다고 웃기도 했습니다. 유아들은 올바른 데이터로 바르게 학습시켜야 한다는 것을 깨닫게 되었습니다.

"하하하, 쟤 이상해 물고기 막 버려"
"그러지마, 쓰레기를 알려줘야지."
"쓰레기만 모아왔어."
"우리가 잘 알려줘야해."

 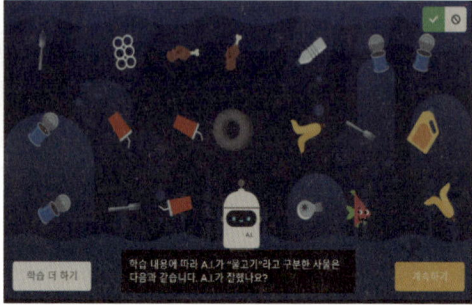

▲ 올바르지 못한 데이터를 학습시켰을 때

[안전성] 우리반 AI 윤리규칙 만들기

AI 윤리교육 11

AI가 우리에게 주는 다양한 혜택들을 우리가 많이 누리고 있지만, 잘못 사용하게 될 경우 어떤일이 벌어지는 지에 대해서는 크게 고민해 볼 일이 없었던 것 같습니다. 유아들과 함께 AI를 똑똑하고 현명하게 활용할 수 있는 방법에 대해 이야기를 나누어 보았습니다.

'누가 진짜 사람일까?' 맞춰보는 홈페이지에 들어가서 누가 진짜 사람이고 누가 AI가 만들어낸 가짜 사람일지 맞춰보기 게임을 했는데, 유아들이 진짜 구별하기 힘들다고 신기해하며 반은 맞추었고 반은 틀리는 등 진짜를 구별해 내기가 매우 어려웠습니다.

AI를 나쁘게 이용하는 사람들이 가짜사람이나 가짜뉴스를 만들어 내면 어떻게 될지, 어떤 범죄에 사용될지 이야기도 나누어보고, 또 AI가 추천해주는 영상들을 무분별하게 보지 않고 좋은 영상과 나쁜 영상을 구분할 수 있는 방법에 대해서도 이야기를 나누었습니다.

▲ AI윤리교육 이야기 나누기(PPT자료)

유아들은 AI를 현명하게 활용할 수 있는 방법을 이야기나누고 자신의 생각을 발표해 보았습니다.

유아들이 말한 규칙은 "태블릿이나 핸드폰 너무 오래 사용하지 않기.", "인터넷에 나쁜 것 검색하지 않기.", "유튜브로 나쁘고 무서운 것 보지 않기", "시간을 정해서 사용하기", "거짓말영상 올리지 않기" 등 이었습니다. 유아 수준에서 이해하기 쉽고, 지킬 수 있을 만한 디지털 관련 윤리 규칙에 대해 이야기 나누고, 우리 반 만의 규칙을 함께 정해서 캔바로 규칙판을 만들어 보았습니다.

❶ 딥페이크 기술을 나쁜 의도로 잘못 사용하면 어떤 일이 벌어질지 이야기를 나누고, 우리는 AI를 어떻게 사용하면 좋을지 생각해보기

❷ 우리반의 AI윤리규칙을 만들어 보기로 하고, 어떤 규칙이 있으면 좋을지 앞에 나와 발표해보기

❸ 우리가 정한 AI윤리규칙을 나와서 직접 적어보고 교실에 게시하기

이 규칙들을 다른 반 동생과 형님들 모두가 쉽게 이해하고 실천할 수 있도록 하기 위해 포스터로 제작해 교실 앞과 복도에 붙였습니다. 바다반에서 만든 윤리 규칙을 보고 달누리반에서도 규칙을 만들었습니다. 각 반에서의 규칙은 조금씩 달랐지만 바른 말, 고운 태도로 인터넷과 인공지능 기기를 사용하는 것이 중요하다는 것을 모두가 알게 되었습니다.

 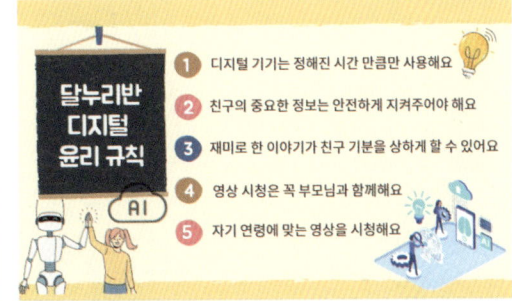

▲ 우리반 디지털 윤리규칙 만들기

MEMO

PART 03

인공지능을 쉽게 이해하는 놀이
언플러그드 놀이

언플러그드 놀이 01	• [데이터구조] 비밀암호 맞추기
언플러그드 놀이 02	• [반복] 수상한 신호등
언플러그드 놀이 03	• [반복] 댄스! 댄스! 댄스!
언플러그드 놀이 04	• [패턴인식] 쥬니버스쿨 – 패턴익히기
언플러그드 놀이 05	• [패턴인식] 어느 가게로 갈까요?
언플러그드 놀이 06	• [패턴인식] 맛있는 과자 목걸이
언플러그드 놀이 07	• [분류] 미션! 낚시 놀이
언플러그드 놀이 08	• [절차적 사고] 인공지능일까? 아닐까?
언플러그드 놀이 09	• [이미지표현] 픽셀아트, 숫자로 그림을 표현해요
언플러그드 놀이 10	• 로봇이 되어 방향을 알아봐요

언플러그드 놀이

1 소프트웨어 교육, 왜 필요할까요?

2019년부터 초등학교에서 연간 17시간, 중학교는 34시간 이상 소프트웨어 교육이 이루어지고 있습니다. 또한 유아들은 인공지능 스피커, 스마트폰 등 다양한 디지털 기기들과 매우 친숙한 환경 속에서 살아가고 있습니다. 따라서 유아들이 살아갈 미래 사회에 필요한 역량을 기르기 위해 소프트웨어 즉, 컴퓨팅 사고력과 컴퓨터 과학의 개념을 키울 수 있는 놀이 중심 디지털 교육은 꼭 필요합니다.

2 언플러그드(unplugged)란 무엇일까요?

언플러그드란 단어의 뜻 그대로 플러그가 연결되지 않고 분리된, 즉 컴퓨터를 이용하지 않아도 다양한 활동을 통해 컴퓨터 교육이 이루어지는 것을 말합니다. 컴퓨터의 작동 원리나 컴퓨터 공부를 할 때 필요한 개념 등을 게임이나 놀이를 통해 자연스럽게 배우는 활동이 바로 언플러그드라고 할 수 있습니다.

3 컴퓨팅 사고력이란 무엇일까요?

일상생활 속에서 마주치는 많은 문제들을 해결하는 데 필요한 방법을 생각해 봅니다. 그리고 컴퓨터가 일을 처리하는 방식을 기반으로 하여 문제를 효율적으로 해결할 수 있는 사고 능력을 의미합니다.

컴퓨팅 사고력으로 문제를 해결하기 위해서는 몇 가지 필요한 구성요소들이 있습니다.
- ▶ 문제를 컴퓨터로 해결할 수 있는 형태로 구조화 하기
- ▶ 자료를 분석하고 논리적으로 조직하기
- ▶ 모델링, 시뮬레이션 등의 추상화를 통해 자료를 표현하기
- ▶ 알고리즘적 사고를 통해 해결 방법을 자동화하기
- ▶ 효율적인 해결 방법을 수행하고 검증하기
- ▶ 문제 해결 과정을 다른 문제에도 적용하고 일반화하기

4 이렇게 도와주세요!

- ▶ 언플러그드 놀이를 통해 유아들은 소프트웨어(SW) 교육을 배울 수 있어요. 교사가 먼저 소프트웨어(SW) 교육에 대해 이해하고 있어야 해요.
- ▶ 자유로운 분위기와 협동하며 놀이하는 분위기를 조성해주세요. 친구들과의 협동능력과 의사소통 능력을 기를 수 있어요.
- ▶ 언플러그드 놀이가 일상생활의 문제해결로 이어질 수 있도록 연결해주세요. 알고리즘의 형태로 구조화하는 놀이를 통해 실생활의 문제해결로 이어질 수 있어요.

언플러그드 놀이 01

[데이터구조] 비밀암호 맞추기

데이터 구조는 데이터를 효율적으로 저장하고 관리하기 위한 방법이나 형식을 의미한다. 컴퓨터 과학에서 데이터 구조는 데이터를 어떻게 정리하고, 찾고, 바꿀지를 정하는 방법을 말하며, 알고리즘과 함께 다양한 문제를 해결하는데 사용된다.

다양한 암호 속에 숨은 글자는 무엇일까요?

비밀 암호를 풀어 정답을 알아내며 데이터를 어떻게 정리하고 찾는지 데이터 구조를 경험해봐요.

◆ **활동자료(PPT, 활동지)**

※ **참고자료** 헬로루비: 코딩이랑 놀자! : 길벗 어린이

▲ 암호 PPT 및 활동지

◆ 활동사진 및 방법

❶ 한글날을 맞이하여 비밀암호 맞추기 방법 알아보기

❷ 활동지를 보고 비밀암호를 풀어보기

❸ 정답은 무엇일까요? 우리나라, 무궁화, 세종대왕

TIP ❶

- 한글날에 맞춰 한글놀이로 다양하게 변형시켜 놀이할 수 있다.
- 내 이름, 반 이름 등 다양한 이름을 비밀암호로 써보는 놀이로 확장할 수 있다.
- 나만의 새로운 비밀 암호를 만들어 친구들과 함께 자유롭게 놀이할 수 있다.

언플러그드 놀이 02
[반복] 수상한 신호등

반복은 특정 작업이나 명령을 여러 번 수행하는 프로세스를 의미한다. 반복은 프로그램 내에서 동일한 코드 블록을 여러 번 실행할 수 있게 해주며, 이는 루프(loop) 구조를 통해 구현된다.

루프란, 같은 것 또는 한 묶음을 여러 번 반복하는 것을 말한다. 가장 단순한 루프는 정해진 횟수만큼만 반복하는 것이다. 때때로 상황이나 무엇이 변할 때까지 반복하는 루프가 필요하다. 이러한 반복 구조는 코드의 효율성을 높이고, 반복적인 작업을 자동화하는 데 필수적이다.

"수상한 신호등" 동화 속에 재미있는 신호 규칙을 찾아보아요.

신호등 색깔에 따라 물구나무서기, 점프하기, 도망가기 등 다양한 동작 신호 규칙을 반복하며 표현해 볼까요? 동작 신호 규칙을 반복하는 활동 속에서 반복과 루프를 신체로 경험할 수 있어요.

◆ 활동자료(동화책, 사후 활동지)

▲ '수상한 신호등' 동화책	
	활동을 할 때 총 7가지 색깔만 사용하도록 제시하고, 신호등 한 칸에 한가지 색깔만 색칠합니다. 익숙해지면 유아들의 수준에 따라 연결 난이도를 조절할 수 있습니다.
▲ 활동지	

TIP ❶ 책에 나온 교통신호 규칙에 대해 사전에 안내하기

*초록–가도돼요.
*노랑–잠시 멈추어요.
*빨강–멈춰요.
*주황–주유(주스마시며) 하며 쉬어요.
*핑크–물구나무서요.
*파랑–점프해요.
*보라–도망가요.

◆ 활동사진 및 방법

❶ 수상한 신호등 동화를 듣고, 동작신호 규칙 회상하기

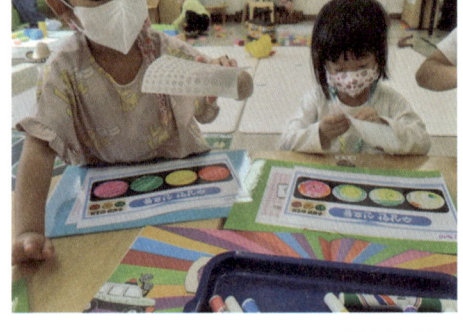

❷ 나만의 수상한 신호등을 만들기

❸ 각자 만든 신호등을 친구들과 함께 연결하기

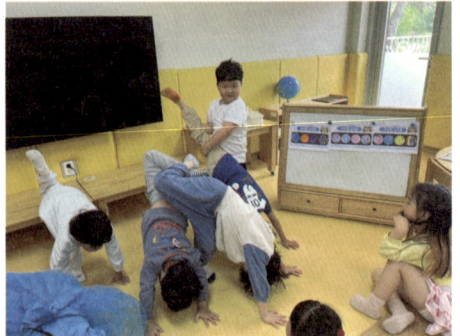

❹ 수상한 신호에 따라 규칙을 반복적으로 수행해보기

언플러그드 놀이 03
[반복] 댄스! 댄스! 댄스!

반복은 특정 작업이나 명령을 여러 번 수행하는 프로세스를 의미한다. 반복은 프로그램 내에서 동일한 코드 블록을 여러 번 실행할 수 있게 해주며, 이는 루프(loop) 구조를 통해 구현된다.

언플러그드 놀이를 다양한 신체활동으로 할 수 있어요.

다양한 춤 동작을 반복해서 수행하면 저절로 춤이 완성되어요.
유아들도 신나고 선생님도 재미있는 언플러그드 댄스 놀이를 통해 반복을 알아볼까요?

◆ **활동자료(PPT)**

※ **참고자료** 헬로루비: 코딩이랑 놀자! : 길벗 어린이

▲ 나만의 춤을 만들어 보자 댄스댄스댄스 PPT자료

◆ 활동사진 및 방법

	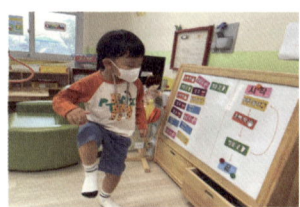	
❶ 기본 춤 동작 6가지를 배운 후, 댄스 순서 정하기	❷ 앞에 나와 정한 순서대로 실행해보기	❸ 노래에 맞추어 반복해서 춤 추기

❹ 유아들의 요구에 따라 댄스동작을 추가하여 만들기		

- 유아의 연령 및 수준에 따라 댄스 동작을 추가하거나 삭제하여 난이도를 조절한다.
- 팀을 나누어 상대편이 만든 댄스작품을 서로 바꿔서 춤을 춰본다.
- 블루투스 스피커를 이용하여 유아들이 원하는 노래에 맞추어 춤을 추면 더 재미있게 놀이를 할 수 있다.

언플러그드 놀이 04

[패턴인식] 쥬니버스쿨 – 패턴익히기

패턴인식이란 규칙적으로 일정한 부분이 반복되는 것을 말한다. 모양, 색, 숫자 등이 서로 같거나 다른 것을 찾아보면서 조건에 따라 어떤 패턴이 만들어지는지 생각해 볼 수 있다. 복잡한 문제를 보다 효율적으로 해결할 수 있도록 도와줄 수 있다.

"쥬니버스쿨"앱을 활용하여 옷 패턴 완성하기 놀이를 해 봐요.

패턴인식놀이를 반복적으로하며 논리수학적 지식이 향상되고, 수학적 활동은 쉽고 재미있다는 것을 느끼게 됩니다.

◆ 활동자료(태블릿PC, 쥬니버스쿨앱, 활동지)

▲ 태블릿PC   ▲ 쥬니버스쿨앱

▲ 활동지   ▲ 쥬니버스쿨 사이트

◆ 활동사진 및 방법

❶ 대집단활동으로 쥬니버스쿨 옷 패턴 맞추기 놀이를 소개하고 유아가 시범보이기

❷ 쥬니버스쿨 워크북을 활용하여 사후 활동지에 패턴색칠 해보기

❸ 옷 패턴 활동지와 다양한 도형패턴 활동지를 제공해서 다양한 패턴인식을 인식할 수 있는 활동하기

TIP ❶ 다양한 활동자료(워크북) 제공

- 다양한 무늬와 그림을 패턴으로 인식할 수 있도록 다양한 워크지를 제공하면 좋다.
- 쥬니버스쿨 홈페이지에서 무료 워크지를 다운로드 받을 수 있으니 활용하면 좋다.

언플러그드 놀이 05 — [패턴인식] 어느 가게로 갈까요?

패턴인식이란 규칙적으로 일정한 부분이 반복되는 것을 말한다. 모양, 색, 숫자 등이 서로 같거나 다른 것을 찾아보면서 조건에 따라 어떤 패턴이 만들어지는지 생각해 볼 수 있다. 복잡한 문제를 보다 효율적으로 해결할 수 있도록 도와줄 수 있다.

뛰뛰빵빵 자동차를 타고 블루베리 가게, 딸기가게, 레몬 가게 중 어떤 가게로 갈까요? 1단계, 한가지 가게만 설정하여 이동하고 멀리 있는 가게까지 점프합니다. 2단계, 사전에 유아들과 패턴을 정하고 순서대로 이동해보며 패턴인식을 체험해 봐요.

◆ 활동자료(종이자동차, 가게도안, 색깔별 가게게임판)

종이자동차

가게 도안

색지+가게도안으로 만든 게임판

◆ 활동사진 및 방법

❶ 자리에 앉아 패턴규칙 정하기

❷ 정해진 규칙대로 패턴을 밟아 놀이하기

❸ 멀리 있는 타일까지 점프하기

언플러그드 놀이 06 [패턴인식] 맛있는 과자 목걸이

패턴인식이란 규칙적으로 일정한 부분이 반복되는 것을 말한다. 모양, 색, 숫자 등이 서로 같거나 다른 것을 찾아보면서 조건에 따라 어떤 패턴이 만들어지는지 생각해 볼 수 있다. 복잡한 문제를 보다 효율적으로 해결할 수 있도록 도와줄 수 있다.

유아들이 좋아하는 과자들로 어떤 재미있는 놀이를 할 수 있을까요?

과자는 색깔, 모양, 크기가 다양해서 패턴인식을 위해 목걸이를 만들 수 있는 좋은 재료가 됩니다. 일정한 규칙에 따라 과자 목걸이를 만들며 나만의 독특한 패턴을 만들어 봐요.

◆ 활동자료(색깔끈, 링 모양의 다양한 과자, 미션활동지, 일회용 접시)

| 색깔끈 | 링 모양의 다양한 과자 |
| 미션활동지 | 일회용 접시 |

◆ 활동사진 및 방법

❶ 색깔별로 링 모양의 과자 구분해 보기

❷ 색깔 미션지를 보고 똑같은 패턴으로 과자 목걸이 만들기

❸ 과자 종류로 규칙 미션 만들기

❹ 나만의 독특한 패턴 목걸이 만들기

TIP ❶ 절차적 사고를 위해 활용할 수 있는 보드게임

■ 과자가 없다면 구멍이 있는 구슬, 고리, 비즈 재료 등으로 다양하게 목걸이를 만들 수 있다.

언플러그드 놀이 07
[분류] 미션! 낚시 놀이

> 분류는 데이터를 정해진 그룹이나 종류로 나누는 것을 말한다. 분류는 컴퓨터가 데이터를 이해하고 처리하는 데 도움을 주며, 특히 인공지능과 데이터 분석에서 많이 사용된다.

미션을 수행하여 다양한 물고기를 숫자별로 잡기놀이를 해 보아요.

낚시놀이를 할 때 물고기 종류, 색깔, 크기 등의 조건을 추가하여 미션을 수행하며 논리 수학적 능력을 길러요.

미션 수행 후 색깔별, 종류별로 정리하며 분류의 개념을 이해해요.

◆ 활동자료(낚시놀이 장난감, 색깔카드, 숫자카드, 색깔 미션카드)

| 낚시놀이 장난감 | 색깔카드 | 숫자카드 | 색깔 미션카드 |

◆ 활동사진 및 방법

패턴을 인식할 수 있는 낚시놀이

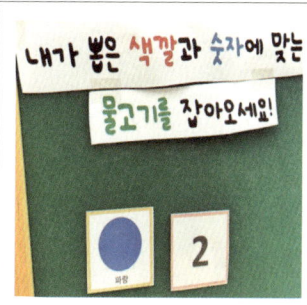

❶ 색깔카드와 숫자카드를 뽑기 (파란색 물고기 2마리, 보라색 물고기 3마리 등)

❷ 색과 숫자 조건에 맞는 물고기 잡기

❸ 정확하게 조건을 맞추어 물고기를 잡아오면 미션 성공!

분류를 경험할 수 있는 애벌레 색깔을 채우기 놀이

❹ 배고픈 애벌레의 몸통 색깔과 같은 색깔 물고기를 찾아오기

❺ 애벌레의 몸통을 가득 채워 배부른 애벌레 만들기

TIP ❶

- 유아들이 즉석에서 미션카드를 만들어 볼 수 있도록 빈 카드를 준비해두면 좋다.
- 물고기가 아닌 음식, 과일, 동물들로 변형해볼 수 있다.

언플러그드 놀이 08
[절차적 사고] 인공지능일까? 아닐까?

> 절차적사고란 문제를 효율적으로 해결하기 위해 문제를 작은 단위로 잘게 나누고 각각의 문제를 단계별로 처리하는 사고 과정을 말한다.

인공지능은 무엇일까요?

우리 주변에 있는 다양한 물건들이 인공지능인지 아닌지 구분해 봐요.
그림카드를 보고 분류하면서 인공지능의 개념에 대해 알 수 있어요.

◆ 활동자료(아이콘 보드 게임)

구성품
1. Yes AI카드 5장, NO AI카드 5장
2. 퀘스트카드 50장, 스페셜카드 12장
3. 토큰

※ 퀘스트카드 50장은 인공지능이 적용된 카드 25장과 인공지능이 적용되지 않은 카드 25장으로 구성되어 있으므로 유아들과 함께 분류하고 찾아오는 활동을 적용할 수 있다.

◆ 활동사진 및 방법

❶ 인공지능에 대해 알아보고, 그림카드를 이용하여 인공지능인지 예측하며 이야기나누기	❷ 인공지능인 것과 아닌 것으로 카드 구분해 보기

❸ 카드 뒷면 QR코드를 태블릿PC로 찍어 확인해 보기	❹ 인공지능인지 확인해 보기

TIP ❶ 절차적 사고를 위해 활용할 수 있는 보드게임

▲ 고고젤라또

▲ 길찾기 코딩몬스터

▲ 스택버거

▲ 랩마이스

언플러그드 놀이 09

[이미지표현] 픽셀아트, 숫자로 그림을 표현해요

픽셀(Pixel)이란 화소라고도 말하며 이미지를 표현하는 작은 점을 말한다. 디지털 기기로 보여지는 그림은 작은 점이 모여서 전체의 이미지를 만든 것이다. 컴퓨터가 이미지를 표현하는 기초 단위인 픽셀을 이용하여 미술활동에 적용한 것을 픽셀아트(Pixel Art)라고 한다.

컴퓨터는 어떤 방식으로 이미지를 나타낼까요?

주변에서 픽셀(Pixel)을 찾아보고, 나만의 픽셀아트(Pixel Art)를 만들어 봐요.
나만의 픽셀아트를 이진법으로 나타내며 컴퓨터가 이미지를 표현하는 방법을 알아봐요.

◆ 활동자료(활동지, 에그톡 물감)

▲ 활동지

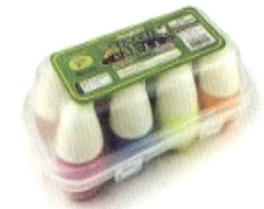
▲ 에그톡 물감

◆ 활동사진 및 방법

❶ 우리 주변에서 작은 네모(픽셀)를 찾아보기

❷ 0과 1만 있는 활동지에 숫자 1만 색칠하면 어떤 모양이 나오는지 알아보기

❸ 물감을 이용해서 나만의 픽셀아트 만들어보기	❹ 내가 만든 픽셀아트를 0과 1을 써서 이진법으로 나타내기

TIP ❶ 픽셀아트를 위해 활용할 수 있는 교구 및 도구

▲ 활동지 　　　　▲ 계란판과 탁구공

▲ 유치원 교구 　　▲ 활동지와 초콜렛

언플러그드 놀이 10
로봇이 되어 방향을 알아봐요

> 코딩은 컴퓨터 프로그램을 만드는 과정으로, 특정 문제를 해결하거나 작업을 자동화하기 위해 컴퓨터가 이해할 수 있는 명령어를 작성하는 것을 뜻한다. 언플러그드 코딩은 컴퓨터나 전자 기기를 사용하지 않고 코딩의 기본 개념과 원리를 배우는 방법이다. 주로 어린이와 초보자를 대상으로 하며, 놀이와 활동을 통해 알고리즘, 순서도, 문제 해결 등의 개념을 이해하도록 돕는다.

움직이는 로봇을 좋아하는 유아들에게 직접 로봇이 되어보는 기회를 제공하면 어떨까요?

나는 로봇, 친구는 로봇을 조종하는 사람이 되어 로봇친구를 움직여 봐요.

두 명의 유아가 한 팀이 되어 신나게 움직이면서 코딩과 프로그래밍의 개념을 재미있게 경험할 수 있어요

◆ **활동자료(방향를 나타내는 화살표, 레츠고코드 놀이)**

▲ 방향을 나타내는 화살표

▲ 레츠고코드 놀이 구성(미로매트, 지시카드, 활동카드)

◆ 활동사진 및 방법

❶ 화살표를 보며 신체로 다양한 방향을 탐색해 보기

❷ 친구와 로봇, 조종하는 사람으로 나누어 목적지까지 갈 수 있도록 명령내리기

❸ 로봇 친구가 명령대로 움직여보기

❹ 레츠고코드 놀이 미로매트로 자유롭게 길 만들기

❺ 코딩카드를 이용하여 로봇을 시작점에서 종료점까지 이동할 수 있도록 명령내리기

❻ 로봇 친구가 명령에 따라 이동해 보기

- 코딩을 통해 로봇을 조종하는 방법을 알아보면, 일상적인 놀이활동에서도 적용할 수 있다.
  - 윷놀이에 말 대신 로봇을 이용하여 사용할 수 있다.

마무리하며

새로운 배움에 즐거워하고, 때로는 어려움을 함께 나누며 성장했던 시간들을 기록할 수 있어 감사한 마음이 듭니다. 좋은 기회를 주신 충청남도교육청, 웰북, '유아에듀테크연구회'의 활동을 도와주신 많은 선생님들께 감사드립니다. 좋은 책을 만들려고 최선을 다해 원고를 작성했지만 아쉬움이 남습니다. 그래도 유아와 디지털놀이에 대해 고민하고 계시는 많은 유아선생님들께 도움이 되었으면 좋겠습니다.

김은경

인생은 어디로 흘러갈지 모른다는 말을 새삼 떠오르게 하는 출판작업 이었습니다. 디지털과 그다지 친하지 않은 제가 AI업무를 담당하게 되고 에듀테크 출판 작업까지 하게될 줄은 꿈에도 몰랐으니까요. 저처럼 AI교육에 대해 막막한 선생님들께 이책이 한줄기 빛이 되길 바라며, 응원과 지지를 아낌 없이 보내주신 모든 분들과 우리출판 팀원에게 사랑과 감사를 듬뿍 전합니다. 수업자료와 아이디어에 도움을 주신 강민지, 김숙희, 김은샘, 안혜영, 장수연, 최유라 선생님 감사합니다.

김세영

인공지능 이라는 말을 처음 들었을때 막막함 부터 느껴지던때가 엊그제같습니다.
아직도 많이 부족하지만 함께 이 책을 집필해주신 선생님들 덕분에 어느새 인공지능이라는 말이 조금은 친숙하게 다가오네요. 김은경 선생님, 이현아 선생님, 김세영 선생님, 전진아 선생님 감사해요. 선생님들 덕분에 유아들과 함께 재미난 디지털 놀이들을 할 수 있었고 교사로서 더 성장할수 있었습니다. 한땀 한땀의 노력이 가득한 이 책이 현장에 계신 선생님들께 도움이 되었으면 합니다.

김련우

책을 마무리하려는 지금 인공지능 시범유치원을 운영하며 처음 인공지능을 시작할 때의 저의 모습이 떠오릅니다. 막막함과 어려움으로 가득차 두려움 반 호기심 반으로 강의, 서적을 뒤적이며 배워가던 시절에 이런 책이 있었더라면 얼마나 좋았을까요? 책을 보며 한 활동씩 천천히 시작해 보세요. 시작이 반이니까요.^^

이현아

처음에는 인공지능을 활용한 수업이 낯설고 두려웠지만, 점차 익숙해지면서 유아들과 함께하는 수업이 더 재미있어졌어요. 특히 선생님들과 함께 연구하면서 서로의 경험을 나누는 과정에서 큰 힘을 얻었고, 든든한 동료로서 많은 의지가 되었어요. 이제 이 즐거움과 배움을 더 많은 선생님들과 나누고 싶어요. 이 책이 인공지능을 활용한 유아 놀이 교육에 실질적인 도움이 되고, 교사와 유아들이 함께 성장하는 기회가 되었으면 좋겠어요. 모두에게 뜻깊은 여정이 되길 바래요!

전진아

우리는 계속해서 배우며 성장하고 싶습니다.
유아 디지털 놀이지원 함께해요!